« RÉPONSES »
Collection dirigée par Joëlle de Gravelaine

Dr FABRICE DUTOT
LOUISE L. LAMBRICHS

LES FRACTURES DE L'ÂME

Du bon usage de la maladie

ÉDITIONS ROBERT LAFFONT
PARIS

ISBN 2-221-05677-9

Pour Ferdinand,
qui aura vingt-trois ans en l'an 2000

AVIS AU LECTEUR

Ce livre, signé de deux auteurs, est écrit à la première personne. Cela mérite, au moins, une courte explication.

Et, d'abord, des présentations : Fabrice Dutot est médecin généraliste, Louise L. Lambrichs, philosophe et écrivain. Au printemps 1987, Fabrice Dutot téléphone à Joëlle de Gravelaine, directrice de la collection « Réponses », pour lui proposer un projet. Il a déjà le titre, Les Fractures de l'âme, *mais cherche « quelqu'un » pour l'écrire avec lui. Parce qu'écrire n'est pas son métier.*

— J'ai ce qu'il vous faut, répond Joëlle de Gravelaine, avec l'humour que ceux qui l'ont fréquentée lui connaissent bien.

Le « nègre » ainsi désigné, c'est Louise L. Lambrichs. Elle a travaillé déjà pour de nombreux médecins (elle qui, au départ, a hésité entre les études de médecine et de philosophie, avant de choisir ces dernières), et lorsque Fabrice Dutot l'appelle pour lui exposer son projet, l'idée la tente. Mais il faut en parler. Et longuement. Parce que les cas médicaux c'est passionnant, mais des dizaines de médecins en ont publié, sans pour autant parvenir à les intégrer dans un discours cohérent par rapport à l'ensemble de la pratique médicale. On ne peut donc se borner à ces cas, il faut les étayer d'une réflexion philosophique : quels sont les fondements du discours scientifique actuel ?

Quelle est la place de la science dans la médecine? Qu'a dit sur ce point Claude Bernard, dont tout le monde se réclame? Quel a été le rôle des découvertes pasteuriennes?

Pour que ce livre apporte réellement quelque chose au public — et, peut-être, aux médecins —, il doit tout reprendre à l'origine : Pasteur, Claude Bernard, le « miracle » antibiotique, les échecs de la chimiothérapie, l'explosion des médecines différentes, le discours officiel tenu en faculté, le cancer, le Sida. Notre histoire médicale, depuis cinquante ans, est un tissu de contradictions, consolidées par des discours étanches et des querelles de chapelles. Tous ces discours, toutes ces pratiques, il faut les analyser et les examiner rigoureusement, voir « ce qui marche » et pourquoi. C'est la seule façon de comprendre ce qu'est la *médecine et, peut-être, de donner un souffle nouveau aux recherches.*

Ainsi, au cours d'entretiens successifs, le projet a pris corps. Fabrice Dutot — sur les conseils de L.L.L. — a lu Bergson et autres textes philosophiques; Louise L. Lambrichs — à l'incitation de F.D. — s'est plongée dans les traités de médecine. Chacun demandant à l'autre des explications. De ce travail commun est née une troisième personne : le « je » de cet ouvrage. Personne idéale si l'on veut, puisque médecin et philosophe, praticien et observateur, homme engagé et témoin.

Ce faisant, le « nègre » s'est blanchi. Car le projet était devenu commun : sans le médecin, le philosophe ne pouvait rien dire de crédible; mais sans le philosophe, le médecin restait perdu dans ses contradictions. La complémentarité était évidente, indispensable. Claude Bernard, d'ailleurs, l'avait toujours soutenu. Mais qui, aujourd'hui, l'entendait encore?

Enfin, il ne faudrait pas que le terme de « philosophie » rebute. Ici, point de jargon ni de métaphysique. La recherche de la sagesse n'a pas besoin de mots compliqués, au contraire. Et la réalité est souvent plus simple que tous les discours abscons et confus qui ont tenté d'en rendre compte (ou de l'étouffer). C'est cette simplicité que nous avons essayé de comprendre, tout en pensant avec rigueur. Et penser avec rigueur, ce n'est pas nier les contradictions (comme le font la plupart de ceux qui soutiennent des théories) mais au contraire les mettre en évidence, les analyser et chercher, simplement, à les résoudre.

Fabrice DUTOT
Louise L. LAMBRICHS

PRÉAMBULE

> Je ne crois pas que la médecine puisse rien changer aux lois de la mortalité de l'homme sur la terre ni même chez un peuple. Mais cela n'empêche pas que je crois à l'utilité de la médecine pour guérir des individus qui, sans son intervention, seraient morts.
>
> Claude BERNARD,
> *Principes de médecine expérimentale,* chap. VII.

Démolir ne m'intéresse pas. Pas plus que les querelles de chapelles, dans lesquelles le public se perd et qui ne servent la plupart du temps qu'à conforter les uns et les autres dans leur pouvoir. Dans un débat aussi grave pour les individus que celui de la santé et de la maladie, la question du pouvoir médical devrait passer au second plan. Je dis bien *devrait.* Mais j'y reviendrai.

Lorsque je dis que démolir ne m'intéresse pas, ce n'est pas seulement un point de départ, une éthique, une perspective de travail, mais aussi, en quelque sorte, une conclusion : la santé et la maladie sont des préoccupations concrètes, et l'on attend d'un médecin qu'il réponde précisément aux questions qu'elles posent et que, éventuellement, il fasse comprendre les raisons pour lesquelles il ne peut répondre à certaines d'entre elles. C'est parce qu'à ces questions élémentaires j'ai trouvé certaines réponses simples, évidentes et utiles pour tous, que j'ai décidé d'écrire ce livre. Pour partager avec tous mon expérience, qui me paraît ouvrir sur une nouvelle pratique de la médecine.

Qu'on m'entende bien : je ne suis pas un découvreur et n'ai en aucune façon la prétention de me faire passer pour tel. Je n'ai pas découvert « la » clé, le passe-partout qui permettra à tous, demain, de ne plus jamais tomber malades. Tout simplement parce que cette clé n'existe pas. Pas de recette, ni de baguette magique. Il est temps de cesser de croire à la pierre qui guérit, à la plante qui fait des miracles, au médicament qui peut tout. Mais s'il n'y a pas de recette, il y a une éthique, une perspective. Comprendre comment l'être humain fonctionne dans sa globalité, corps et âme, et ce qui fait qu'il est sain ou malade.

Bien entendu, les conclusions auxquelles je suis parvenu m'ont amené à certaines remises en question, à une nouvelle synthèse. C'est pourquoi j'ai tenu à préciser que démolir, en soi, ne m'intéresse pas : car si j'ai été amené à critiquer certains discours communément admis — et tenus parfois par de grands noms de notre époque —, ce n'est pas dans le but assez vain de détrôner des vedettes, mais de mettre en lumière les raisons pour lesquelles on tient de tels discours et les contradictions cachées (mais flagrantes, dès qu'on y réfléchit un tant soit peu) sur lesquelles ils reposent.

Cette critique — on le comprendra en lisant cet ouvrage — a été pour moi un passage obligé, non un point de départ. Je ne suis pas un contestataire dans l'âme et ne demandais pas mieux, au départ, que d'admettre pour telles les vérités qu'on m'enseignait. Comme tout un chacun, j'ai commencé mes études avec le respect du savoir et le désir avide de le partager, d'être initié, enfin. J'éprouvais pour mes maîtres la confiance naturelle de l'ignorant conscient de son ignorance et désireux d'en sortir. Ce n'est que lorsque mes questions — de bon sens, de celles que tout le monde se pose — rencontrèrent des réponses manifestement erronées (ou se heurtèrent carrément à un refus de répondre) que mon esprit critique s'éveilla. En fait, l'aventure commençait. Parce que mon métier me passionnait et qu'avec mes malades — et le plus souvent grâce à eux — j'avançais, j'acquérais de l'expérience. Sans s'en rendre compte, c'étaient eux qui m'apportaient les réponses que je cherchais. Et j'écoutais, avec humilité.

Les réponses qui s'esquissaient, si elles entraient en conflit avec les théories que l'on m'avait apprises, rejoignaient celles que de nombreux philosophes et médecins de renom avaient données au cours des siècles. Entreprenant de nouvelles lectures, interrogeant les textes de maîtres dont se réclamaient mes professeurs — je pense notamment à ceux de Claude Bernard que l'on met aujourd'hui, si j'ose me permettre, « à toutes les sauces » —, je complétai ma formation sans cesser de confronter leurs conclusions aux données de mon expérience. Ce sont les résultats de ces réflexions, où reste toujours prédominant le souci de mon métier dans son application concrète, que je livrerai ici.

J'ai dit que les questions que je posais s'étaient heurtées à des refus ou n'avaient rencontré que des réponses insatisfaisantes. C'eût été naturel si mes questions n'avaient pas été légitimes ou eussent contenu, dans leur formulation même, quelque affirmation fausse. Pourtant, tel n'était pas le cas ; je ne posais en fait que les questions naïves, « primaires », que l'on se pose en médecine depuis toujours : pourquoi est-on, « tombe »-t-on malade ? Pourquoi, avec le même traitement pour une « même » maladie, les uns guérissent-ils, les autres non ? Pourquoi l'effet *placebo,* dont on parle toujours mais comme pour éviter d'en expliquer le fonctionnement ?

Comment « attrape »-t-on un microbe, un virus, et surtout pourquoi (puisque nous en respirons quotidiennement des millions sans tomber malade) ? Là n'est pas la question, me répondait-on. Écoutez plutôt comment les choses se passent, cela, nous sommes parfaitement capables de vous l'expliquer. Et, pour toute réponse, on me décrivait des mécanismes complexes, on m'abreuvait de statistiques (tel médicament « marche » dans 70 % des cas, tel autre seulement dans 65 %, etc.) sans jamais m'expliquer les raisons pour lesquelles ces mécanismes pathologiques se déclenchaient, ni pourquoi on ne parvenait pas toujours à les enrayer.

« Là n'est pas la question. » Cette phrase me mettait hors de moi — jusqu'au jour où je tombai, dans un quotidien, sur un dessin humoristique illustrant la « langue de bois » en vigueur dans les pays socialistes. On y voyait un singe haranguant une basse-cour et demandant aux poules terrorisées qui le regardaient :

— Voulez-vous être mangées rôties ou à la crème ?

— Mais nous ne voulons pas être mangées du tout ! répondaient les poules, en chœur.

— Là n'est pas la question, répondait le singe.

A quoi sert la langue de bois si ce n'est à maintenir le pouvoir en place ? à éviter que soient posées les questions qui pourraient le remettre en cause ? Les Français se montrent très subtils pour analyser ces mécanismes lorsque ces analyses leur permettent de condamner des régimes politiques ou des idéologies qu'ils combattent. Mais dès qu'il s'agit du fonctionnement de leurs propres institutions, ils semblent perdre tout esprit critique. La paille et la poutre ? Il y a de cela.

Je le répète, je ne suis pas contestataire par principe. Et si j'ai l'air de l'être devenu, un peu, c'est par nécessité. Car les lacunes (quand ce n'est la mauvaise foi) du discours institutionnel étaient trop flagrantes, et ce que m'enseignait chaque jour ma pratique entrait trop souvent en contradiction avec le discours officiel pour que je ne le remette pas en question.

Je dis bien le *discours* officiel, et non la pratique. Car je reste persuadé qu'un grand nombre de médecins exercent leur métier exactement comme moi et souffrent, comme moi, de cette contradiction qui oppose la théorie apprise à leur pratique. Devant cette situation, certains se marginalisent, d'autres se taisent. Moi, je cherche la troisième voie : celle d'une réflexion aussi profitable à l'institution qu'aux malades, et qui rendrait à la médecine son autorité ébranlée.

Dire que la médecine est en crise n'est pas une constatation bien originale : l'éclatement, en marge de la médecine officielle, des pratiques médicales — de l'acupuncture et de l'homéopathie, qui ont déjà acquis certaines lettres de noblesse, jusqu'aux techniques les plus insensées, comme la « lithothérapie » — en témoigne. Mais pourquoi ces techniques rencontreraient-elles un tel écho dans le public si la médecine n'avait pas, d'une certaine façon, déçu ? Celui à qui on propose un remède efficace ne va pas chercher ailleurs, c'est évident. Car ce que veut avant tout le malade, c'est guérir. Si donc il va ailleurs, c'est que ce qu'on lui a proposé ne l'a pas satisfait. Et s'il adopte définitivement ces pratiques marginales, c'est aussi qu'elles lui apportent ce qu'il attend.

On peut se demander, également, pourquoi tant de médecins se marginalisent. N'est-ce pas qu'ils ne supportent pas cette contradiction dans laquelle le discours institutionnel les contraint de vivre ? Toutes ces questions, j'ai été amené à les étudier de près, à examiner le fonctionnement de ces pratiques (appelées tantôt « médecines douces », tantôt « médecines naturelles », tantôt « médecines parallèles ») et la façon dont les malades guérissaient. Car beaucoup d'entre eux guérissaient. Et aussi, quel était le discours de ces médecins.

Ainsi ai-je parcouru un certain chemin. Au contact de

mes confrères, en médecine hospitalière, puis au contact de mes malades. Enfin par mes lectures, qui m'ont ouvert de nouveaux horizons. De cet ensemble, j'ai tiré un certain nombre d'enseignements, qui ouvrent la voie de la médecine du XXIe siècle. Je le dis sans forfanterie : je ne me fais ici que la chambre d'écho de mon époque, et si je n'avais fait cette synthèse, quelque autre, sûrement, l'eût faite à ma place. Car elle est l'aboutissement logique et naturel des excès auxquels nous assistons, de toutes parts, depuis une vingtaine d'années.

Au cas où je n'aurais pas été assez clair jusqu'ici, je tiens à préciser que cet ouvrage n'est en aucune façon une nouvelle théorie médicale. Généraliste, praticien, je crois peu en effet à la théorie : et si parfois elle nous permet d'avancer, elle a plus souvent pour effet de nous enfermer dans des grilles inaptes à rendre compte du réel. Et puis, qu'est-ce qui est le plus important : élaborer une théorie de la santé et de la maladie satisfaisante pour l'esprit ? ou aider les malades à guérir ? Sans doute une bonne partie du quiproquo vient-elle de ce que de nombreux médecins poursuivent le premier but, quand les malades n'attendent de nous que le second. C'est bien sûr de leur point de vue que, d'emblée, je me suis placé.

Si je ne suis guère théoricien, les théories cependant m'intéressent : car toutes — si contradictoires soient-elles — me paraissent prendre racine dans une expérience qui, elle, est vraie. L'erreur réside dans la systématisation, la généralisation. J'y reviendrai. Ce qui unit toutes ces théories, et qui est peut-être le lieu d'une certaine « vérité médicale », c'est précisément ce par quoi elles se contredisent. C'est à l'intérieur de cette contradiction que je me suis placé, car c'est elle qu'illustrent quotidiennement mes patients.

Pour faire partager au lecteur mes réflexions, il fallait d'abord lui faire comprendre mon itinéraire, dans toute l'évidence avec laquelle je l'ai vécu. Et pour cela, je n'avais d'autre choix, dans un premier temps, que de le raconter ; le temps de quelques chapitres, de faire tomber cette blouse blanche qui nous isole des autres hommes, comme un emblème du savoir absolu, et dont certains croient qu'elle les protège. Expliquer ce que j'avais appris, ce que je voyais, à quels obstacles je me heurtais, et à quelles réflexions j'étais amené. Faire entrer le lecteur, l'espace de quelques heures, dans le secret de mon cabinet. L'asseoir à mes côtés. Lui faire partager mes pensées, mon savoir, mais aussi mes questions, mon ignorance. Qui est celle de tous mes confrères. Quel sage exercice de son métier peut-on attendre d'un médecin qui ne fait pas la part de son ignorance ? « Je sais que je ne sais rien », disait Socrate. Oui, ce qui manque peut-être plus que tout aux médecins d'aujourd'hui, c'est la philosophie. Claude Bernard, lui, était philosophe. Mais j'y reviendrai.

Première partie

PREMIERS PAS

> Le médecin, au service de l'individu et de la santé publique, exerce sa mission dans le respect de la vie et de la personne humaine.
>
> *Code de déontologie médicale,* article 2.

Par cœur. Tout savoir par cœur, mot à mot : voilà comment on réussit ses examens de médecine. Pas besoin de génie, non, ni d'esprit critique, surtout pas : apprenez ce que vos pères ont découvert. On verra après.

J'étais d'accord, bien sûr. Et puis, j'avais une bonne mémoire. Je passai donc avec succès tous les certificats.

En outre, le principe n'avait rien d'absurde : qu'il faille connaître par cœur l'anatomie du corps humain, c'est une évidence. Je me pliai donc à la discipline commune. Puis ce furent les maladies, avec leur cortège de symptômes, et les traitements préconisés. Là aussi, il fallait les connaître par cœur. Déjà, dans ce cas, la méthode était plus contestable. Mais je ne le comprendrais que plus tard.

Lors de mes premiers stages hospitaliers, je suivais comme les autres le chef de clinique. Nous passions les malades en revue, établissions une liste des signes cliniques d'où découlait tout naturellement le nom de la maladie. Hypertension artérielle, obésité, cancer du foie, eczéma purulent, tuberculose... Contre tous ces maux, on avait des remèdes tout prêts, plus ou moins récents. On faisait des essais, aussi, avec plus ou moins de succès. Mais ce qui était évident, c'est qu'il fallait agir *contre.* Contre la maladie, ce mal qui vous tombait dessus, de l'extérieur, comme une fatalité.

Pourquoi ai-je été choqué, très vite, par ce point de vue ? Pourquoi ce qui, aux autres, paraissait une évidence m'a-t-il semblé presque immédiatement suspect ?

Mais l'esprit critique, ça se forme. Et je n'ai pas au départ été mieux formé que les autres : j'ai passé mon baccalauréat avec l'inculture moyenne d'un lycéen français, puis j'ai exercé ma mémoire. On m'avait appris à apprendre, pas à réfléchir. Aussi étais-je bien incapable de formuler ce que je ressentais, encore moins de l'étayer.

Incapable d'exprimer mes doutes, je les taisais. Pourtant, je me souviens de certains soirs où, après avoir passé ma journée à l'hôpital et vu des gens atteints de tous les maux de la terre, je rentrais obsédé par cette question : mais pourquoi ? pourquoi tous ces gens sont-ils malades ?

Le matin, en enfilant ma blouse blanche, je reprenais confiance : les médecins, en salle de garde, évoquaient certains cas : Untel avait guéri, allait sortir dans deux jours, tel autre paraissait aller mieux mais il fallait attendre encore, que le mieux se confirme. Ils soignaient donc, obtenaient des résultats. Mais quelques minutes plus tard, mes doutes se réveillaient : pourquoi tel autre, atteint de la même maladie que le premier et ayant suivi rigoureusement le même traitement, voyait-il son état s'aggraver de jour en jour ? On se contentait de constater qu'il réagissait mal aux médicaments. On allait en essayer d'autres. Mais pourquoi ? Si l'on connaissait si bien les effets chimiques des médicaments, si tout cela était aussi scientifique qu'on l'affirmait, pourquoi ces variations inexplicables ? Sur ce point, on restait muet. Ou bien on brandissait de grands mots, scientifiques encore, pour masquer son ignorance : « groupes HL-A », « immunité » — ou moins scientifiques : « allergie », « incompatibilité », « intolérance ». Mais de toucher ainsi du doigt les limites de leur savoir ne paraissait pas émouvoir mes confrères outre mesure : un jour, la science leur apporterait les réponses. Cela, ils n'en doutaient pas.

Si j'essayais de définir l'état d'esprit dans lequel je vécus ces années-là, je dirais aujourd'hui que j'éprouvais pour la pratique qu'on m'avait enseignée une confiance totale sur fond de doute inavoué. Comment exprimer une situation intérieure conflictuelle sinon par des termes évidemment contradictoires ? Confiance totale parce que psychologiquement, je n'avais pas d'autre possibilité : j'avais choisi de faire ces études et, même si elles ne demandaient qu'un effort de mémoire, celui-ci était immense et requérait toute mon énergie. Si j'avais dès le départ cessé d'y croire, si j'avais remis en doute dès l'origine le bien-fondé de ce qu'on m'enseignait, aurais-je encore été capable de fournir cet effort ? Non, bien sûr. Ou bien il eût fallu que je fusse doué d'un autre caractère que le mien. Et encore : je doute qu'il soit possible à qui que ce soit de sensé d'apprendre par cœur d'immenses textes dont il estime qu'ils n'ont aucun sens.

Quant au « doute inavoué », il s'exprimait quotidiennement par ces questions qui me hantaient et restaient sans réponse. Si on soignait véritablement la cause des maladies, comme on le prétendait, comment expliquer les échecs que l'on rencontrait ? Néanmoins, j'hésitais encore à critiquer mes maîtres et restais conscient de mon manque d'expérience. J'espérais donc que ma pratique lèverait naturellement mes doutes et m'apporterait enfin les réponses que je cherchais.

Ce fut le cas. Mais d'une façon totalement inattendue.

Je n'ai jamais cru au « coup de tonnerre dans un ciel bleu », pas plus qu'aux découvertes miraculeuses. Même s'il arrive que l'on vive ainsi certaines situations, il suffit de réfléchir, de revenir sur les événements pour se rendre compte que le terrain était préparé, l'esprit prêt à accueillir l'événement ; même, qu'il l'attendait.

Ainsi, revenant sur mes traces, essayant d'analyser en profondeur les raisons qui m'ont poussé dans cette voie que personne ne m'avait ouverte, je comprends mieux certains « petits faits » en apparence anodins, je découvre toute l'importance qu'ils eurent pour moi, je dirais la *résonance* qu'ils trouvèrent en moi.

L'un d'eux, notamment. Il y a de cela plus de dix ans. J'effectuais à l'hôpital l'un de mes derniers stages avant l'obtention de mon diplôme, dans un service d'endocrinologie. Les jours précédents, j'avais fait la connaissance du chef de ce service, un homme sévère, cassant, autoritaire, qui ne se déplaçait jamais sans son interne, un jeune homme gras et un peu mou qui ne sortait de son silence que pour lancer à l'adresse de son supérieur direct quelque phrase subtilement flagorneuse censée consolider sa complicité avec le pouvoir en place. Inutile de dire que je n'éprouvai pas pour ce couple directorial une sympathie immédiate, mais au fond, peu m'importait : une fois mon stage fini, je quitterais ce service. Je n'avais qu'à prendre mon mal en patience et tirer le meilleur parti possible de mon passage dans ces lieux.

Ce jour-là, le service était de garde. C'est-à-dire qu'au lieu de n'accueillir que les malades relevant directement de la spécialité du service (obèses, hyperthyroïdiens, diabétiques, etc.), nous recevions également toutes les urgences arrivant à l'hôpital, qui ne seraient réorientées vers les services spécialisés que plus tard.

Tôt le matin, j'étais seul dans le service — le maître et son acolyte ne devaient arriver qu'en fin de matinée, pour la visite générale — lorsqu'un homme d'une cinquantaine d'années se présenta. Il souffrait de violents maux de ventre, mais avant même que j'aie pu l'examiner, il me donna son diagnostic :

— C'est un calcul, je sais, ça m'est déjà arrivé. Un

caillou, comme on dit. Parfois, ça passe tout seul. Mais là, j'ai l'impression que c'est coincé.

Je pratique un examen détaillé et lui confirme son impression. Oui, c'est vraisemblablement un calcul. Mais il faut attendre le chef. Ici, seule sa parole compte. Je ne suis encore qu'un débutant.

En attendant, comme il souffre beaucoup, je décide de l'hospitaliser. Soit il évacue son calcul tout seul, et dans ce cas il sortira rapidement, soit il faudra lui prescrire un traitement. De toute façon, d'ici midi, il a besoin de s'allonger, de se reposer.

Une fois les formulaires d'admission remplis, un lit lui est attribué. Une demi-heure plus tard, je lui rends visite pour voir s'il est bien installé.

— Oui, merci. Tout va bien.

Je suis frappé de son calme. Généralement, les gens qui souffrent sont inquiets. Lui, non. Mais je sens qu'il serait heureux de bavarder, pour se distraire de sa douleur. Comme aucune autre urgence ne m'appelle, je m'assieds au pied de son lit.

— Vous faites un beau métier, me dit-il.

Je souris, un peu gêné par cette entrée en matière. Oui, bien sûr, je fais un beau métier. Du moins, je m'y prépare. Et j'en ai une très haute idée. Mais pourquoi me dit-il cela ?

— Si j'avais pu faire des études, moi aussi, j'aurais fait médecine...

Il s'interrompt un instant, comme s'il rêvait à ce qu'aurait été sa vie de médecin, puis reprend :

— Finalement, je fais un peu le même métier que vous. Je suis « guérisseur », comme on dit chez vous.

Et sans que je lui pose plus de questions, il me raconte sa vie, dans un petit village de province, ce rôle étrange qu'il y joue pour les habitants, confident, ami, conseiller.

— Si vous saviez comme les gens sont seuls, comme ils ont besoin qu'on les écoute. Quelquefois, cela suffit pour les guérir, qu'ils parlent... Ils vous racontent tous leurs soucis et quand ils repartent, cela va déjà mieux. Je leur donne aussi quelques plantes, bien sûr, sinon ils ne me prendraient pas au sérieux. Mais ce n'est pas l'essentiel. Ce qu'il faut, c'est les comprendre. Ils ont parfois la vie tellement dure...

J'écoute, ne sais que répondre. Comme tous ceux qui ont reçu ma formation, je suis très prévenu contre les guérisseurs, les charlatans de toute espèce, qui exploitent la crédulité populaire. Je sais à quels fanatismes catastrophiques de telles pratiques peuvent conduire, et je les condamne. Pourtant, chez cet homme, je ne ressens rien de tel. Rien de ce mépris que respirent les gourous pour les non-initiés. Non. Tout ce qu'il dit des autres montre au contraire qu'il les respecte infiniment et compatit à leur douleur.

— Mais ici aussi, vous devez en voir...

Il a raison. Nous en voyons tous les jours. Puisque c'est précisément le lieu où se retrouvent tous ceux qui souffrent. Mais je me demande si l'attention que nous leur prêtons est aussi humaine que celle que voue cet homme à ses villageois. Nous, nous observons des « cas », des maladies, sans jamais vraiment connaître nos malades. Est-ce seulement parce que nous n'en avons « pas le temps » ?

La matinée a passé vite. Onze heures trente. C'est l'heure de la visite. Le chef arrive, flanqué de son gros interne.

— Eh bien, dit-il en s'adressant à moi d'un ton sec, que pensez-vous de ce monsieur ?

J'explique brièvement mon diagnostic, énumère les signes cliniques qui m'ont amené à le poser. Endocrinologue jusqu'au bout des ongles, le chef m'écoute d'un air sévère. Et quand j'ai terminé mon exposé :

— Alors, vous n'avez même pas remarqué que cet homme est obèse ?

Non, il ne plaisante pas. C'est incroyable. Je regarde

mon malade : il n'a rien d'un obèse. Tout au plus les trois ou quatre kilos de trop qui épaississent sa cinquantaine robuste. Je me prépare à répliquer lorsque le chef de service me devance :

— Mais ça crève les yeux !

A ce moment-là, mon regard tombe sur l'interne qui l'accompagne et souffre, lui, d'une obésité caractérisée. Un coup d'œil vers mon malade, qui ébauche un sourire, m'apprend qu'à lui non plus le comique de la situation n'a pas échappé et, ne résistant pas à la bouffée d'insolence qui m'envahit, je lui lance, complice, en désignant l'interne :

— Ne vous inquiétez pas, lui, ce n'est que du muscle !

Cette marque d'insoumission me vaudra d'être renvoyé sur-le-champ du service.

Il va de soi que je ne tire aucune fierté de ce mouvement de révolte tout à fait adolescent. Mais si je rappelle ce souvenir, s'il est encore si vif, aujourd'hui, à ma mémoire, c'est que cette scène entière était pour moi porteuse d'une signification profonde. Disons qu'à partir de ce moment-là ma blouse blanche s'est mise à avoir pour moi un sens plus précis, plus rigoureux, et que je n'ai plus considéré que tous ceux qui la portaient méritaient automatiquement le respect. La façon dont ce chef de service avait devant moi traité cet homme, en ignorant presque sa présence et en parlant de lui comme d'un objet, m'avait profondément choqué. D'autant plus profondément, certes, que ma conversation de la matinée avec ce malade m'avait permis de mesurer le respect qu'il accordait, lui, simple « guérisseur » méprisé des médecins, à ceux qui venaient le consulter.

Je sais aussi que ce fait n'a rien d'exemplaire : ce n'est pas l'attitude condamnable d'un médecin qui peut permettre de condamner la profession. Heureusement. Aussi ne l'ai-je pas évoqué dans ce but, mais simplement comme « expérience vécue », pour faire comprendre comment, progressivement, j'ai perdu un peu de cet esprit de corps si vif dans notre profession. Il y a de bons et de mauvais médecins, comme il y a de bons et de mauvais hommes. Et puis, aussi, personne n'est absolument bon ou mauvais. Enfin, je découvrais une évidence : que la blouse blanche ne fait pas le médecin.

*
**

> Le médecin est libre de ses prescriptions, qui seront celles qu'il estime le plus appropriées en la circonstance.
> Dans toute la mesure compatible avec l'efficacité des soins, et sans négliger son devoir d'assistance morale, il doit limiter ses prescriptions et ses actes à ce qui est nécessaire.
>
> *Code de déontologie médicale,*
> article 9.

Comme tout jeune médecin, j'ai commencé par faire quelques remplacements. Quinze jours, un mois, je reprenais le temps nécessaire la clientèle d'un généraliste parti en congrès ou en vacances.

Peut-être est-ce là l'aspect le plus ingrat de l'apprentissage. Du moins est-ce ainsi que moi, je l'ai vécu : tant qu'on apprend ses cours, fût-ce par cœur, on apprend ; on sait pourquoi on est là, l'examen est à la clé. Dans la société miniature que représente l'hôpital aussi, on apprend : non seulement en observant les malades, en examinant les cas qui se présentent, mais en écoutant les autres médecins, en discutant de telle ou telle question encore obscure. Mais dans la solitude d'un cabinet médical qui ne vous appartient pas, où l'on reçoit des malades qui viennent vous voir à défaut de voir celui que vous remplacez (et qui regrettent naturellement de pas trouver leur médecin habituel), ayant en poche, enfin, le diplôme pour lequel on a sué sang et eau pendant des années et qui dit que ça y est, vous êtes médecin, on ressent le brutal décalage qui sépare un rêve, un idéal, de la réalité quotidienne. Une réalité qui vous met face à vos responsabilités, à votre devoir d'appliquer, soudain, ce savoir engrangé durant des années.

On a déjà vu des malades, bien sûr, et l'expérience hospitalière en ce sens est extrêmement précieuse. Mais très vite, on s'aperçoit qu'« en ville », comme nous disons, l'exercice courant de la médecine générale n'a rien de commun avec celle des services hospitaliers spécialisés : la plupart des gens qui nous consultent souffrent de ces maux que l'on appelle aujourd'hui « maladies de civilisation », tant ils sont courants : migraines, insomnies, rhumatismes, rhinopharyngites et angines, hypertension artérielle, colites, etc. Et ils viennent régulièrement chez leur médecin pour faire le plein de médicaments. « Docteur, je voudrais que vous me prescriviez un somnifère. » « Docteur, j'ai besoin de laxatifs. » « Docteur, j'ai de la fièvre, donnez-moi des antibiotiques. » Quand ce n'est pas : « Docteur, j'ai besoin d'un arrêt de travail. »

Et j'écrivais, docilement. Ordonnance sur ordonnance. Après examen, bien sûr. Je m'adaptais à la situation. De temps à autre, je posais une question :

— Cette migraine, cela fait longtemps que vous en souffrez ?

— Oui... Je ne sais plus très bien. En tout cas, au début, les médicaments que me donnait le docteur ne marchaient pas du tout. Mais celui-là, il est très bien. J'en prends chaque fois que j'ai une crise, et ça passe.

Ou encore :

— Vous savez, les laxatifs, il ne faut pas en abuser...

— Je sais, le docteur me l'a dit. Je fais attention à ce

que je mange, aussi. Mais ça ne suffit pas. Et vous savez, quand on ne va pas à la selle pendant trois ou quatre jours, on commence à s'inquiéter...

J'écoutais. J'essayais de comprendre. Mes anciens doutes remontaient, mes éternelles questions. Pourquoi ? Pendant des années, la mécanique corporelle avait bien fonctionné, et puis soudain, l'insomnie, la migraine, l'hypertension. Installée parfois depuis des années. Et le cycle infernal des médicaments.

Parfois le mal disparaissait, du jour au lendemain. On en déduisait que le médicament (dont l'action chimique est connue) avait fait son effet. Mais souvent, aussi, le mal revenait, après quelques semaines. Ou encore un autre trouble apparaissait. Après une migraine, une hypertension, par exemple.

— La migraine, c'est complètement fini. Mais maintenant j'ai des vertiges, des mouches devant les yeux...

Ou bien :

— Maintenant ça va, je dors bien. Mais j'ai une colite épouvantable.

Quand je poussais l'interrogatoire un peu plus loin, j'apprenais souvent que le malade avait consulté des spécialistes, pour d'autres maux : dermatologue, gastroentérologue, pneumologue, rhumatologue, chacun examinant la partie qui le concernait, sans se soucier des autres. Si l'eczéma avait été guéri, le dermatologue avait gagné la confiance de son patient. C'était un « bon dermatologue ». Et si un asthme apparaissait dans les mois suivants, il ne serait venu à l'esprit de personne d'en faire grief au dermatologue.

Ces quelques remplacements me donnèrent de la médecine générale et de l'exercice qu'en faisaient mes confrères une idée je l'avoue asssez déprimante. Et je comprenais sans peine pourquoi la plupart d'entre eux décidaient, après quelque temps, de se spécialiser : si être généraliste consistait à distribuer arrêts de travail et médicaments et à orienter sur les spécialistes concernés, cela ne valait pas la peine d'avoir fait dix ans d'études...

Certains d'entre eux, pourtant, semblaient se satisfaire de cette pratique et, lorsque je leur faisais part de mes doutes, souriaient, ou répondaient à côté de la question. Ou encore me disaient, légèrement narquois : « Tu as raté ta vocation, tu aurais dû faire de la philosophie... »

Néanmoins, je ne me laissai pas décourager ni détourner de ma voie : généraliste j'étais, généraliste je resterais. J'allais m'installer, me constituer une clientèle. Et chercher. Écouter.

En faculté, on ne m'avait appris, bien sûr, que la médecine dite « scientifique », utilisant essentiellement la chimiothérapie et les antibiotiques. Je connaissais les propriétés de ces médicaments, j'avais appris leur mode d'action et savais aussi qu'ils comportaient de nombreux inconvénients. On n'administre pas à un organisme vivant des produits chimiques sans qu'il en pâtisse de quelque façon. Et d'ailleurs, les laboratoires le savent bien puisqu'ils indiquent, pour nombre d'entre eux, une liste de contre-indications impressionnante.

La sagesse consistait donc à en prescrire le moins possible, et uniquement dans les cas d'absolue nécessité. Pas question, bien sûr, de prendre des risques inutiles. Mais savoir peser ces risques, et trouver éventuellement d'autres moyens, plus doux, pour calmer les maux dont se plaignaient les malades, telle était ma tâche.

Cependant, je m'aperçus très vite que les choses étaient loin d'être si simples. Pour la plupart des malades en effet, le bon médecin est celui qui prescrit des médicaments, et une consultation qui se termine sans ordonnance n'inspire guère confiance. Pour éviter de prescrire des médicaments durs lorsque cela me paraissait inutile, j'allais donc devoir trouver d'autres moyens, une nouvelle stratégie, qui supplantent la confiance que la plupart des gens vouent aux médicaments.

Pendant les premiers mois de mon installation, je fis ainsi mes premières armes : prescrivant de temps à autre des médicaments, quand cela me paraissait nécessaire, suivant régulièrement mes malades, observant les modifications de leurs symptômes. Et puis, surtout, je les écoutais. Comme si j'avais été sûr, dès le départ, que c'étaient eux qui détenaient les réponses aux questions que je me posais.

Les journées étaient longues, mais mon travail me passionnait. Une fois l'examen clinique terminé, qui la plupart du temps ne révélait rien d'alarmant, je posais des questions, essayais de comprendre.

— Depuis quand souffrez-vous d'hypertension ? A quand remonte votre première crise ?

Le plus souvent, je n'obtenais que des réponses évasives, ou d'une précision dont je ne savais que faire. J'avais l'impression de défricher seul une forêt dont on ne m'avait même pas signalé l'existence.

Toujours mû par la curiosité, je m'intéressai rapidement aux autres pratiques médicales, qui fleurissaient. J'allai à des congrès, rencontrai des collègues qui s'étaient orientés vers l'acupuncture, l'homéopathie, la mésothérapie.

— Et tu sais, ça marche ! disaient-ils tous. Toi qui répugnes à prescrire des médicaments pour un oui ou pour un non, tu devrais essayer...

Que ça marche, j'en doutais de moins en moins. De nombreux malades en avaient témoigné devant moi. Untel s'était débarrassé de son eczéma par l'homéopathie, tel autre ne jurait que par l'acupuncture... un temps, au moins. Car ils revenaient bientôt me voir : la plupart du temps, la médecine miracle perdait son auréole, les symptômes revenaient, ou de nouveaux apparaissaient, qui se montraient récalcitrants.

Et puis, je n'avais pas envie d'entrer dans une caste, de

me marginaliser. Je voulais rester médecin généraliste, c'était ce métier-là que j'avais choisi. Il devait bien exister un moyen de l'exercer de façon satisfaisante.

Une de ces pratiques, pourtant, m'attira plus que les autres : la mésothérapie. Il faut dire que son discours est séduisant, et rencontrait parfaitement mes préoccupations. Partant du fait que la médecine courante administre le plus souvent par voie orale des produits chimiques destinés à soigner un trouble localisé et que, de ce fait, la dose prescrite est supérieure (puisqu'elle se répand dans l'organisme entier) à celle qui serait nécessaire pour guérir le trouble en question, on pratiquait, localement, de petites piqûres du même produit en doses inférieures. Logiquement, cela évitait de surcharger l'organisme de produits chimiques inutiles, et cela n'agissait qu'à l'endroit requis.

Dans un premier temps, cette logique me plut et je décidai d'essayer. J'avais confiance dans ce raisonnement simple qui, sans remettre profondément en cause les principes que j'avais appris, en palliait me semblait-il les inconvénients.

C'est à cette époque que m'arrivèrent deux aventures exemplaires, qui m'ouvrirent enfin les yeux et m'apportèrent des ébauches de réponses.

Un matin, je fus appelé au chevet d'une vieille femme qui, selon son mari, se trouvait très mal. Son médecin ayant quitté la ville, il souhaitait que je vienne le plus vite possible.

Lorsque j'arrivai, une demi-heure plus tard, je trouvai effectivement une femme d'environ soixante-dix ans en fort piteux état. Incapable de parler ni de reconnaître ceux qui s'approchaient d'elle, elle était dans une grande faiblesse qui me parut tout à fait alarmante. Son mari m'expliqua qu'elle suivait depuis un certain temps déjà un traitement très lourd, dans lequel entraient notamment des antihypertenseurs (car elle faisait de l'hypertension), des anticoagulants, car elle avait des œdèmes importants (que je constatai effectivement), ainsi que des médicaments pour lui donner de l'appétit, d'autres pour faciliter la digestion, bref, elle absorbait quotidiennement une quantité impressionnante de pilules.

J'examinai attentivement la malade, appris qu'elle urinait normalement — ce qui est essentiel —, puis réfléchis. J'étais ahuri par la quantité de médicaments qu'elle prenait, et consterné par l'état dans lequel elle se trouvait, qui ne me paraissait pas laisser grand espoir. A quoi servait de lui donner tant de choses si c'était pour aboutir à ce triste résultat ? De toute façon, il fallait agir. A côté de moi, le mari attendait ma décision.

— Il faudrait cesser tous ces médicaments, lui dis-je. Donnez-lui simplement à boire. Elle est très mal... Si vous voulez, je repasserai demain matin pour savoir comment s'est passée la nuit et prendre des nouvelles.

On s'étonnera peut-être de ma décision. Pourtant, le raisonnement qui l'avait motivée était bien simple. Connaissant la composition des différents médicaments qu'elle prenait et prenant conscience de la force toxique du cocktail chimique qu'elle absorbait chaque jour, je m'étais dit la chose suivante : si on donnait la même chose à quelqu'un de bien portant, il serait certainement malade ; d'autre part, vu l'état dans lequel cette pauvre femme se trouve, il paraît évident que les médicaments ne lui font pas le bien attendu. En outre, elle est très âgée, semble près de mourir, et ce n'est pas un xième remède qui la sauvera. Donc, je ne risque pas grand-chose à supprimer tous ses médicaments : ou bien elle continuera sur la pente fatale sur laquelle elle est déjà engagée, ou bien elle ira mieux.

Le lendemain, à la première heure, j'appelai son mari. D'une voix rassérénée, il m'expliqua que la nuit n'avait pas été mauvaise, et qu'elle semblait même sortir de sa torpeur. Je lui promis de passer dans l'après-midi, après mes autres rendez-vous.

Effectivement, quand j'arrivai, vers cinq heures, elle allait mieux : elle avait même bu un peu de bouillon de légumes et reprenait progressivement ses esprits. Je sentis que nous étions sur la bonne voie et demandai qu'on respecte les mêmes consignes jusqu'au lendemain. Trois jours plus tard, lorsque j'arrivai pour ma visite quotidienne, je trouvai ma malade assise dans un fauteuil. Qui l'eût vue trois jours plus tôt eût parlé de miracle. Mais je ne crois pas aux miracles. J'étais simplement heureux d'avoir pris ce qui me paraissait une bonne initiative et continuai de l'observer, tout en me laissant guider par mon intuition.

Après l'avoir examinée et constaté que ses œdèmes avaient pratiquement disparu, je lui demandai comment elle se sentait.

— Mieux, beaucoup mieux, répondit-elle. Mais vous n'allez pas me donner quelques médicaments ?

Je souris.

— Croyez-vous que vous en avez vraiment besoin ?

— Je ne sais pas. Normalement...

Oui, normalement, on appelle le médecin pour qu'il vous fasse une ordonnance. Et moi, j'avais fait tout le contraire. J'avais complètement interrompu tout traitement. Mais le résultat était là. Pour moi, c'était l'essentiel. Je n'avais plus que faire de la théorie.

— Écoutez, lui dis-je, de tous les médicaments que vous preniez, aucun n'est essentiel pour vous maintenir en vie. Et apparemment, maintenant que vous n'en prenez plus, vous ne vous en portez que mieux.

Elle acquiesça. Je l'examinai soigneusement, pris sa tension, constatai qu'elle était encore faible ce qui, vu les circonstances, n'avait rien que de très normal. Je lui conseillai de se reposer, de manger très légèrement et de faire confiance à la mécanique : si on ne la bousculait pas, elle reprendrait le dessus.

Pendant des mois, je lui rendis visite régulièrement. A l'heure du déjeuner, entre deux consultations, j'allais chez elle, et nous bavardions. Ou plutôt, elle parlait : me racontait sa vie, ses difficultés avec son mari, qui l'avait beaucoup trompée, les événements qui l'avaient marquée et qu'elle avait mal supportés. Pendant deux ans, elle vécut de la sorte, sans plus prendre aucun médicament et en faisant, avec moi, une sorte de bilan de son existence. Avec moi, elle repassait dans ses propres pas, parlant de ses difficultés les admettait plus facilement, comprenait mieux ce qu'elle avait vécu, et pourquoi. Moi, de mon côté, je l'écoutais, et la laissais tranquille : pourquoi lui aurais-je demandé de manger sans sel ou de prendre quelque médicament que ce soit ? Son corps était usé, bien sûr, puisqu'elle était âgée. Mais elle avait trouvé un certain équilibre. Le sien.

Puis, un jour que j'arrivais pour ma visite habituelle — deux ans après notre première rencontre —, et que je lui demandais, comme à mon habitude : « Alors, comment va la vie ? », elle me regarda, attendit un peu avant de répondre, puis me dit, gravement :

— Vous savez, docteur, j'ai refermé le livre de ma vie.

Je crois que cette phrase, je l'entendrai toujours. Elle l'avait dite avec sérénité, comme une constatation très simple. Pendant tous ces mois, pas à pas, elle avait fait le point. Et maintenant, c'était fini. Elle le disait sans tristesse, peut-être même avec un certain soulagement.

Ce jour-là, je la quittai plus tôt que d'ordinaire, avec un certain malaise. Elle n'avait plus envie de parler. Peut-être parce qu'elle avait tout dit ? Ma tâche était terminée, je le sentais sans le savoir encore, par acquit de conscience je l'avais examinée, mais tout allait bien, comme d'habitude.

Le soir, à six heures, son mari m'appela à mon cabinet :

— Docteur, elle est morte.

La nouvelle me surprit à peine. Néanmoins, je m'enquis bien sûr des circonstances :

— Elle n'a pratiquement pas mangé, mais elle était très calme, nous avons bavardé. Puis je l'ai mise au lit, pour sa sieste, comme d'habitude. Et elle ne s'est pas réveillée.

Longtemps j'ai médité sur cette aventure, sur sa valeur que je pressentais exemplaire : quiconque eût vu cette femme, deux ans avant sa mort, le jour où j'avais été pour la première fois appelé à son chevet, l'eût jugée perdue. Et elle l'était. Cela ne fait pour moi aucun doute. Elle serait probablement morte sans reprendre conscience, un peu comme un animal, sans savoir pourquoi. Bourrée de drogues. Et on aurait dit, bien sûr, que les médecins avaient tout fait pour la sauver. Sans doute le pensent-ils, de bonne foi. Cela, je ne le conteste pas.

Mais ce qui était non moins évident, c'est que la suppression de tous ces médicaments (tous prescrits dans un but précis, pour rétablir une sorte de norme théorique du fonctionnement organique) lui avait rendu la vie et lui avait permis, pendant deux ans, non seulement de poursuivre une existence normale, mais de réfléchir sur le sens qu'elle avait eu, de l'admettre, librement. Et d'admettre, aussi, que ce chemin avait une fin, et de s'y préparer, dignement. Oui, cette mort-là était humaine. Je n'en souhaiterais pas d'autre pour moi.

On me répliquera peut-être qu'il est abusif d'affirmer que la suppression des médicaments lui a rendu la vie, et j'entends déjà le tollé que pourrait soulever chez mes confrères une telle assertion. A quoi je ne répondrai qu'une chose : comment expliquer autrement le fait qu'en prenant tous ces médicaments (censés la tirer d'affaire) elle était au bord de la mort, et qu'à peine ceux-ci arrêtés elle se soit sentie beaucoup mieux, et *cela pendant deux ans* ? Préfère-t-on parler de « miracle » (mot qu'on retrouve trop souvent dans la bouche de gens qui se prétendent des scientifiques) ? Non, c'est beaucoup plus simple : la chimie est une arme à double tranchant, que nous n'avons pas encore appris à maîtriser et dont nous n'abusons que trop souvent. Dans certains cas, bien définis, elle nous est une aide irremplaçable, et mon propos n'est pas de contester les progrès énormes accomplis dans ce domaine. Mais son champ d'application devrait être beaucoup plus restreint qu'il ne l'est à l'heure actuelle et se limiter strictement aux maladies lésionnelles. Pour tous les troubles fonctionnels (qui représentent 80 % des consultations médicales), elle est souvent plus nuisible qu'utile.

Cela, je ne le formulerai que plus tard, lorsque je commencerai à comprendre comment l'homme fonctionne dans son ensemble, le rôle de la maladie, et comment s'opère une guérison. A l'époque, je tâtonne encore, applique le mieux possible ce que l'on m'a appris, et pratique avec confiance la mésothérapie qui, effectivement, donne certains résultats.

***

Avant de raconter l'histoire de Claire, qui m'ouvrit encore de nouveaux horizons et m'orienta définitivement vers ma pratique actuelle, j'aimerais rendre compte de ce qu'était, à l'époque, mon emploi du temps quotidien, et de la façon dont j'exerçais.

Dès que j'eus obtenu mon diplôme, je décidai de m'installer comme médecin de quartier. Mais à côté de la clientèle privée, je souhaitais exercer également en institution, estimant que j'avais encore beaucoup d'expérience à acquérir et souhaitant conserver des contacts suivis avec mes confrères. J'acceptai donc la proposition qui me fut faite, un jour, de travailler régulièrement dans un dispensaire.

Je m'y rendais tous les matins. Un secrétariat fixe y prenait les rendez-vous, et je recevais tous les patients qu'on me destinait d'office. Pour chacun d'eux, je disposais de dix minutes. A peine le temps de faire un examen clinique. Pas une minute pour faire connaissance. L'usine.

Au départ, pourtant, je me pliai à cette discipline. Puisque les autres pratiquaient ce système, je devais être capable de m'y soumettre. En outre, je n'en comprendrais les avantages et les inconvénients que de l'intérieur.

Ce dispensaire regroupait toutes les spécialités médicales et offrait également tous les services d'examens complémentaires : ainsi les patients pouvaient-ils, si besoin était, obtenir sur place un bilan pratiquement complet. Les accords nécessaires avaient été pris par le directeur de l'établissement pour que tous les frais soient remboursés par la Sécurité sociale. Tout paraissait intelligemment organisé pour servir au mieux les malades.

Pendant quelque temps, j'exerçai donc comme j'avais coutume de le faire, mais de façon plus sommaire : le temps imparti à chaque malade étant, du fait de l'organisation générale, très bref, je n'avais que le temps de les examiner, de les questionner sur les maux qui motivaient leur visite, et de leur dispenser les conseils et éventuellement les médicaments nécessaires. J'avais l'impression de faire un travail superficiel, du simple colmatage. On aurait tout aussi bien pu donner à n'importe qui une grille des symptômes avec les médicaments correspondants, il eût fait presque le même travail que moi. Mais lorsque je demandai si l'on pouvait espacer mes rendez-vous de façon que je puisse passer davantage de temps avec chaque patient, on m'opposa un refus catégorique : vu le prix de la consultation, mon exercice n'eût plus du tout été rentable.

Que, dans nos sociétés, les impératifs économiques existent, je ne serai pas naïf au point de le nier. Mais que la santé des gens y soit soumise, je n'étais pas prêt à l'admettre.

Ce fut d'ailleurs la raison pour laquelle, après quelques

mois, je quittai ce dispensaire. L'anecdote vaut d'être racontée.

Je l'ai dit, cet établissement était équipé de tous les appareils nécessaires pour pratiquer tous les examens complémentaires imaginables : radiographie, échographie, doppler, électroencéphalogramme, etc. Ces examens, on le sait, coûtent assez cher, mais comme ils sont remboursés par la Sécurité sociale, le malade n'a généralement pas conscience de ces coûts (qu'il paie cependant sur sa fiche de salaire ou sur ses impôts) et, de plus, il est généralement rassuré qu'on lui prescrive de tels examens. Il en retire l'impression que l'on s'occupe sérieusement de son cas et les résultats, le plus souvent négatifs, le rassurent par leur allure scientifique. Ce sentiment est renforcé par les médecins, qui s'appuient sur ces résultats pour confirmer leur diagnostic (quand ce n'est pas pour l'établir !). Or, contrairement à l'opinion courante en ce domaine, les examens complémentaires n'ont qu'une valeur très relative et, non seulement sont le plus souvent inutiles, mais induisent malades et médecins en erreur ; car ils ne donnent du malade qu'une certaine image à un moment donné, et ne permettent absolument pas d'extrapoler (cf. p. 189).

Aucun médecin sérieux ne me contredira si j'affirme qu'un diagnostic se pose à l'examen clinique et que les examens complémentaires ne servent, en fait, qu'à le confirmer. Aussi, si un malade se présente avec une bronchite banale ou une sinusite, ou encore une migraine, n'ai-je aucune raison de me précipiter pour lui faire passer des radios ou un scanner. Autant faire une biopsie pour un point noir !

Or, dans ce dispensaire, nombre de mes confrères avaient pour stratégie de prescrire automatiquement des examens complémentaires de toutes sortes qui, bien sûr, revenaient négatifs. Dans un premier temps, je m'expliquai cette attitude par un scrupule excessif, un doute qui passerait avec l'expérience. J'en eus une tout autre explication (et beaucoup plus terre à terre !) le jour où je fus convoqué dans le bureau du directeur du dispensaire.

— Dites-moi, Dutot, me dit-il pour toute entrée en matière, j'ai regardé un peu vos états de service (j'eus l'impression, soudain, de me trouver devant un sergent-chef). Vous ne prescrivez pas beaucoup d'examens complémentaires, il me semble...

Un peu étonné de ce reproche, j'expliquai mon point de vue : lorsque cela me paraissait nécessaire, je prescrivais un examen, bien sûr. Mais dans la plupart des cas, c'était inutile. Pourquoi ennuyer les patients avec des examens souvent angoissants, quand on connaissait d'avance le résultat ?

Mais ma réponse, au lieu de le satisfaire, le mit en colère. Selon lui j'étais léger, inconscient, je prenais des risques inadmissibles. Sous l'orage, je restai calme, repensai aux malades que j'avais vus. Non, avec aucun d'entre eux, je n'avais pris de risques. J'en étais certain. D'ailleurs, pourquoi l'aurais-je fait ? Chaque fois que j'avais eu un doute, j'avais fait pratiquer l'examen nécessaire. Mais c'était l'exception. La plupart étaient des cas sans gravité, qui ne laissaient pas place au doute. Et d'ailleurs, ils avaient guéri.

La colère ne donnant pas l'effet escompté, il passa au discours terroriste :

— Si vous continuez comme ça, vous passerez à côté d'un cancer !

J'étais médusé. Pourquoi tant de véhémence ? On eût dit qu'il voulait me soumettre, me mater. A cours d'arguments, je souris, mais ne quittai toujours pas la pièce. J'avais l'impression qu'il n'avait pas encore tout dit. Et en effet, lorsqu'il se rendit compte que je restais imperméable à ses critiques, il me lança :

— En tout cas, ce n'est pas avec des gens comme vous qu'on pourrait faire tourner la baraque !

Ainsi, c'était cela qu'il voulait, « faire tourner la

baraque ». Radiographies, dopplers, électroencéphalogrammes, tous savaient que c'était le plus souvent inutile, mais cela permettait de faire rentrer de l'argent. La Sécurité sociale payait. Et le malade, qui ne déboursait rien, était content, sans se rendre compte qu'on se servait de lui...

Sans jouer les purs, j'avoue que cette entrevue me choqua profondément. Au point que sur-le-champ je donnai ma démission. Qu'on se fasse payer pour soigner des gens, c'est naturel. Mais qu'on gagne de l'argent sur le dos des malades, non, je n'étais pas près d'accepter cela.

Après cette aventure, je repris donc l'exercice à plein temps à mon cabinet. Mes rapports confraternels s'étaient avérés décevants, et j'avais besoin d'un peu de solitude. Je pensais bien qu'il y avait, çà et là, d'excellents médecins, des hommes consciencieux, dévoués, mais je ne les avais pas rencontrés. Cela viendrait plus tard. En attendant, je souhaitais exercer mon métier comme je l'entendais, en consacrant à chaque malade le temps — assez long — qui me paraissait nécessaire, et continuer de chercher les réponses aux questions qui me hantaient toujours.

C'est à cette époque que Claire vint me consulter.

Ce qui l'avait amenée à venir me voir, c'était le fait que je soignais par la mésothérapie. Depuis vingt ans, elle avait tout essayé pour guérir l'insomnie dont elle souffrait, elle avait consulté des neurologues, des psychiatres même, des homéopathes, des acupuncteurs, rien n'y avait fait. Lorsqu'elle se couchait, le soir, si épuisée fût-elle, elle mettait des heures à trouver le sommeil.

Elle avait une cinquantaine d'années. Professeur en faculté, elle aimait son métier et avait épousé un homme qui travaillait dans le même domaine qu'elle. Elle en avait eu un fils, qui avait vingt-cinq ans. C'était une femme posée, intelligente, apparemment sans histoire. Seule cette insomnie persistante, depuis plus de vingt ans, jetait une ombre au tableau.

Lors de sa première consultation, je l'écoutai attentivement. Elle me raconta ses pérégrinations chez les médecins, me fit une liste des produits — somnifères, granules, sirops — qu'elle avait absorbés ; parfois, elle avait obtenu un succès ponctuel : l'espace d'une semaine, elle avait dormi. Puis l'insomnie était revenue. Elle n'en pouvait plus.

Très confiant dans la nouvelle technique que j'expérimentais avec succès depuis déjà quelques mois, je la rassurai :

— Je vais vous arranger ça. Suivez-moi.

Elle s'allongea sur le divan. Je préparai ma seringue :

— Je vais vous faire une série de petites piqûres dans le crâne. D'ici huit jours, tout devrait être rentré dans l'ordre.

Elle se laissa faire avec docilité. Puis, au moment de la quitter :

— Si dans une semaine cela ne va toujours pas, rappelez-moi, lui dis-je, certain que ma recommandation n'avait pas lieu d'être.

Huit jours plus tard, Claire me rappelait :

— Docteur, je ne dors toujours pas.

Surpris, un peu ébranlé, je lui donnai un autre rendez-vous.

— Vous n'avez observé vraiment aucun changement ?

— Non, aucun.

Si, entre les malades, il m'était arrivé de constater des variations — sur lesquelles je me posais toujours des questions sans trouver d'hypothèse réellement satisfaisante —, je n'avais jamais rencontré un tel échec. Que ces piqûres n'aient pas produit le moindre résultat me paraissait invraisemblable. Comment se faisait-il que le produit que j'avais injecté, dont je connaissais les propriétés calmantes, n'avait fait aucun effet sur cette femme ? D'autre part, elle avait récemment fait pratiquer, avant de venir me voir, un scanner et des électroencéphalogrammes qui étaient revenus parfaitement normaux. Je me trouvais devant une énigme.

Lorsqu'elle revint me voir, elle s'allongea d'elle-même, attendant que je prépare ma seringue. Tout en procédant à ces gestes devenus pour moi rituels, je réfléchissais. Pourquoi cette insomnie rebelle ? Il devait y avoir une raison. Une *cause.* Mais laquelle ?

Je m'assis à côté d'elle, prêt à faire mes piqûres. Mais j'étais perplexe, profondément. Et puis j'étais touché aussi par sa bonne volonté, par le fait que depuis des années, elle demandait aux médecins de l'aide, en vain. Elle voulait guérir. Et je voulais l'aider. La question qui ne cessait de me tarauder m'échappa soudain :

— Mais pourquoi ne dormez-vous pas ?

Est-ce que je m'attendais vraiment à ce qu'elle me réponde ? Je l'ignore encore. Mais je savais confusément que si je ne trouvais pas la réponse à cette question, je ne pouvais rien pour elle. Rechercher la cause de la cause, disait Hippocrate. Et visiblement, personne ne l'avait trouvée. La chimie était restée impuissante. Il devait y avoir autre chose. Mais quoi ?

Claire resta un instant silencieuse puis, comme si elle avait compris qu'elle ne pouvait plus se dérober, elle se mit à parler. D'une voix sourde, souvent entrecoupée de sanglots, elle me raconta son histoire. Une histoire qu'elle n'avait jamais racontée à personne, pas même à son mari. Depuis vingt ans, seule, elle portait ce secret. Qui était devenu un fardeau.

— Mon fils est né un peu avant la guerre. En 1941, je suis de nouveau tombée enceinte. J'étais très heureuse. Je désirais cet enfant. Mais mon mari n'a pas voulu que je le garde. Il avait peur, peut-être à cause de la guerre, je ne sais pas. En tout cas, il n'en voulait pas et m'a convaincue d'avorter.

« A l'époque, vous savez, tout était très compliqué. Enfin, par des amis, il a trouvé une solution. Et j'ai accepté. Je n'avais pas la force de m'opposer à lui. Mais je lui en voulais. Comme les recherches avaient mis un certain temps, j'ai avorté assez tard et j'ai pu connaître le sexe de l'enfant. C'était une fille. Une petite fille.

Claire pleurait maintenant toutes les larmes de son corps. Toute l'émotion d'autrefois remontait, elle revivait la douleur que lui avait causée cet avortement. Je la laissai pleurer, sans intervenir. Je sentais bien que cela la soulageait. Puis elle reprit :

— Après, avec mon mari, nous n'en avons plus jamais parlé. Mais moi, je ne cessais d'y penser. L'idée de cette petite fille ne me quittait pas. Au point que je me suis mise à en rêver. D'abord, je rêvai du bébé qu'elle aurait été. Je vivais ses premiers regards, ses premiers sourires. Toutes les nuits, elle revenait. Puis, avec les mois et les années, elle s'est mise à grandir. J'assistais à ses premiers pas, à ses premiers mots. Le soir, quand je me couchais, l'angoisse montait : allais-je encore la retrouver ? Je mettais de plus en plus de temps à m'endormir. Et quand je m'assoupissais, enfin, je la retrouvais. Je la suivais dans ses années d'études, à l'école primaire, au lycée. Je la voyais devenir jeune fille, tomber amoureuse, passer son bac. Chaque soir, j'avais peur de m'endormir : peur de la retrouver, de poursuivre ce rêve qui avait quelque chose de fou, et peur aussi de ne pas la retrouver. Vous comprenez ?

Elle pleurait encore, mais plus calmement. Je la laissai reprendre ses esprits. Quand je sentis que son émotion se dissipait, fidèle à la pratique que j'avais suivie jusqu'ici, je lui fis les piqûres prévues. Lorsque j'eus terminé, Claire se releva, chancela légèrement, comme étourdie, et se rassit quelques minutes. Enfin, elle partit.

— Vous me donnerez des nouvelles ? lui demandai-je sur le pas de la porte. Elle acquiesça, puis s'en fut.

Pendant plusieurs semaines, Claire ne me donna pas signe de vie. Je pensais souvent à elle, me demandant si elle avait retrouvé le sommeil, si elle s'en voulait de m'avoir parlé avec tant de confiance. J'aurais voulu pouvoir lui dire que je ne la jugeais pas.

Enfin, deux mois plus tard, elle m'appela. Elle fut très brève :

— Docteur, je ne vous reverrai jamais. Mais il y a tout de même une chose que je voulais vous dire : je redors.

Sans analyser précisément ce qui s'était passé, je compris dès lors une chose fondamentale : que la maladie est liée à l'histoire de l'individu et qu'en parler — mais je reviendrai sur la qualité de cette « parole »-là — peut guérir. La chimie, comme je le pensais, n'était qu'une aide secondaire. La cause était ailleurs. Dans l'histoire individuelle. C'était d'ailleurs la seule hypothèse qui permettait d'expliquer les réactions différentes observées entre les malades atteints théoriquement d'un même mal.

PREMIERS CAS

On pourra me reprocher de découvrir l'Amérique après tout le monde : en effet, l'hypothèse que la maladie n'est pas le fait du hasard n'est pas nouvelle, nombre de médecins l'ont défendue (ce que je ne découvris qu'après, par mes lectures), mais leur discours est toujours resté marginal et n'a jamais vraiment passé dans le public ; notamment parce que l'institution, la Faculté, y demeurait totalement sourde et campait sur ses positions scientistes.

Or, je l'ai dit, si je me suis toujours intéressé à la médecine, je n'étais pas issu d'un milieu intellectuel et attendais de ma formation qu'elle m'instruise sur tout ce qui concernait la santé et la maladie. L'expérience m'apprit qu'elle ne m'avait donné qu'un certain discours (que j'analyserai plus loin), autrement dit une interprétation univoque et partiale, sans même me signaler qu'il en existait d'autres. Ou plutôt, tous ces « autres » étaient rejetés d'emblée comme « non scientifiques », voire fantaisistes, et traités par le mépris. Et j'aurais sans doute adopté cette opinion si toute mon expérience médicale ne m'avait démontré les carences du discours scientiste et ne m'avait poussé à essayer de comprendre plus profondément le fonctionnement de la personne humaine. De toute évidence, on ne pouvait se borner à considérer le corps comme une machine et, s'il était bien sûr fondamental de connaître parfaitement ses mécanismes — autant du moins que la chimie et la biologie nous le permettaient —, cela ne suffisait pas pour appréhender la cause, l'origine de la maladie. Et, bien entendu, seule la connaissance de cette cause me permettrait d'offrir à mes malades une aide réellement efficace.

En ce sens, le cas de Claire fut pour moi déterminant : je compris que la cause — à côté de laquelle étaient passés tous les traitements chimiques — était d'un autre ordre, qu'il fallait la chercher dans l'histoire de l'individu, et que par conséquent seul le malade la connaissait. Mon rôle se compliquait : je devais à la fois m'occuper du corps, des symptômes, de la mécanique, et aider le malade à rechercher l'origine de ses troubles et à prendre conscience qu'en lui tout était lié ; autrement dit, qu'il n'avait pas d'un côté un corps, plutôt embarrassant, qu'il traitait comme une voiture en l'emmenant chez le médecin-garagiste, et de l'autre côté une âme, qui serait son jardin secret, son histoire, mais qu'entre ces deux pôles la vie circulait, et que ce qui arrivait à l'un retentissait nécessairement — et, au fond, très logiquement — sur l'autre. Sur les mécanismes précis de ces relations, je ne connaissais pas encore grand-chose, mais j'étais convaincu de tenir là une bonne hypothèse de travail, et que ma pratique m'apporterait bientôt davantage d'éclaircissements.

Je dis bien qu'il ne s'agissait encore, à l'époque, que d'une hypothèse de travail. Car j'étais bien conscient qu'il eût été abusif de déduire du seul cas de Claire une loi générale. Que son insomnie ait été due à un événement traumatisant pour elle — ce que j'appellerais bientôt une « fracture de l'âme » — et qu'elle n'en ait été guérie qu'à partir du jour où elle avait été capable d'en parler (et, en en parlant, de pleurer et d'évacuer cette douleur insupportable) ne prouvait en aucune façon que les gens qui souffraient d'hypertension, de colite ou de rhumatismes avaient subi eux aussi des traumatismes qui auraient été à l'origine de leurs troubles, ni même que tous les insomniaques vivaient, comme elle, des douleurs secrètes et inavouées. Il me restait donc à faire un gigantesque travail : étudier soigneusement, en leur consacrant le temps nécessaire, tous les cas qui m'arrivaient en consultation — le fait que je sois généraliste m'offrait l'avantage d'un éventail très large —, observer l'histoire de leur mal et la façon dont s'opérait la guérison.

Adopter cette perspective bouleversait la pratique traditionnelle que l'on m'avait enseignée et exigeait que je passe avec chacun de mes malades un temps assez long. Car il était essentiel qu'entre nous la confiance s'installe, une confiance assez profonde pour que je devienne cet interlocuteur privilégié auquel on peut tout dire sans que jamais il vous juge.

Ce que je décris aujourd'hui comme une décision rationnelle s'est fait en réalité naturellement : parce que j'avais pris conscience que mon rôle de garagiste-dépanneur ne m'intéressait pas, qu'il ne correspondait pas du tout à l'idée que je me faisais de ma profession. J'avais choisi ce métier pour guérir des malades, non pour appliquer des théories qui s'avéraient fausses une fois sur trois. Et je pensais intuitivement que le défaut de ces théories résidait précisément dans leur caractère trop général, inadapté aux cas particuliers. Je devais donc — sans oublier bien sûr ce que j'avais appris, et en m'en servant le mieux possible — plonger dans les méandres de l'individualité et essayer de saisir comment, chez chacun, le mal surgissait, puis disparaissait. Et surtout, pourquoi. En d'autres termes, je pris le parti, non plus de soigner des maladies comme on me l'avait appris en faculté, mais de soigner des malades. Des personnes.

Je tiens à ce que l'on comprenne — et j'insiste sur ce point, au risque de me répéter — que si j'ai adopté cette perspective, c'est que c'était la seule qui pouvait permettre de progresser, autrement dit de mieux aider les malades. Me réfugier derrière des statistiques décrivant l'efficacité des médicaments ne me satisfaisait guère, et la seule façon de comprendre les raisons des pourcentages d'échec, souvent importants, c'était d'étudier les cas un par un.

En outre, pour les étudier, il me fallait inventer une stratégie. En effet, il ne suffit pas de poser des questions pour obtenir des réponses, il fallait que je trouve la façon de mettre mes malades en confiance, et notamment que je leur explique que je n'étais pas là pour les juger, mais pour les aider à guérir. Je devais apprendre à m'oublier, à devenir une espèce d'oreille impersonnelle, capable de tout entendre. Car j'étais bien conscient qu'avec Claire, j'avais eu une chance extraordinaire : ce qui l'avait amenée à me parler, ce n'était pas tant ma question que la lassitude qu'elle éprouvait à la suite de tant d'échecs. Je n'avais fait qu'ouvrir une porte déjà largement entrebâillée : en fait, c'était elle qui avait fait tout le travail. Et je savais qu'avec la plupart des malades, il en irait tout autrement, et que je devais apprendre à les guider dans la bonne voie.

Ce travail-là, je ne l'ai pas fait en un jour. Lentement, avec la pratique et la réflexion, la technique m'est venue. Mais je dirais qu'aujourd'hui encore chaque patient m'apprend quelque chose. Parce que chacun est différent. Et chaque fois qu'un inconnu franchit la porte de mon cabinet, même si je bénéficie de toute l'expérience passée, je sais aussi que c'est une nouvelle aventure qui commence. C'est d'ailleurs l'une des raisons pour lesquelles j'aime mon métier avec passion : parce que je suis obligé de l'inventer un peu tous les jours.

J'ai dit en commençant cet ouvrage que je souhaitais, dans un premier temps, asseoir le lecteur à mes côtés, lui faire partager mon expérience. Si j'ai pris ce parti, c'est essentiellement parce que la médecine est une discipline concrète, qui s'appuie sur l'expérience. Partir de la théorie, c'est mettre la charrue avant les bœufs, offrir des réponses toutes faites à des questions qu'on n'a pas pris le temps de se poser. Que signifierait l'idée que la terre tourne autour du soleil pour quelqu'un qui ne saurait ce que sont le jour et la nuit ?

J'ai donc décidé, d'abord, de raconter des cas. Assez nombreux, et aussi divers que possible. Des histoires de malades, atteints des maux les plus différents, et ce qu'ils m'ont appris. Au départ, j'ai préféré ne pas les classer — tout classement étant sous-tendu par une théorie —, mais les livrer dans cet ordre de hasard où ils m'arrivèrent. Car c'est de là que moi-même je suis parti, pour ouvrir les nouvelles pistes de recherche dont je parlerai dans la troisième partie de ce livre. Ainsi, au fil de la lecture, sera-t-on amené à faire le même travail de réflexion que moi, et à se poser les mêmes questions.

MARIE-FRANÇOISE : *une constipation tenace*

Agée d'une cinquantaine d'années, Marie-Françoise appartient à un milieu très aisé. Voluptueuse, habillée avec recherche et maquillée avec goût, elle offre l'apparence d'une femme du monde en parfaite santé. Je dis bien : l'apparence. Car l'expérience m'a appris aussi que trop d'attention accordée au paraître joue bien souvent le rôle d'un cache-misère.

A peine s'est-elle assise qu'elle m'explique la raison de sa venue :

— Cela fait des années que je suis constipée. J'ai consulté de nombreux médecins, pris des laxatifs de toutes sortes, rien n'y a fait. Je pense que c'est parce que je me nourris mal. Et comme j'ai entendu dire que vous soigniez par l'alimentation, je suis venue vous demander conseil.

Il est vrai qu'en marge de la mésothérapie, je me suis vivement intéressé aux questions alimentaires, au point même d'y consacrer un livre. Néanmoins, je ne suis pas non plus un fanatique et sais aussi que la façon dont on se nourrit, pour importante qu'elle soit dans le maintien de l'équilibre général, n'est pas la clé universelle de la bonne santé.

— Très bien, nous verrons cela ; et sinon, comment va la vie ?

— Oh, je ne peux pas me plaindre... Mon mari a une bonne situation, je ne travaille pas, mes enfant sont élevés...

« Je ne peux pas me plaindre. » N'est-ce pas une façon de dire qu'elle en aurait envie ?

— Mais cette situation, vous convient-elle vraiment ? Vous sentez-vous épanouie ?

Marie-Françoise se trouble, baisse les yeux, se tait un instant. J'ai dû toucher un point douloureux, quelque chose de difficile à dire, caché sous l'image qu'elle cherche à donner d'elle-même. Quand elle me regarde à nouveau, je sens qu'elle est au bord des larmes.

— Non, ce n'est pas si facile que ça en a l'air... Mais vous comprenez, quand j'essaie d'en parler, mes amies me disent que j'exagère, que j'ai une chance folle... Et je me dis qu'elles ont raison.

— Mais qu'y a-t-il de si difficile ?

Là encore, elle hésite avant de répondre. Comme si elle avait la gorge serrée. D'ailleurs, quand elle reprend la parole, le son de sa voix a changé, trahit sa fragilité, son émotion.

— C'est que là-dedans, je ne suis rien.

Subitement, elle se met à pleurer. Je lui tends un

mouchoir en papier. Elle s'essuie les yeux, s'excuse, poursuit :

— Vous comprenez, je passe mon temps en représentation. Je suis la femme de mon mari, tout juste bonne à tenir un intérieur, à laver ses chaussettes, à m'occuper des repas. Mais moi, je n'existe pas. Et en plus, je n'ai rien à dire, je dois toujours me retenir. Parce que c'est lui qui me fait vivre. Il est généreux d'ailleurs, et c'est pour ça que mes amies disent que je n'ai pas à me plaindre. Mais j'ai l'impression d'être dans un piège. Je ne peux pas partir, je n'ai ni métier ni argent, et si je reste, je n'ai qu'à me taire et à supporter que ça continue.

« Je n'ai qu'à me taire », « je dois toujours me retenir », c'est dans ces mots-là que s'exprime sa douleur, son corps d'ailleurs ne dit pas autre chose : lui aussi *se retient.*

Dans la suite de l'entretien, j'essaie de la réconforter. Oui, bien sûr, son besoin de parler est légitime. Je pense d'ailleurs de plus en plus que le besoin de s'exprimer est vital. Et que, quand on ne le fait pas par des mots, on le fait par des maux. Le corps, à sa façon, nous parle peut-être de ce que nous ne disons pas.

Il est essentiel pour elle de parler, je le lui explique, et que la seule façon de sortir du piège dans lequel elle se trouve, c'est sans doute de rétablir le dialogue avec son mari. Même si c'est difficile. Elle le connaît assez pour trouver le moyen.

A la fin de la consultation, nous revenons à l'objet de sa visite. Je lui demande d'arrêter de prendre ses laxatifs et lui donne quelques conseils alimentaires.

Un mois plus tard, Marie-Françoise me rappelle :

— Écoutez, docteur, je n'y comprends rien, mais je suis guérie. Pendant des années, j'ai pris des tas de médicaments qui n'ont rien fait, et il a suffi que je fasse attention à ce que je mange pour que tout rentre dans l'ordre. C'est incroyable, n'est-ce pas ?

Effectivement, c'est incroyable. Au point que je ne crois pas que ce soit ce changement de régime qui ait tout fait.

— Et avec votre mari ?

— Ça va mieux. Je lui ai parlé. Je crois d'ailleurs que ça nous a fait du bien à tous les deux.

— Eh bien, la prochaine fois, s'il y a quelque chose qui ne va pas, venez m'en parler avant de prendre des médicaments.

— Oui, répond-elle. Cela aussi, je crois, m'a fait du bien.

ANTOINE : *une angine « mal soignée »*

Trente-sept ans, responsable dans un bureau, élégant, sportif, Antoine parle un langage châtié, fréquente les endroits à la mode et aime la vie. Il vit depuis quelques années en concubinage avec une jeune femme, mais n'a pas d'enfants. Il est déjà venu me consulter quelquefois pour de petits troubles sans importance puis, pendant quelques mois, je n'ai pas eu de nouvelles de lui. Un jour de novembre, il reprend rendez-vous.

— Je viens vous voir parce que j'ai une angine dont je n'arrive pas à me débarrasser depuis le mois de septembre.

— Et qu'avez-vous fait pour ça ?

— J'ai d'abord consulté un généraliste qui habite près de chez moi. Comme j'avais très mal, et les amygdales très rouges, il m'a fait faire des prélèvements, pensant qu'il s'agissait d'une angine à streptocoques. J'ai pris des antibiotiques pendant quinze jours, des sirops, mais ça n'a pas suffi. Quand je suis retourné le voir, il m'a dit que ce devait être un champignon et m'a donné un antifungique. On a refait un examen bactériologique, mais on n'a rien trouvé. Comme j'en avais assez, je suis allé voir un homéopathe, j'ai pris des granules pendant trois semaines, mais j'ai toujours mal. Je ne comprends pas.

— Bien, revenons au point de départ. Quand a commencé cette angine ?

— Pendant les vacances.

— Et que s'est-il passé, pendant ces vacances ? Qu'avez-vous fait ?

— J'étais au bord de la mer, j'ai fait du ski nautique, de la voile, c'était très bien.

— Vraiment ? Il ne s'est rien passé de difficile ?

Il réfléchit un instant, se trouble un peu.

— C'est-à-dire... Si. J'étais parti avec mon amie, dans l'idée de passer un peu des vacances en amoureux, et...

— Et ?

— Un soir, elle est sortie avec un autre garçon, dont nous venions de faire la connaissance. Et ça, j'avoue que je ne l'ai pas avalé.

— Eh bien, voilà.

— Quoi ?

Je le sens surpris, comme déstabilisé.

— Vous ne l'avez pas avalé. Ça vous est resté en travers de la gorge, si vous préférez.

Il me regarde, incrédule.

— Et pour ma gorge, qu'allez-vous me donner ?

— Rien. Je pense que ça va passer tout seul, maintenant. Rappelez-moi dans une semaine.

Huit jours plus tard, il m'appelait : son mal de gorge avait complètement disparu.

— Tout de même, me dit-il, c'est incroyable.

« Incroyable. » Ce mot reviendra sans cesse. Mais que refuse-t-on de croire ?

ISABELLE : *un eczéma « rebelle »*

Isabelle a trente-deux ans et me consulte la première fois pour un eczéma rebelle, qu'elle traîne depuis plusieurs années. Son cas mettra plusieurs mois à se résoudre.

La première fois que je la vois, après l'avoir soigneusement examinée — elle souffre effectivement d'un eczéma généralisé qui atteint particulièrement le visage, les mains, les jambes et une grande partie du corps —, je lui pose les questions rituelles. Sur son mal, d'abord, je lui demande comment elle l'a traité jusqu'ici.

— J'ai surtout vu des dermatologues. Chacun me proposait un traitement différent, mais c'étaient toujours des crèmes, des pommades, des médicaments. J'en prends encore, d'ailleurs.

— Cela change-t-il quelque chose ?

— Non, pas vraiment.

— Et à part ça ?

— Quoi, à part ça ? Rien... Sinon, tout va bien. Mais cet eczéma m'empoisonne vraiment la vie. J'aimerais bien que vous m'aidiez à m'en débarrasser.

Je la sens fermée, sur la défensive. Cette première consultation ne sera qu'une prise de contact. Peut-être attend-elle le médicament miracle, la baguette magique. Il va falloir qu'elle accepte que ce remède-là n'existe pas, mais qu'il existe une autre démarche, qui mène sans doute à la guérison.

— Puisque vos médicaments ne changent rien, vous allez commencer par cesser de les prendre. Puis vous reviendrez dans un mois, et on verra comment ça va.

Je lui prescris en outre un régime alimentaire raisonnable, puis nous prenons date.

Lorsqu'elle revient un mois plus tard, Isabelle constate avec étonnement :

— Écoutez, cela va un peu mieux. Je fais très attention à ce que je mange, et je ne prends plus aucun médicament. Mais tout de même, ce n'est pas guéri.

La sentant plus en confiance que la première fois, j'en profite pour la questionner.

— Votre première crise remonte à quand ?

Elle réfléchit. Sa réponse est très précise :

— Il y a dix ans.

— Et que s'est-il passé, il y a dix ans ?

— J'ai rencontré un homme, avec lequel j'ai vécu six ans.

Elle me parle assez longuement de cet homme, beaucoup plus âgé qu'elle, qu'elle a beaucoup aimé. Néanmoins, après six ans de vie commune, ne s'entendant plus avec lui, elle avait rompu. Et, quelques mois plus tard, elle en avait rencontré un autre, également beaucoup plus âgé qu'elle, et avec lequel elle vivait en ce moment.

— Et votre eczéma, pendant tout ce temps ?

Elle réfléchit encore, puis dit :

— C'est vrai qu'il était très fort au moment des rencontres, et aussi de la rupture. Mais entre les deux, il me laissait plutôt tranquille. Disons qu'il était là, mais moins fort.

Isabelle est jolie et, en dehors de cet eczéma qui ternit son éclat, a tout pour plaire. Pourquoi ne se trouve-t-elle pas un compagnon de son âge ?

— Et votre père, pourriez-vous m'en parler ?

Elle se recale un peu dans son fauteuil avant de répondre. Je la sens plus émue.

— J'avais huit ans quand il est mort. Mais je me souviens très bien de lui. C'était un homme extraordinaire...

— En quelques phrases, elle me dresse de son père un portrait merveilleux. A l'en croire, il possédait toutes les qualités. A ses yeux d'enfant, en tout cas, c'est certain. Et c'est cette image-là, bien sûr, qu'elle a conservée.

— Et ce sont ces qualités que vous recherchez chez un homme ?

— Peut-être...

Pour aujourd'hui, nous en avons assez dit. Il faut qu'elle réfléchisse, qu'elle repense à tout cela. En venant me voir, elle ne s'attendait pas à remuer ces souvenirs, et je me rends bien compte que cette conversation l'a éprouvée. Lorsqu'elle a évoqué son père, quelques larmes ont coulé le long de ses joues. Il y a en elle — comme en nous tous — des émotions contenues, difficiles à exprimer.

— Et pour mon eczéma, que dois-je faire ?

— Rien de plus. Suivez toujours le même régime, et revenez me voir dans quinze jours.

La fois suivante, l'amélioration était spectaculaire : l'eczéma était complètement blanchi, et si l'on voyait encore des traces, ça n'avait plus rien à voir avec ces plaques rouges qu'elle avait montrées à la première consultation.

— Et vous savez, me dit-elle, j'ai fait un rêve extraordinaire, deux jours après notre dernière séance. J'ai rêvé que j'étais dans ma chambre, allongée sur mon lit, et que mon ami entrait dans la pièce. Il s'approchait du lit en souriant, je savais qu'il allait m'embrasser, et à ce moment-là, mon père est sorti de l'armoire et c'est lui qui s'est penché sur moi et m'a embrassée. Je me suis réveillée en sursaut et j'ai repensé à ce que vous m'aviez dit.

— Et qu'en pensez-vous ?

— Je crois que je vais quitter mon ami. C'est vrai que pendant des années, je me suis cherché un père. Mais je crois que maintenant, je n'en ai plus besoin.

Trois mois plus tard, elle avait quitté son ami, vivait seule, et son eczéma avait totalement disparu.

JEAN-FRANÇOIS : *une colite « rétive »*

Célibataire d'une quarantaine d'années, Jean-François est un bel homme, qui a du succès auprès des femmes, mais semble avoir tout misé sur sa profession. Il a d'ailleurs une très belle situation, puisqu'il se trouve le second d'une très importante société d'import-export.

Lorsqu'il me consulte, c'est pour une colite dont il souffre depuis une dizaine d'années. Il a consulté plusieurs médecins, fait tous les examens complémentaires possibles et imaginables sans qu'on trouve rien d'organique ou de lésionnel. Tous les médicaments qu'il a essayés n'y ont rien changé et, depuis deux ans, il consulte régulièrement un grand professeur qui, après examen, lui dit qu'il n'a « rien », lui prescrit du Valium et lui demande de revenir le voir six mois plus tard (après lui avoir demandé 500 francs pour la consultation).

— Vous comprenez, docteur, ce n'est pas possible que je n'aie rien, puisque j'ai mal.

J'acquiesce. Bien sûr. Dire à quelqu'un qui souffre qu'il n'a rien, c'est une façon à peine déguisée de le traiter de menteur. Or, la douleur est réelle, c'est évident. La moindre des choses serait de dire qu'il s'agit d'une douleur fonctionnelle qui n'a pas de trace organique.

— Alors, j'ai pensé que cela venait peut-être de l'alimentation. C'est pour cela que je suis venu vous voir.

Je connais bien ce raisonnement : j'ai mal au ventre et, comme ce que je mange passe par là, ça doit venir de ce que je mange. Mais — à moins d'excès caractérisés — une colite de dix ans ne peut s'expliquer par le régime alimentaire, l'organisme humain étant normalement capable de s'adapter à des régimes extrêmement variés.

— Et le Valium ?

— Ça ne m'empêche pas d'avoir encore des crises, à certains moments.

— Quels moments ?

— Je ne sais pas exactement.

Je sens que Jean-François n'a pas vraiment envie de parler de lui. Il est venu chercher des conseils alimentaires et ne se montre pas encore prêt à entendre autre chose.

C'est pourquoi, à l'issue de cette première consultation, je lui explique qu'il va devoir cesser de prendre son Valium :

— Ce n'est qu'un calmant. Cela ne peut en aucune façon vous guérir de votre colite.

Puis je lui donne quelques conseils alimentaires et nous prenons à nouveau rendez-vous deux semaines plus tard.

Lorsqu'il revient, il m'explique qu'il a de nouveau eu une crise, très douloureuse.

— Quand cela ?

— Avant-hier.

— Et que s'est-il passé, avant-hier ?

— J'avais une réunion très importante, avec mon supérieur direct.

— Et de quoi avez-vous parlé, à cette réunion ?

— De nouveaux projets pour la société. Mais je ne suis pas du tout d'accord avec ses idées.

— Et vous le lui avez dit ?

— Non, je ne peux pas. C'est mon supérieur, c'est lui qui décide.

A la suite de cette consultation, Jean-François est revenu me voir trois fois. Et chaque fois, il a pris conscience que sa colite survenait lorsqu'il se trouvait en conflit avec son supérieur, et qu'il ne pouvait pas l'exprimer.

Ce qui est plus intéressant encore, c'est qu'à peu de temps de là, un poste directorial lui fut proposé pour un an dans une succursale à l'étranger. Pendant toute cette période — où il n'avait plus de conflit de pouvoir — sa colite a disparu. Mais elle est revenue deux mois après son retour au siège, lorsqu'il s'est retrouvé dans la même situation.

Aujourd'hui, sans être « guéri », Jean-François vit avec sa colite. Il a compris les raisons pour lesquelles elle survenait, et n'est plus inquiet. Simplement, il essaie d'éviter les situations conflictuelles dont il sait qu'elles le font souffrir. Et je pense que le jour où il sera promu directeur, où il aura cette première place qui lui permettra d'exprimer ses idées et de réaliser ses projets, il en sera définitivement débarrassé.

JEANNE : *une polyarthrite rhumatoïde à éclipses*

La première fois que je vis Jeanne, je lui rendis visite à son domicile, car elle ne pouvait pratiquement plus se déplacer. Je trouvai effectivement une femme fort mal en point, d'une soixantaine d'années, qui gardait le lit, ne marchait plus et se trouvait presque paralysée par cette maladie qui la touchait aux coudes, aux épaules, aux genoux et aux pieds. Elle m'avait fait appeler, car elle avait entendu dire que je soignais par des méthodes naturelles, et souffrait considérablement des médicaments qu'elle absorbait depuis déjà de nombreuses années.

Avec elle, je refis l'historique de sa maladie. Elle avait consulté à l'hôpital, puis s'était fait suivre par un rhumatologue qui lui avait prescrit des anti-inflammatoires ainsi que des infiltrations de cortisone dans les articulations.

— Mais vous comprenez, avec ces médicaments, je ne peux plus rien manger. J'ai des brûlures d'estomac épouvantables, et le résultat c'est que maintenant je maigris de plus en plus.

Immédiatement, je lui conseillai d'arrêter ces médicaments : puisque non seulement ils ne faisaient pas l'effet attendu, mais qu'ils la rendaient plus malade encore, en l'empêchant de se nourrir normalement, elle ne s'en porterait que mieux. Et je lui promis de venir la revoir bientôt.

En fait, je lui rendis visite régulièrement pendant des mois. Je ne puis donner ici en détail la teneur de chaque consultation, mais l'histoire qui ressortit de nos nombreux entretiens est la suivante : depuis quelques années, sa fille avait quitté la maison pour se marier, et elle vivait seule avec son fils, âgé de dix-huit ans, qui s'occupait d'elle. Dix ans plus tôt, elle avait divorcé du père de ses enfants, et n'avait pas supporté ce divorce :

— Vous comprenez, je l'aimais beaucoup, j'étais sûre de terminer mes jours avec lui, même s'il y avait parfois des crises. Mais dans un mariage, c'est normal, non ? Alors, quand il est parti, j'ai eu l'impression que ma vie s'arrêtait.

Et effectivement, de ce jour-là, elle n'avait plus eu envie de sortir, ni de s'habiller, ni de se coiffer. Sa première crise de polyarthrite était survenue peu de temps après.

Pendant des semaines, nous sommes revenus ensemble sur cette période douloureuse de sa vie, et finalement, Jeanne a admis que ce divorce l'avait brisée, lui avait enlevé toute envie de vivre et de se battre, et que sa maladie était probablement liée à ces difficultés. Durant ces entretiens, il lui arrivait souvent de pleurer, me priant toujours d'excuser ses larmes :

— Vous savez, je ne peux pas faire autrement...

Mais elle avait fini par comprendre, aussi, que j'acceptais parfaitement qu'elle pleure, et que cela ne me surprenait pas.

Après plusieurs semaines, Jeanne avait cessé tout médicament et ne prenait plus qu'un petit antalgique de temps en temps, lorsqu'elle souffrait trop. Et puis, surtout, l'énergie lui revint. Elle se mit à se lever, à marcher chez elle, puis à sortir.

Ce qu'il faut savoir, c'est que dans une maladie comme celle-là, les déformations articulaires sont définitives, et qu'on ne peut revenir en arrière. Et il est vrai que Jeanne avait perdu certaines mobilités articulaires. Mais la maladie ne progressait plus. Et elle retrouvait un certain plaisir de vivre. Je l'envoyai faire des cures thermales, ou passer une semaine de vacances à l'hôtel.

Après quelques mois qui donnaient l'impression qu'elle était à peu près tirée d'affaire — autrement dit qu'elle vivait avec sa maladie mais en la dominant, en la tenant en respect —, elle m'appela : son état s'était brutalement aggravé, elle souffrait de nouveau beaucoup, avait repris des anti-inflammatoires (qui lui donnaient de nouveau des brûlures d'estomac) — bref, le cycle infernal dans lequel je l'avais connue recommençait. Comme je la connaissais bien, maintenant, je n'y allai pas par quatre chemins :

— Que se passe-t-il dans votre vie, en ce moment ?

— Ah, docteur, c'est le drame : mon fils doit partir faire son service militaire, et je vais me retrouver seule. Alors j'aimerais que vous fassiez une lettre aux armées pour expliquer que je suis impotente, infirme, et que j'ai absolument besoin qu'il reste près de moi. Vous comprenez n'est-ce pas ? Il m'est absolument indispensable...

Je comprenais sa détresse, certes, mais refusai ce qu'elle me demandait. Parce que ce n'était pas une solution. Elle ne supportait pas que son fils la quitte, soit. Ma tâche consistait donc à l'aider à surmonter cette difficulté, cette angoisse. Autrement dit, à lui faire admettre que sa demande n'était pas légitime.

— Votre fils a vingt ans, et il doit faire son service militaire. Mais vous savez très bien qu'un jour, il vous quittera. Pour se marier, peut-être. Et que ferez-vous, alors ? Me demanderez-vous un certificat médical ? Vous devez le laisser partir.

Je suivais maintenant Jeanne depuis des mois et entre nous, une grande confiance s'était installée. Jamais, sinon, je ne me serais permis de lui parler aussi directement. Mais je la connaissais bien, et savais qu'elle pouvait m'entendre.

J'avais à peine terminé qu'elle fondit en larmes. Puis, après quelques minutes :

— Je sais que vous avez raison, docteur. D'ailleurs, je savais que vous refuseriez.

Dans les jours qui suivirent cet entretien, son état

s'améliora et se stabilisa. Elle recommença à manger, à sortir, et cessa de prendre ses médicaments.

Quelques mois plus tard encore, elle m'appela :

— Docteur, je ne peux plus bouger, je prends de nouveau des médicaments, je ne sais pas quoi faire.

J'allai la voir.

— Eh bien, que se passe-t-il ?

A présent, elle avait compris.

— Voilà : ma fille vient de divorcer et va quitter la ville car elle épouse un autre homme qui habite la province. Et je ne vais plus la voir.

— Pourquoi ?

— Parce que cet homme ne veut pas me voir, et qu'elle ne pourra pas m'inviter.

En fait, l'état de Jeanne s'aggravait chaque fois qu'elle se sentait abandonnée. La première fois par son mari, puis par son fils. Aujourd'hui, par sa fille. Je devais essayer de l'aider à admettre sa situation de femme seule, et à la vivre bien, positivement.

— Pourquoi n'iriez-vous pas faire une cure, quelques semaines ? Vivez votre vie, à vous, pour vous. Quand votre fille en aura envie, elle viendra.

Elle accepta mon idée, et à nouveau, son état se stabilisa, sans le moindre médicament.

***

Arrêtons-nous un instant à ces premiers cas. C'est volontairement que je les ai laissés d'abord sans commentaires, mais à présent le lecteur s'est probablement fait une idée, et je pense nécessaire de lui faire part de la mienne. Pour éviter qu'il fasse fausse route.

Et d'abord, je voudrais répondre à l'objection qui est sûrement venue à l'esprit de certains, et qui peut se résumer par : « Encore un médecin qui va me dire que tout se passe dans la tête ! » Si ceux-là n'ont pas déjà refermé ce livre, qu'ils me fassent la grâce d'en lire encore quelques lignes.

La meilleure preuve que mon opinion n'est pas que « tout se passe dans la tête » est sans doute mon choix professionnel : en étant et en demeurant médecin généraliste, j'affirme l'intérêt que je porte, précisément, à ce qui se passe dans le corps. Car c'est leur corps que les malades viennent me montrer, c'est d'abord de leur maladie que nous parlons ensemble, c'est dans un premier temps à elle que je consacre toute mon attention, et si je comptais tout cela pour quantité négligeable (ce que supposerait l'assertion « tout se passe dans la tête »), j'aurais depuis longtemps choisi une autre voie et me serais fait, par exemple, psychothérapeute ou psychanalyste.

Mais tel n'est pas le cas. Je respecte infiniment mes confrères qui ont choisi ces spécialités (j'estime d'ailleurs que nous aurions tout à gagner, les uns et les autres, à un dialogue plus systématique entre nos disciplines), mais n'ai pas la moindre intention de me joindre à eux.

Parce que le corps, justement, m'intéresse au premier chef. J'ai pendant des années appris et étudié ses mécanismes subtils, chaque jour les biologistes nous font à son sujet découvrir de nouveaux horizons, et je reste aussi admiratif qu'au premier jour devant ce fonctionnement étonnant, formidablement complexe, et doué des ressources les plus inattendues.

Or, ce corps que l'on vient me montrer, dont on vient me parler, souffre. Et mon métier est d'aider les malades à venir à bout de cette souffrance. Ce que je ne puis faire si je ne comprends quelle est son origine. Car si je me borne à soigner l'effet et non la cause, cette cause va demeurer et, par conséquent, engendrer d'autres troubles. C'est l'évidence. Si un tuyau éclate parce que le débit d'eau est trop violent, il ne suffira pas de repérer le tuyau ni même de le changer pour un autre identique, il faudra réduire le débit de l'eau et, surtout, savoir pourquoi le débit a subitement augmenté alors que ce n'était pas prévu et intervenir sur cette cause-là. Car si je ne le fais pas, je sais pertinemment que d'autres joints ou d'autres tuyaux du système éclateront.

Prenons à présent quelques exemples simples, tirés de la vie quotidienne, et voyons comment tout un chacun raisonne et réagit.

Votre enfant rentre à la maison la jambe et la main écorchées. A son visage, vous voyez qu'il a pleuré. Autrement dit vous observez son corps — sa jambe, sa main, son visage — et, à partir de cette observation, vous déduisez immédiatement qu'il s'est produit quelque chose d'anormal. Et vous demandez :

— Que s'est-il passé ?

Bien entendu, vous l'emmènerez dans la salle de bains pour laver ses plaies et lui passer un peu d'eau fraîche sur le visage. Mais que penseriez-vous d'une mère ou d'un père qui s'arrêterait à ces gestes naturels et nécessaires sans essayer d'en savoir plus ? Donc, vous poursuivez la conversation.

Si votre enfant vous répond simplement : « Je suis tombé » (sous-entendu : et c'est comme ça que je me suis écorché la main et la jambe), vous contenterez-vous de cette explication. Non, bien sûr. Vous direz :

— Je le vois bien. Mais comment ? où ? pourquoi ?

En admettant qu'il vous réponde que c'est, par exemple, en courant après l'autobus, vous aurez à ce moment-là une discussion avec lui, et vous lui expliquerez probablement qu'il est très dangereux de courir après l'autobus et qu'il vaut mieux être en retard que de se faire écraser. Autrement dit, vous ferez prendre conscience à votre enfant du danger qu'il y a à adopter certaines conduites irréfléchies.

Si vous vous étiez borné à panser ses plaies sans essayer

de savoir comment ni pourquoi il se les était faites, votre enfant aurait probablement continué de courir après les autobus et aurait risqué un nouvel accident, peut-être plus grave.

Soit, me direz-vous. Il s'agit là d'un accident et non d'une maladie. On ne peut pas comparer.

Je n'en suis pas si convaincu. Mais avant de prendre un autre exemple, vous admettrez que — au moins dans le cas d'un accident — vous raisonnez en partant du corps, tout en sachant que la cause première des troubles que vous constatez se trouve *ailleurs,* dans un domaine qui n'est pas purement physique et matériel, mais qui a à voir avec ce que votre enfant a vécu, autrement dit avec son histoire. Car s'il a couru après un autobus au risque d'avoir un accident, c'est qu'il avait peur d'être en retard, peut-être parce qu'il a déjà été puni pour un précédent retard, etc. Et l'on sait parfaitement que l'enfant du voisin, par exemple, qui (pour une série d'autres raisons qui appartiennent à son histoire) part toujours en avance, n'aurait jamais couru après l'autobus, ou encore que tel autre, bien qu'en retard (mais s'en moquant), serait tranquillement rentré à pied.

Vous n'en restez donc pas au raisonnement qui consiste à dire : sa jambe et sa main sont écorchées parce qu'elles ont heurté violemment l'asphalte, qui a enlevé un morceau de peau ; mais vous recherchez spontanément la cause première de cet événement dans *ce qui s'est passé.*

Admettons à présent qu'un accident de voiture ait eu lieu, qu'il y ait des blessés étendus sur la chaussée. Un attroupement se forme et naturellement, vous vous approchez. Autour de vous, les badauds se livrent aux commentaires d'usage, ils sont normalement impressionnés, s'inquiètent pour les blessés. Au milieu des badauds, une femme, en voyant ce spectacle, pleure à chaudes larmes. Un jeune homme, lui, en voyant le sang, vomit. Une autre femme, plus âgée, s'évanouit. Qu'en déduisez-vous ? Qu'ils sont « plus sensibles », « plus émotifs » que les autres. Simple bon sens.

Avec ce bon sens, il faut être logique : vous admettez, autrement dit, qu'une émotion forte a des conséquences physiques, et que ce que manifeste alors le corps est l'effet d'une cause extérieure (en l'occurrence l'émotion engendrée par ce spectacle). Qu'il s'agisse des larmes, du vomissement ou de l'évanouissement, vous tenez compte des circonstances dans lesquelles ils sont intervenus.

Parce que vous connaissez ces circonstances.

Maintenant, on peut se demander pourquoi cette femme pleure (et pas son voisin), pourquoi ce jeune homme vomit (et est-il le seul), pourquoi cette femme s'évanouit (et pas vous). Autrement dit pourquoi tel organisme, fait à peu près comme les autres, aux variantes individuelles près, réagit si différemment.

Si vous cherchez la réponse à cette question, votre premier réflexe sera, tout simplement, de poser la question à la personne concernée : « Que se passe-t-il ? » Et, soit vous obtiendrez une réponse — cela me rappelle telle chose, qui pour moi a été très dure —, soit vous n'obtiendrez que : « Je ne sais pas... Je ne sais pas ce qui me prend. » Mais dans la mesure où vous avez assisté à l'enchaînement des événements, vous n'en resterez pas moins convaincu que la cause est le spectacle de cet accident, qui a réveillé des émotions douloureuses. Car si vous réfléchissez un peu, vous n'admettrez pas qu'il s'agit d'un « hasard », d'une « coïncidence ».

Revenons à la dame, plus âgée, qui s'est évanouie. On lui porte secours, elle revient à elle, on lui rappelle les événements :

— Il y a eu un accident, et en voyant les blessés, vous vous êtes évanouie.

— Ah oui, mon Dieu, c'est horrible...

Et elle admettra sans peine qu'elle s'est évanouie par suite du choc émotionnel qu'elle a subi, et qui a résonné en elle avec plus de violence que chez les autres spectateurs. Éventuellement, elle sera même capable de dire pourquoi, et quel événement douloureux lui est soudain revenu à l'esprit.

Reprenons le même cas, maintenant, mais dans des circonstances différentes : il n'y a pas eu d'accident et cette femme s'évanouit dans la rue. Des badauds s'approchent, elle revient à elle, ne comprend pas ce qui lui est arrivé. Autour d'elle, personne ne peut l'aider, car effectivement aucun des passants n'a remarqué quoi que ce soit qui justifie cet évanouissement. Dans ce contexte, quelle va être la réaction commune ?

« Vous devriez consulter un médecin. » « C'est peut-être le cœur. » Ou d'autres, plus « informés » : « ... ou l'oreille interne. » « Vous devriez vous faire faire des examens. » « C'est peut-être la tension. »

Autrement dit, *puisqu'on ne connaît pas la cause,* on estime que cette cause n'existe pas, et qu'elle doit se trouver dans la mécanique elle-même. Ce faisant, on agit à peu de chose près comme l'enfant de deux ans qui cache sa tête derrière un coussin et qui, ne voyant plus, croit qu'on ne le voit pas.

Il y a donc toutes chances pour que cette femme consulte et subisse quelques examens. Et si l'on trouve tel ou tel dérèglement, on dira : voilà la cause. Et pour éliminer cette cause, on prescrira des médicaments, qui agiront mécaniquement sur ce dérèglement. Et si l'on ne trouve pas de trouble particulier aux premiers examens, on continuera à faire des examens de plus en plus sophistiqués jusqu'à trouver quelque résultat qui sorte un peu de la norme.

Sur cet enchaînement des actes médicaux, je reviendrai plus loin. Je ne voulais montrer ici qu'une chose : le glissement qui s'opère dans le raisonnement que l'on tient vis-à-vis d'un trouble physique selon qu'on connaît la cause ou qu'on l'ignore. Si on la connaît (ou si on la pressent), on en parle avec la personne qui a subi ce trouble, et on en tient compte comme d'un élément déterminant dans le déclenchement de ce trouble. Si en revanche on l'ignore, au lieu d'admettre qu'on l'ignore, on en déduit automatiquement qu'il s'agit d'une cause physique, sans même demander à la personne si elle a une idée de l'origine de ce trouble. Or, il s'est forcément passé quelque chose. A-t-elle croisé quelqu'un qui a évoqué pour elle un souvenir trop douloureux ? A-t-elle vécu dans les jours précédents des événements intolérables et qui lui sont, brusquement, revenus en mémoire ? Toutes les hypothèses sont possibles. Ce qui est certain, c'est que cette réponse, même si elle ne sait pas qu'elle la connaît, elle seule la détient. Et c'est elle qu'il faudrait rechercher.

Prenons à présent le raisonnement par un autre biais, qui est toujours celui par lequel j'ai abordé les cas qui se sont présentés à moi : pendant un certain temps, la mécanique corporelle a bien fonctionné, l'appétit était normal, la tension aussi, pas de douleur, bref, tout allait bien. Et puis, un jour, une maladie s'est déclarée. On a « attrapé » un virus ou un microbe, on est devenu boulimique ou insomniaque, on s'est mis à avoir des rhumatismes, une tendinite ou de la tension artérielle. Ou bien on en reste à un fatalisme qui confine à la superstition, où l'on n'est pas loin d'accuser la volonté des dieux ou le « pas de chance », ou bien on admet que ce trouble a une origine déterminée, qu'il va falloir chercher si on veut l'éliminer.

Étant scientifique et non mystique, je me range bien entendu dans le deuxième camp. Mais je n'oublie pas pour autant mon esprit critique et ne suis pas prêt à me contenter d'une explication tautologique. Or, si l'on me dit que j'ai 40° de fièvre parce que j'ai attrapé un virus, autrement dit que la *cause* de ma fièvre, c'est ce virus, qui est entré dans la cellule et provoque cette réaction de l'organisme, cela ne me satisfait pas. Car on me décrit certes ce qui se passe dans mon corps, mais on ne me dit pas pourquoi hier tout allait bien et pourquoi, aujourd'hui, je me trouve dans un tel état. En outre, je sais parfaitement que, depuis que je suis au monde, je respire et j'avale des virus et des microbes par millions, que mon organisme généralement s'en accommode parfaitement, et que si ce virus était vraiment la cause de ma maladie, j'aurais dû, en bonne logique, être au fond de mon lit depuis plus de trente ans.

De même pour les rhumatismes ou la tension. Mis à part l'usure normale de la mécanique due à l'âge (et qui n'empêche pas de vivre longtemps, dans un équilibre qui se maintient), il doit bien *s'être passé quelque chose* pour qu'une femme de quarante ans se retrouve clouée au lit sans plus pouvoir bouger, ou pour qu'un homme ait en permanence une tension nettement supérieure à la normale. Et si je me borne à agir mécaniquement sur ces troubles par des médicaments (ce que je suis parfois obligé de faire, bien entendu, lorsque le trouble représente un danger pour la vie du malade), mais sans rechercher la *cause déclenchante,* ne vais-je pas, tout simplement, entretenir le malade dans sa maladie ?

Reprenons les quelques cas que j'ai cités dans le chapitre précédent. La plupart ont ceci de commun qu'ils constituaient des échecs de la médecine classique, que j'ai apprise, autrement dit que les malades, bien qu'ayant pris de nombreux médicaments censés les guérir, souffraient toujours de leurs symptômes. Il était donc patent que la cause n'avait pas été trouvée. Et même, pas cherchée (ou du moins, pas dans la bonne direction).

Ainsi, Marie-Françoise : pendant des années, elle est allée à la selle normalement. Et puis, « un beau jour », cette fonction naturelle s'est altérée, et elle a contracté une constipation qui est bientôt devenue chronique. Ignorant la cause possible de son mal (parce que personne ne l'a mise sur la voie) et ayant sans succès essayé toutes sortes de laxatifs dont l'effet mécanique était insuffisant à rétablir la fonction altérée (puisqu'ils n'agissaient pas sur la cause), elle s'est dit (toujours selon le raisonnement mécaniste que nous adoptons quand la cause ne nous apparaît pas de façon évidente) : « Cela doit venir de ce que je mange. » Or, si elle avait véritablement réfléchi, elle se serait rapidement rendu compte que son hypothèse était absurde. Car pendant des années, elle a absorbé une nourriture variée, elle n'a pas notablement changé de régime, et il n'y a aucune raison pour que cette alimentation, qui lui a convenu pendant des années et qui de surcroît est à peu près équilibrée, soudain lui occasionne un trouble durable et chronique.

Il faut donc qu'il se soit, *dans sa vie,* produit quelque chose, qui a déclenché ce dérèglement. Et c'est uniquement en revenant sur cet événement, en y réfléchissant, que l'on pourra agir sur son mal.

Je dis : « en revenant sur cet événement ». Il faut être plus précis. Durant l'entretien que nous avons, Marie-Françoise ne se borne pas à me raconter une histoire, comme elle le ferait à une amie au téléphone ou dans un bistrot. J'ai dit qu'elle avait été émue, qu'elle avait pleuré, même. C'est que cette situation (dont une autre qu'elle se sortirait peut-être très bien) la touche, la fait souffrir, probablement parce qu'elle entre en résonance avec d'autres épisodes de sa vie qui furent également douloureux. Qu'elle ait épousé cet homme avec lequel elle ne peut plus parler, qu'elle accepte cette situation où elle doit, comme elle dit, « se retenir » en permanence (alors que d'autres, certainement, se mettraient en colère, claqueraient la porte, ou bien entameraient naturellement le dialogue), tout cela fait partie de son histoire, et d'une histoire qu'elle a du mal à vivre et à accepter. Son corps, qui comme elle « se retient », ne dit pas autre chose. Et s'il le dit, c'est parce qu'elle ne parvient pas à le dire par des mots, à l'exprimer. Dès qu'elle sera parvenue à le dire, à en prendre conscience, à le ressentir, elle sera sur la voie de la guérison. Une fois qu'elle aura pris conscience du fait que cette situation la fait souffrir (ce dont elle ne se rend compte en fait qu'au moment où elle pleure), elle cherchera à la dénouer et à en sortir.

Ce qu'elle trouve « incroyable », n'est-ce pas que ce soit aussi simple ? Simple dans le principe, certes, mais extraordinairement complexe, aussi, si l'on s'interroge sur les raisons pour lesquelles elle a réagi par ce symptôme et non par un autre, comme la migraine, par exemple, ou l'eczéma. Question que, bien sûr, je serai amené à me poser (cf. p. 286).

Qu'il s'agisse d'Antoine, qui n'a pas « avalé » que son amie le trompe, ou de Jean-François, qui souffre de ne pouvoir contredire son supérieur, nous retrouvons toujours le même schéma. Le cas d'Isabelle, s'il fallait l'expliquer dans le détail, paraît plus complexe : pourquoi, en effet, se couvre-t-elle de plaques rouges lorsqu'elle se lie ou rompt avec un homme qui évoque son père ? Sans doute, si elle entreprenait une psychothérapie ou une psychanalyse, trouverait-elle elle-même la clé de cette réaction, dans quelque événement lointain de son enfance. Ou, du moins, elle découvrirait de nouveaux éléments qui éclaireraient cette réaction pour le moins personnelle. Mais ce qui est certain, c'est qu'aucune pommade au monde ne l'aurait débarrassée de son eczéma. Ou bien, s'il s'en était trouvé une, la souffrance se serait exprimée sous une autre forme, comme l'asthme. *En effet, interdire à un symptôme de s'exprimer, c'est bien souvent ouvrir la voie à un autre.*

« Oui, ma migraine est partie, mais maintenant je ne dors plus. » « J'ai pris des antibiotiques pour mon angine, et c'était à peine guéri que j'ai attrapé une mycose. Ce n'est vraiment pas de chance ! » « Les rhumatismes, ça va mieux, mais à présent j'ai une colite. » « Je ne comprends pas ce qui se passe, en ce moment, je ne m'en sors pas... Je sors à peine d'un truc que j'attrape autre chose... »

Mais se demande-t-on vraiment ce qui passe dans la vie du malade ? Il y a aussi d'autres versions : « Vraiment, ce n'est pas de chance : je rentrais de vacances, j'étais reposé, j'avais fait le plein, et voilà que je tombe malade ! » « Regardez Monsieur Untel ! Il venait à peine de prendre sa retraite ! Six mois à peine ! Et un infarctus, comme ça... On pourra dire qu'il n'en aura pas profité. » Ici, on fait tout de même le lien avec la vie du malade, mais a contrario : c'est-à-dire qu'on évoque un événement marquant — vacances, retraite —, qui a précédé la maladie, mais uniquement pour s'attrister de la « coïncidence malheureuse ». Parce qu'on est désarmé, et qu'on ne sait trop quel lien établir entre les deux. Logiquement, il n'y a pas de raison pour que les vacances ou la fin des vacances engendre la maladie, pas plus que la retraite n'apparaît comme la cause directe d'un accident cardiaque.

Mais s'est-on demandé comment le malade avait vécu son retour de vacances ? ou comment il avait vécu sa mise à la retraite, et quelle situation nouvelle il devait affronter ?

Voici comment je suis passé du plus simple — dans le principe —, au plus complexe — dans la réalité. Le plus simple, c'était le principe (qui allait à l'encontre, il est vrai, de tout ce que l'on m'avait appris en faculté) : si je devais m'occuper du corps, je ne pouvais dissocier ce corps de l'âme, autrement dit du malade, du sujet, de son histoire. Et tout en utilisant quand c'était nécessaire les outils que la science médicale mettait à ma disposition, je devais considérer ce corps comme un être vivant, autrement dit comme l'expression de la vie du malade. Si j'admettais (ce qui est évident) qu'une émotion violente fait battre le cœur plus vite, donne des sueurs ou occasionne des tremblements ou des vomissements, je devais également admettre que, *même si l'émotion déclenchante m'était inconnue,* il y en avait probablement une qui était à l'origine des troubles pour lesquels on venait me consulter. En d'autres termes, ce corps que je soignais m'apparut très vite comme un langage — à déchiffrer. De sa syntaxe, je commençais à avoir quelques notions. Mais là, j'entrais dans un domaine fort complexe, que j'aborderai dans la troisième partie de cet ouvrage, et qui me paraît encore en friche. J'y esquisserai d'ailleurs plutôt des pistes de recherche que je n'y donnerai des solutions, car nous ne sommes encore qu'au début du chemin, et nous ne parviendrons à de véritables résultats qu'en comparant et confrontant les résultats des différentes spécialités médicales. Mais avant d'entamer ce travail — qui ouvre des perspectives passionnantes —, il faudrait que les médecins (et la Faculté) admettent les quelques évidences trop contestées et mal comprises que je souhaite rétablir dans ces pages.

LES FRACTURES DE L'ÂME

> L'homme qui un moment s'est assis pour réfléchir sur sa destinée porte au cœur une flèche qu'il ne s'arrachera plus.
>
> RENAN.

On a tout dit sur tout.

Et on a tout contredit.

On a dit que toutes les maladies étaient « physiques » (mis à part, bien sûr, les maladies mentales — et encore) et que, puisqu'elles étaient physiques, on ne pouvait les soigner que par des moyens physiques, en intervenant à l'endroit du trouble. D'autres ont soutenu que tout cela se passait dans la tête, et qu'il suffisait de soigner la tête, le corps suivrait bien. On a dit aussi que c'était « nerveux ». Puis, certains ont cherché à introduire des nuances : certaines maladies étaient psychologiques, d'autres étaient physiques. La distinction s'est faite, d'abord, et comme d'habitude, en fonction du savoir dont on disposait : si l'on trouvait des « causes physiques » (du cholestérol ou de l'hypertension, par exemple, dans le cas de troubles cardiaques), on disait : c'est physique. En revanche, si tous les examens donnaient des résultats normaux, on disait : c'est psychologique.

Puis, aux premières nuances s'en sont ajoutées de nouvelles : il y avait des maladies — comme le cancer, ou la tuberculose — dont on reconnaissait « l'origine psychologique », mais qu'on n'en continuait pas moins à traiter uniquement par le physique. Parce qu'on était démuni, dépourvu de formation, de mode d'approche.

Bientôt, les opinions sur la santé et le rôle de la maladie se sont tellement diversifiées que chacun s'est mis à camper sur ses positions et que les pratiques elles-mêmes ont éclaté. Devant cette situation, le public était mis en demeure de choisir. D'aller là où il « croyait » que se trouvait la « vérité ». Alors qu'il n'avait pas les moyens de faire ce choix, ne disposant pas de l'information nécessaire.

Je parle d'autant plus volontiers du « public » que j'en ai longtemps fait partie et que j'ai vécu, comme lui, cette situation absurde. Je croyais à la médecine, la bonne, tout simplement, celle qui guérit, et je me retrouvais confronté à un champ de bataille, où chacun se battait pour conserver son lopin de terre. En fait, j'éprouvais le sentiment très net de faire les frais de l'ignorance de mes confrères, de ce conflit qu'ils eussent dû régler entre eux, à force de travail et d'études, au lieu de le porter sur la place publique.

On m'objectera que je ne fais pas autre chose. A cela, je répondrai que la tâche que je me suis assignée n'est pas d'alimenter le conflit, la plupart du temps stérile, qui oppose les spécialistes, mais de le désamorcer. Autrement dit, de restituer une unité de la médecine, une cohérence en montrant quelle place il faut assigner aux progrès de la science médicale — qui sont certains et même remarquables —, quel rôle joue la maladie, et comment il semble qu'il faille l'aborder.

Il faut également savoir que cette situation de conflit, qui oppose la Faculté aux pratiques marginales (et, parfois, ces pratiques marginales entre elles) est typiquement française. Aux États-Unis en effet, les idées que je défends ici (qui, pour n'être pas nouvelles, n'en suscitent pas moins encore de violentes réactions) sont déjà beaucoup mieux acceptées par le public, notamment parce que les médecins collaborent bien davantage entre eux et ne restent pas fermés aux apports des autres spécialités. Sans doute devons-nous en partie cette situation à la raideur de nos institutions, autrement dit, à notre histoire... L'histoire de notre pensée, qui nous a formés à dissocier corps et âme, science et art, médecine et philosophie.

Pour désamorcer ce conflit (ce que je ferai plus nettement en analysant les différents discours médicaux, dans la seconde partie de cet ouvrage), je devais, d'abord, acquérir de l'expérience. Me faire mon opinion. Comprendre, enfin, de quoi il retournait.

« Je ne me suis jamais fait d'opinion d'après celle des autres », disait Claude Bernard. Cette liberté d'esprit, avec laquelle je me sentais de profondes affinités — peut-être parce que j'ai été élevé en province, près de la terre et loin des milieux intellectuels —, je devais la cultiver et l'utiliser correctement ; en d'autres termes, savoir faire la part, dans ce qu'on m'avait appris, des « vérités scientifiques » et des autres, celles qu'on présentait comme telles mais qui n'étaient qu'un savant habillage de préjugés hérités de génération en génération. On m'avait fait apprendre par cœur ce qu'on m'avait présenté comme le résultat de l'expérience de mes prédécesseurs, je devais, dans ma pratique, confirmer cette expérience ou l'infirmer et, si je l'infirmais, comprendre pourquoi et au nom de quoi.

J'ai montré comment, très vite, les questions s'étaient bousculées, qui n'avaient pas trouvé, dans un premier temps, de réponse satisfaisante. Puis j'ai exposé quelques cas. Cinq, exactement.

Bien entendu, derrière, il y en a des centaines. Parmi

lesquels, aussi, des échecs. Tous pleins d'enseignements. Les médecins ont coutume, lorsqu'ils exposent leur pratique, de raconter les cas qui ont réussi, qu'ils produisent comme des preuves du bien-fondé de leur démarche, et de taire leurs échecs. Lorsqu'ils sont vraiment très honnêtes, ils signalent l'existence de ces échecs. Mais jamais ils ne les expliquent. Or, si leur démarche était cohérente et véritablement scientifique, ils devraient au moins être capables d'expliquer les raisons pour lesquelles ces échecs n'invalident pas les autres cas, qui ont « réussi ». Car cette absence d'explication pose nécessairement la question de savoir si toutes ces réussites dont ils se targuent ne sont pas en partie l'effet du hasard, autrement dit le résultat d'un empirisme primaire.

Soyons plus précis et prenons un exemple : vous avez dans votre salon un lampadaire et, d'autre part, vous n'avez pas la moindre notion de la manière dont fonctionne l'électricité. Le jour où votre lampadaire ne marche pas, vous faites appel à votre voisin qui, lui, vous a dit s'y connaître. Il change l'ampoule. La lumière revient. Vous êtes impressionné.

Maintenant, sur quelques mois, l'aventure se reproduit plusieurs fois, et chaque fois, vous faites appel à ce même voisin. Or, deux fois sur trois, effectivement, le fait de changer l'ampoule ramène la lumière, mais une fois sur trois, c'est l'échec. Que penserez-vous de votre voisin si, à ce moment-là, il baisse les bras et est incapable de vous dire pourquoi cela ne marche pas ? Vous vous direz que les fois où ça a marché, il a eu de la chance, mais qu'au fond, il n'y connaît pas grand-chose. En revanche, s'il est capable de déceler et de réparer un court-circuit dans la prise ou un mauvais contact dans la douille, autrement dit, s'il est capable d'expliquer pourquoi changer d'ampoule, en l'occurrence, ne résolvait pas le problème, votre admiration pour lui ne fera que croître.

Pourquoi ne pas juger les médecins de la même façon ?

Lorsqu'on prescrit un médicament qui marche dans 70 % des cas (sur l'utilisation des statistiques en médecine, cf. p. 171), et qu'on est incapable d'expliquer précisément les raisons pour lesquelles il ne marche pas dans 30 % des cas, à quoi, sinon à un hasard heureux, attribuer les « réussites » ?

En effet, ou bien on connaît le fonctionnement de l'être humain, ou bien on l'ignore, en partie tout au moins, et on tâtonne. Et nos « scientifiques » ont beau s'accrocher à des chiffres et à des pourcentages, ils montrent bien, par là même, leurs limites.

J'ai dit que mes échecs m'avaient beaucoup appris. J'irai plus loin : ils n'ont cessé de confirmer le bien-fondé de ma démarche. Il est temps que je m'en explique.

Tous les cas que j'avais vus jusqu'ici m'avaient confirmé dans mon hypothèse initiale : toutes les maladies acquises (j'exclus donc celles d'origine génétique ou congénitale), qu'elles soient fonctionnelles, microbiennes, virales ou lésionnelles, arrivaient à un moment donné, difficile, dans l'histoire de l'individu. Autrement dit, l'individu, ayant à affronter une situation *difficile pour lui*, plutôt que d'affronter directement cette situation et d'essayer de la régler, tombait malade. Lorsque je dis « plutôt que d'affronter directement cette situation et de la régler », je n'émets, entendons-nous bien, aucun jugement, d'autant que les raisons pour lesquelles cette situation est si difficile à vivre, le malade n'en est la plupart du temps pas conscient. Et ce n'est qu'après plusieurs entretiens qu'il s'en rendra compte. Le rôle du médecin est de l'amener, progressivement, à cette prise de conscience. J'expliquerai plus loin de quelle façon, et en prenant quelles précautions.

J'ai souligné, volontairement, « difficile pour lui ». Car cette notion est capitale. S'il existe des situations « objectivement difficiles » — objectivement ne désignant ici que le fait que la majorité des gens s'accorderaient à les considérer comme telles —, comme le chômage, le divorce, la perte d'un être cher, etc., tout le monde ne vit pas, intimement, ces situations de la même façon. Je dirais qu'elles ont, pour chacun, une *résonance* différente, plus ou moins profonde. Il suffit de regarder autour de soi (et, surtout, en soi) pour s'en rendre compte : Untel réagira positivement au moment du licenciement en se battant pour retrouver au plus vite une situation (et l'on s'émerveillera de son courage et de son énergie) mais, au contraire, s'effondrera si sa femme demande le divorce (où sont donc le courage et l'énergie qu'on vantait dans d'autres circonstances ?). Tel autre, au contraire, fera une véritable dépression si on le met au chômage, mais supportera avec légèreté une situation conjugale qui paraîtrait intolérable à bien d'autres. On pourrait multiplier les exemples.

La question n'est donc pas, ici, celle de la situation objective dans laquelle se trouve le malade, mais de la façon dont il vit intimement cette situation, autrement dit, *la perception qu'il en a*. Car il peut parfaitement se faire qu'une situation en apparence anodine pour l'un évoque pour l'autre un souvenir intolérable, et que l'émotion consécutive à cette évocation (et qui l'atteint si vite qu'il n'a parfois pas le temps d'en prendre conscience) le fragilise brutalement.

Or, cette perception particulière, de quoi dépend-elle sinon, précisément, de l'*histoire* de l'individu ? Et qui connaît cette histoire (et, surtout, la façon dont il l'a traversée, vécue) sinon l'individu lui-même ?

Il n'y a pas d'homme ou de femme qui n'ait eu à traverser des épreuves difficiles, douloureuses. Mais ces épreuves, il y a deux façons de les traverser : en les vivant pleinement, autrement dit en exprimant, sur le moment, toutes les émotions qu'elles suscitent (colère, chagrin, etc.), ou en ne les vivant pas, c'est-à-dire en se fermant, en conservant en soi sans les exprimer ces émotions qu'elles éveillent.

Ce que m'apprenaient les malades que je voyais, c'était qu'une épreuve vécue pleinement pouvait être intégrée, dépassée par l'individu (ce qui expliquait que des personnes ayant eu des existences « objectivement » difficiles soient en parfaite santé), alors qu'une épreuve dont on n'avait pu évacuer les émotions constituait comme une « fracture de l'âme » avec laquelle, plus tard, certains événements viendraient entrer en résonance. Et lorsque cette résonance se produisait, soit l'individu revivait ces émotions anciennes, refoulées, qui remontaient à la surface (et c'étaient alors des crises de larmes ou des colères éventuellement démesurées par rapport à l'événement présent qui les avait suscitées), soit, profondément déstabilisé par ces émotions trop puissantes qui l'envahissaient, il tentait à nouveau de les réprimer mais les exprimait sous la forme d'une maladie.

Que la nature de la maladie et les organes atteints obéissent à une symbolique en rapport avec ces émotions, je le supposais sans pouvoir encore l'affirmer. Mais ce dont j'étais certain, c'était que le corps avait un langage et qu'à travers tous ces désordres qu'il affichait, il parlait de la vie émotionnelle profonde de l'individu.

Bien entendu, je n'en prenais pas moins le corps en compte et l'aidais, quand je le jugeais nécessaire. Mais je l'écoutais différemment et, surtout, j'essayais d'apprendre au malade à l'entendre, à rétablir en lui cette unité profonde (et, selon moi, essentiellement *rassurante*), à ressentir ce qu'il vivait, et à cesser de se concevoir comme coupé en deux, l'âme d'un côté, muselée, le corps de l'autre, malade, étranger, mystérieux et incompréhensible.

C'est dire que, sans l'aide du malade, je ne pouvais rien. S'il me livrait son corps comme une machine détraquée qu'il me chargeait de réparer sans accepter de coopérer, en refusant même de collaborer, avec toute l'énergie que l'on peut déployer quand on refuse de savoir quelque chose (et si on le refuse avec une telle détermination, c'est précisément parce qu'il est très douloureux de l'accepter, parfois, et que l'on se défend contre cette douleur qu'inconsciemment on pressent), je ne pouvais rien. J'étais ramené, alors, à cette médecine de colmatage dans laquelle on ne progresse pas mais qui attend, en fait, que l'âme guérisse spontanément.

Ce qui, heureusement, arrive aussi.

Cette résonance pouvait être plus ou moins intense : car nous avons tous des émotions rentrées — il n'est pas un être humain qui n'en ait pas, bien sûr — mais celles-ci sont plus ou moins profondes et remontent plus ou moins loin dans la vie de l'individu. Selon les cas, la maladie pouvait exprimer un conflit présent ou récent (on pourrait alors parler de « foulure » plutôt que de « fracture » de l'âme), et il suffisait alors de revenir sur ce conflit, de l'exprimer, de l'accepter, pour que les symptômes disparaissent ; ou bien encore évoquer des situations conflictuelles vécues dans la jeunesse ou dans l'enfance et qui, sur le moment, n'avaient pas été tolérées. Au cours des différents entretiens, le malade évoquait ces conflits antérieurs, revenait dessus jusqu'à éprouver ces émotions qu'ils avaient fait naître en lui, à les *revivre*, et cette évacuation faisait disparaître ses symptômes.

A ce sujet, je voudrais évoquer un cas particulièrement représentatif. (Je n'oublie pas que j'ai promis de parler de mes échecs, mais qu'on me donne encore un peu de temps.) Ce cas, c'est celui de Marie-Louise. Il est d'autant plus intéressant qu'il concerne un trouble extrêmement fréquent et devant lequel la médecine classique, telle qu'elle s'exerce dans nos hôpitaux, reste, sinon impuissante, du moins notoirement carentielle : l'hypertension artérielle.

Pour donner au lecteur tous les éléments qui lui permettront de se faire un avis sur la question, je rappellerai d'abord, le plus brièvement possible, ce que nous, médecins, apprenons sur ce sujet. Pour ce faire, je citerai ce qu'en dit le *Traité de médecine* édité par Pierre Godeau[1]. C'est un ouvrage de référence extrêmement sérieux, publié avec le concours de dizaines de spécialistes consciencieux et savants, qui résume parfaitement les thèses en vigueur à l'heure actuelle dans le milieu médical. En tant que tel, il constitue un peu la bible du généraliste d'aujourd'hui.

> L'hypertension artérielle est définie par des critères adoptés par l'Organisation mondiale de la santé : un adulte est hypertendu lorsque sa pression artérielle systolique est supérieure à 160 mmHg et/ou lorsque la pression artérielle diastolique est supérieure à 95 mmHg. La normotension [autrement dit la tension normale] est affirmée lorsque la pression artérielle systolique est inférieure à 140 mmHg et lorsque la pression artérielle diastolique est inférieure à 90 mmHg. Lorsque la pression artérielle systolique est comprise entre 140 et 160 mmHg et/ou lorsque la pression artérielle diastolique est comprise entre 90 et 95 mmHg, on adopte le terme d'hypertension artérielle limite.

Jusqu'ici, pas de problème : on définit une normale chiffrée, exactement de la même façon qu'on nous dirait : la température normale d'un individu est comprise entre 36°6 et 37° le matin, et 36°9 et 37°5 le soir. Poursuivons.

> L'étude de l'hypertension artérielle impose une double démarche. Au niveau de l'individu, le diagnostic de l'hypertension étant porté [autrement dit lorsqu'on a constaté que les chiffres tensionnels dépassaient le cadre de la normale définie plus haut], il conviendra de déterminer

1. Éditions Flammarion, 2 volumes.

son étiologie [sa cause], d'apprécier son retentissement, de prescrire une thérapeutique adaptée et de surveiller l'évolution de la maladie. S'il est, dans la majorité des cas, aisé d'obtenir une normalisation des chiffres tensionnels grâce aux thérapeutiques médicamenteuses, il est beaucoup plus difficile d'obtenir du patient *une observance de la thérapeutique durant plusieurs années, seule capable de prévenir le développement des complications vasculaires de l'hypertension artérielle.*

C'est moi qui ai souligné cette fin de phrase, capitale : en effet, il y est clairement dit que hors les médicaments, point de salut. L'hypertendu est donc condamné, dans ce système, à prendre des antihypertenseurs à vie.

Je passe sur ce qu'on nous dit de l'épidémiologie : de nombreuses études statistiques ont été faites, donnant le pourcentage d'adultes atteints de ce mal, en France et à l'étranger, par groupe d'âge. On établit également des corrélations entre le poids moyen des hypertendus (supérieur de 15 % à la normale), l'apport sodé (du sel) dans l'alimentation, et du potassium. (Sur le bien-fondé de ces arguments statistiques, qui embarrassent tous les discours médicaux actuels, on se reportera p. 171.)

Voyons, plutôt, ce qu'on nous dit de l'étiologie, autrement dit des causes, et du traitement.

Les principales étiologies de l'hypertension artérielle sont regroupées au tableau ci-dessous. Certaines d'entre elles sont curables par le traitement médical ou chirurgical. D'autres ne requièrent qu'un traitement symptomatique de l'hypertension artérielle.

HTA ESSENTIELLE — CAUSES RÉNALES — MALADIE RÉNOVASCULAIRE (Glomérulonéphrite aiguë ou chronique, Pyélonéphrite, Rein polykystique, Amylose, Néphroangiosclérose, Myélome, Lupus érythémateux aigu disséminé, Sclérodermie, Granulomatose de Wegener, Syndrome de

Goodpasture, Périartérite noueuse, Néphropathie des Balkans, Néphropathie goutteuse et liée à une hypercalcémie, Néphropathie toxique, Nécrose corticale).

AUTRES CAUSES (Ischémie cérébrale, Eréthisme cardiovasculaire, Pseudohermaphrodisme, Syndrome de Turner avec ou sans coarctation aortique, Myxœdème, Tabès, Dysautonomies, Angor abdominal, Lésion médullaire, Porphyrie aiguë intermittente, Thyrotoxicose, Syndrome de Cushing, Hyperaldostéronisme primaire, Insuffisance coronaire aiguë, Coarctation de l'aorte, Encéphalite, Acromégalie, Tumeurs rénales sécrétant de la réinine, Tumeur de Wilms, Cancer du rein, Déficit en 11 b et/ou 17 a-hydroxylase, Tumeurs ovariennes, Hypercalcémies, Obésité, Ingestion de réglisse, bicabornate de sodium, Carbénoxolone, Expansion volémique, Tumeur ou dysrégulation hypothalamique, Intoxication par le thallium, l'oxyde de carbone, Fibrosarcome des artères pulmonaires, Iatrogènes [causées par les médicaments] : pilules contraceptives, corticoïdes, DOCA, vasopresseurs (y compris les gouttes nasales), IMAO + tyramine).

PAR ÉLÉVATION DES CATÉCHOLAMINES (Phéochromocytome, Hypertension intracrânienne, Hypoglycémie, Neuroblastome, Ganglioneuroblastome, Ganglioneurofibrome, Acrodynie, Tumeur carcinoïde, Interruption de la clonidine, Tétanos, Toxémie gravidique, Syndrome de Guillain et Barré).

CAUSES D'HYPERTENSION ARTÉRIELLE SYSTOLIQUE (Fistule artérioveineuse, Maladie de Paget osseuse, Béribéri, Hyperthyroïdie, Insuffisance aortique).

Arrêtons-nous un instant sur ce texte, qui illustre parfaitement ce qu'en médecine classique on appelle « cause » : en premier lieu, on nous signale l'existence d'une « hypertension artérielle essentielle », ainsi nommée parce qu'on ne lui a pas trouvé de « cause », autrement dit, que tous les examens complémentaires pratiqués sur le patient, si sophistiqués soient-ils, sont revenus parfaitement normaux. Au passage, il est intéressant de signaler que cette hypertension artérielle « sans cause » constitue, et de loin, la majorité des cas.

Voyons à présent les autres « causes » et ce qu'elles signifient concrètement. Le diagnostic d'hypertension posé, on a pratiqué des examens. Et, dans un certain nombre de cas, on a découvert, associée à cette hypertension, une des maladies énumérées ci-dessus. Est-ce à dire pour autant que cette maladie est la cause de l'hypertension ?

Je voudrais à ce sujet rappeler un merveilleux dialogue, qui a fait rire des générations de spectateurs mais dont on a oublié, semble-t-il, la savoureuse logique :

> SGANARELLE : ... et je vous apprends que votre fille est muette.
>
> GERONTE : Oui ; mais je voudrais bien que vous pussiez dire d'où cela vient.
>
> SGANARELLE : Il n'est rien de plus aisé. Cela vient de ce qu'elle a perdu la parole.
>
> GERONTE : Fort bien ; mais la cause, s'il vous plaît, qui fait qu'elle a perdu la parole ?
>
> SGANARELLE : Tous nos meilleurs auteurs vous diront que c'est l'empêchement de l'action de sa langue.
>
> GERONTE : Mais encore, vos sentiments sur cet empêchement de l'action de sa langue ?
>
> SGANARELLE : Aristote là-dessus dit... de fort belles choses.
>
> *Le Médecin malgré lui,* II, 4.

En d'autres termes, en admettant que l'hypertension artérielle soit « causée » par une obésité, un tabès ou un cancer du rein, pourrez-vous me dire quelle est la cause de cette obésité, etc. ?

On voit bien que le terme « cause » est ici utilisé sans rigueur pour désigner, simplement, une maladie associée. Que l'hypertension puisse être elle-même révélatrice d'un autre trouble est fondamental, mais affirmer que cet autre trouble, quand on le trouve, est la cause de cette hypertension est parfaitement abusif. Que Lucinde soit muette et qu'elle ne puisse bouger la langue ne signifie pas que la cause de son mutisme soit cet empêchement de l'action de sa langue.

Terminons sur l'hypertension artérielle, et voyons quel traitement est préconisé.

> Le traitement idéal d'une hypertension artérielle consiste à traiter sa cause [donc, une des maladies associées dont la cause, en fait, ne sera pas expliquée plus clairement]. Il s'agit, en fait, d'une pétition de principe car la majorité des hypertensions artérielles s'avèrent être, au terme du bilan étiologique, des hypertensions artérielles dites « essentielles » dont le traitement sera symptomatique. [Autrement dit, on traitera le symptôme, l'effet, et non la cause, puisqu'elle est inconnue.]

Là-dessus, on nous donne un certain nombre de conseils diététiques (régime sans sel, amaigrissant si le malade est obèse, suppression du tabac), puis on passe aux médicaments. Je vous épargnerai les formules chimiques de ces produits, mais il est important de signaler qu'ils sont tous des *inhibiteurs,* autrement dit des produits qui vont lutter contre ce qui se passe dans l'organisme, contre cet effet dont on ne connaît pas la cause. En outre, ils ont tous des effets secondaires notables et fréquents (pour certains : troubles digestifs, bradycardie, asthénie ; pour d'autres : fatigue, somnolence, sécheresse buccale, constipation, vertiges, instabilité) ou plus rares (pour les premiers : hypotension, dyspnée, insomnies, cauchemars, syndromes dépressifs, phénomène de Raynaud, hypoglycémie, myalgie, alopécie, impuissance, toxicité hématologique ; pour les seconds : impuissance, céphalées, paresthésies, rashs cutanés, nausées, vomissements, anémie, insomnies, perte de poids, faiblesse, cauchemars, hallucinations, rétention d'urine, fluxion parotidienne, anxiété, nervosité, poussée hypertensive à l'arrêt du traitement, gynécomastie, insuffisance cardiaque, hépatite, sécheresse oculaire et nasale, syndrome subocclusif, angor, palpitations, prurit). Et j'en passe. Sur cette question, il y en a plusieurs pages. Plusieurs pages qui expliquent les risques de ces produits extrêmement lourds et qui, pour la plupart, occasionnent des troubles invalidants.

Or, quelle est la conclusion de l'article ?

> Le traitement de l'hypertension artérielle essentielle (en dehors des urgences hypertensives) fait appel initialement à un seul médicament, auquel on adjoindra secondairement un deuxième, voire un troisième produit si la thérapeutique initiale est insuffisante.
>
> (...)
>
> Le traitement est donné à vie et *ne doit pas être arrêté lorsque la pression artérielle est normalisée.*

Cette fois-ci, c'est l'auteur qui a souligné. Et pourquoi ? Parce que, la cause étant inconnue, on est fondé à penser que, dès l'arrêt du traitement, la tension remontera. C'est ce que j'appelle de la médecine de colmatage.

Voyons à présent le cas de Marie-Louise. Agée de soixante-sept ans le jour où elle vient me consulter pour la première fois, elle souffre d'hypertension artérielle essentielle. Gardienne d'immeuble, elle a été suivie pendant quelques années par un médecin de son quartier qui lui a prescrit, comme il se doit, des antihypertenseurs, qu'elle n'a jamais cessé de prendre. Les chiffres tensionnels initiaux étant effectivement très élevés et faisant courir à la malade de sérieux risques d'accident vasculaire, ce traitement, au départ, se justifiait parfaitement.

Au moment où elle vient me voir (parce que son médecin a déménagé), elle suit son traitement depuis quatre ans. Je vois arriver dans mon cabinet une petite femme habillée de gris, très discrète, timide, presque. Elle parle peu, va jusqu'à s'excuser de me déranger, et m'explique qu'elle a simplement besoin de ses médicaments, et qu'on vérifie sa tension.

Pendant près d'un an, je la vois tous les mois. Chaque consultation se passe de la même façon : elle s'allonge d'elle-même, attend que je vérifie sa tension — les chiffres sont généralement, comme on dit, « à la limite supérieure », malgré les médicaments —, puis elle empoche son ordonnance, toujours la même, et me remercie. J'essaie de lui poser quelques questions, de faire connaissance, mais elle répond à peine, puis se lève :

— Bien, merci docteur. Je ne vais pas vous déranger plus longtemps. Maintenant, il faut que je m'en aille.

Et j'ai beau lui dire qu'elle ne me dérange pas, rien n'y fait.

Enfin, un jour de printemps exceptionnellement chaud, elle vient à sa consultation habituelle. Elle est toujours habillée de gris. Mais, pour la première fois, à ma question rituelle : « Comment allez-vous en ce moment ? », elle répond :

— Oh, pas très bien...

Je la sens, pour la première fois, plus ouverte. En humeur, peut-être, de se confier un peu.

— Ah bon ? et pourquoi ?

— Vous savez, je ne supporte pas du tout la chaleur...

Bien entendu, j'essaie d'en savoir davantage, et elle me raconte que dans sa jeunesse, elle était lingère, chez sa mère, qu'elle faisait le repassage, et qu'il faisait toujours dans la boutique une chaleur effrayante. Elle a travaillé là dès l'âge de quinze ans. Lorsqu'elle avait eu vingt ans, sa mère avait vendu la blanchisserie, et elle avait été engagée dans un restaurant, aux cuisines. Et là aussi, il faisait une chaleur intenable, à tel point qu'en fin de mois, elle recevait une prime de chaleur.

Ce jour-là, elle n'en dit pas davantage. Mais j'étais heureux tout de même : j'avais l'impression que nous allions commencer à avancer.

Pourtant, pendant six mois, nous en sommes restés au même point : Marie-Louise revenait tous les mois faire prendre sa tension et chercher son ordonnance, mais avait retrouvé sa discrétion et son mutisme, et tous les efforts pour la faire parler étaient vains.

Enfin, à l'automne, alors qu'elle suit théoriquement toujours le même traitement, je constate avec surprise que ses chiffres tensionnels sont nettement plus élevés que d'habitude.

— Vous avez interrompu votre traitement ?

Elle m'assure que non, qu'elle a continué de prendre ses médicaments tous les jours. Et comme je montre mon étonnement, c'est elle-même qui intervient :

— Mais c'est vrai qu'en ce moment, ça ne va pas très fort...

Et, spontanément, elle fait le lien, non avec des symptômes physiques nouveaux, mais avec la situation qu'elle vit en ce moment : elle se fait beaucoup de soucis pour la carrière de son fils ; et puis, les gens qui habitent son immeuble sont extrêmement désagréables avec elle, parfois même agressifs, on la rend sans cesse responsable de tout, et elle en a assez. Cette vie l'ennuie, elle se demande ce qu'elle fait là, et parfois, oui, elle a envie de mourir. Quelques larmes coulent le long de ses joues, jamais elle ne s'est tant livrée. Soudain elle se ressaisit : « Docteur, pardonnez-moi, je vous ennuie avec tout ça », rassemble ses affaires et se lève. Je lui tends son ordonnance, toujours la même : je ne pense pas nécessaire, maintenant qu'elle a exprimé une partie de la *tension intérieure* qu'elle ressentait, d'augmenter la dose médicamenteuse. Néanmoins, par précaution, je lui recommande de m'appeler si cela ne va pas, et lui donne rendez-vous quinze jours plus tard. Lorsqu'elle revient, je constate que les chiffres sont revenus à cette « normale supérieure » que je lui ai toujours connue. La hausse momentanée de tension était donc probablement due à ces soucis dont elle m'a parlé.

Six mois à nouveau s'écoulent, six mois de silence, de consultations ordinaires. Puis elle revient. C'est au moment du procès Barbie. Je la sens, cette fois, plus angoissée que d'habitude, plus « tendue ». Agressive, presque. Et dès que je lui demande de ses nouvelles, elle se confie :

— Oh non, vous savez, ça ne va pas du tout. Parce que ce Barbie, on n'arrête pas d'en parler, à la télévision, à la radio, partout, et moi, ça me démolit, tout ça. Parce que ce Barbie, c'est un monstre, vous savez.

Et là, pour la première fois, elle se met à pleurer. Vraiment. Des larmes qui viennent de loin.

Lorsqu'elle est un peu calmée, elle reprend son récit. J'apprends alors qu'elle avait pendant la guerre trois amies, juives toutes les trois. Et qu'elles sont parties. Avec les autres. Et qu'elle ne les a jamais revues.

— Vous comprenez, c'étaient des vraies amies, mes seules amies... Et quand je pense...

A nouveau, elle s'effondre. Tout cela est trop dur. Beaucoup trop dur. « Fracture de l'âme. » Oui, il y a des moments où l'âme casse. Mais je sais aussi que pleurer aide à réduire ces fractures. Et je la laisse pleurer.

— Il faudrait le tuer, vous savez. Ça ne me rendrait pas mes amies, mais tout de même. Il faudrait le tuer...

Elle garde un instant le silence, puis, soudain, lève les yeux vers moi. Déjà, ce n'est plus la petite femme timide habillée de gris des premières consultations, c'est une femme qui vit, qui vibre. Je la sens qui hésite, puis elle se lance :

— Vous savez, cette semaine, j'ai fait quelque chose d'horrible, d'abominable. Une locataire de l'immeuble m'a demandé d'aller arroser ses plantes en son absence, et quand j'y suis allée, en m'approchant de la fenêtre — parce que les plantes sont près de la fenêtre —, j'ai vu qu'il y avait un petit pigeon coincé dans le volet. Je ne sais pas comment il était arrivé là, mais il ne pouvait plus bouger. Quand j'ai ouvert la fenêtre, il est tombé dans l'appartement. Et là, je ne sais pas pourquoi, je l'ai attrapé, je me suis même précipitée sur lui, et je l'ai tué. Et quand j'ai eu fait ça, je me suis assise dans un fauteuil, j'avais les jambes qui tremblaient, je me disais que j'avais fait quelque chose d'horrible, mais je me sentais beaucoup mieux. J'étais tranquillisée.

Elle ne pleure plus. Se tait. Comme si elle revoyait la scène. Puis, à nouveau, elle se reprend :

— Vous savez, docteur, c'est tout à fait idiot, ce que je vous raconte. Ça n'a aucune importance.

Je la rassure : si, bien sûr, tout cela est important. Très important même.

Un mois plus tard, lorsqu'elle revient, je lui prends sa tension : les chiffres sont parfaitement normaux. Pour la première fois depuis deux ans.

Et pour la première fois également, au licu d'attendre mes questions, elle s'est mise à me parler. Spontanément. De la chaleur, à nouveau. De sa jeunesse, si difficile. De la guerre. Elle repassait dans ses traces, progressivement acceptait ce qui, pendant des années, lui avait paru inacceptable.

— Il faut faire avec, n'est-ce pas ?

Je la sentais plus calme. Je dirais, plus en phase avec elle-même.

— Vous savez, j'ai beaucoup repensé à cette histoire de pigeon, aussi. Et j'ai pensé que l'agressivité des gens de l'immeuble, que je supportais si mal, eh bien, ça devait y être pour quelque chose. Mais maintenant, j'ai décidé de ne plus m'en occuper.

A la suite de cette consultation, j'ai pu réduire notablement les médicaments, et elle vit actuellement avec une dose très nettement inférieure à celle qu'elle prenait lorsque je l'ai vue pour la première fois. En outre, les chiffres tensionnels restent normaux et ont quitté cette « limite supérieure » à laquelle ils s'étaient maintenus durant des années, malgré de fortes doses de médicaments. Qu'au cours de ces entretiens nous ayons touché certaines des *causes* de son hypertension artérielle, j'en suis convaincu. Mais je pense qu'avant d'arrêter tout traitement, ce que j'espère pouvoir faire bientôt, il y a encore certaines fractures à réduire.

Ce dont je suis heureux, c'est que cette femme, d'un milieu fort modeste et dépourvue de culture livresque, a rapidement compris que sa tension dépendait des événements qu'elle vivait. Et maintenant, elle collabore. Elle a envie de comprendre.

En fait, c'est elle-même qui, petit à petit, se guérit. Avec mon aide. Mais c'est elle qui fait la plus grosse partie du travail. Seul, je ne peux rien. Oserais-je dire : « Aide-toi, ton médecin t'aidera » ? Ce devrait être la devise de tous les malades.

⁂

J'ai promis de parler de mes échecs. Il est temps. On finirait par croire que je cherche à me dérober.

Mais je dois définir, au préalable, ce que je considère comme un échec : n'opérant pas de guérisons miraculeuses, j'ai dans ma clientèle de nombreux cas que je qualifierais de « moyens ». Il s'agit de personnes avec lesquelles un bon contact s'est établi, qui viennent régulièrement me parler de leurs symptômes, et qui comprennent bien un peu qu'en parler les soulage, mais n'admettent pas encore que c'est dans cette parole-là (si elle est chargée d'émotion et permet une prise de conscience et une évacuation) que se passe le processus de guérison, de rétablissement de l'équilibre organique (et, en fait, de l'équilibre général de la personnalité). Celles-là me demandent encore bien souvent des médicaments, et quand leur demande est très forte, j'obtempère, en leur prescrivant les produits les plus inoffensifs possible.

Ces cas-là, je ne les range pas, bien sûr, parmi les échecs. Si l'idéal est que le malade prenne intimement conscience de la façon dont il fonctionne globalement, et admette qu'il est un être entier à l'intérieur duquel la vie circule, du corps à l'âme et de l'âme au corps (car il s'inquiète, aussi, pour ses maladies), je conserve avant tout un point de vue concret. Et si je me trouve devant quelqu'un qui d'un côté accepte de faire un certain travail sur lui-même, et de l'autre refuse *théoriquement* ce principe d'unité dont j'essaie de lui faire prendre conscience, cela ne me gêne pas vraiment. Car j'estime qu'il est au fond dans la bonne voie et qu'un jour ou l'autre, il admettra ce qu'il s'acharne actuellement à nier. En outre, je sais que ce refus tient pour beaucoup à son éducation, aux idées qui circulent dans notre société, et à l'impact extrêmement fort du discours scientiste qui encombre nos ondes et les rayons de nos bibliothèques.

Je le répète : pour moi, l'essentiel est qu'un travail se fasse. L'adhésion théorique reste secondaire.

En revanche, j'ai rencontré un certain nombre de malades avec lesquels, effectivement, je ne suis arrivé à rien. J'en citerai deux, que je commenterai plus loin.

NICOLE

Agée d'une quarantaine d'années, Nicole m'est envoyée par un de ses amis, qui a consulté plusieurs fois chez moi. Au cours de nos entretiens, cet homme a fait un certain chemin et commencé à comprendre comment il fonctionne, les liens intimes qui existent entre ce qu'il vit et ses symptômes. Cette découverte, qui résulte plus d'une expérience que d'un raisonnement logique, lui a bien sûr ouvert des horizons et, surtout, lui a donné un autre regard sur les autres ; et notamment sur cette Nicole, qu'il fréquente régulièrement et qui souffre de maux bénins mais nombreux. Comme elle s'en est plainte devant lui, il lui a simplement conseillé de venir me consulter, sans du tout lui parler de ma démarche.

Lorsque Nicole arrive, elle commence, comme tout malade que je vois pour la première fois, par m'expliquer les raisons pour lesquelles elle vient me consulter : elle est constamment fatiguée — ce qui est normal car elle travaille énormément —, dort (mal) avec des boules Quies, souffre de douleurs dans le flanc droit (l'hypocondre) et de constipation. D'autre part, elle a arrêté de fumer depuis un an mais tousse toujours. Elle a fait faire une radiographie pulmonaire qui est revenue normale. Elle est nerveuse, hyperactive, tendue.

— Mais vous savez, tout ça c'est physique, docteur, parce que, par ailleurs, je vais très bien.

« C'est physique. » Bien sûr, je ne conteste pas. Le corps souffre. C'est évident. Mais pourquoi ? Je sais aussi que cette affirmation, faite d'entrée de jeu, est une autre façon de me dire : surtout ne cherchez pas ailleurs, parce que de cela, je ne veux pas entendre parler. Ce n'est pas pour ça que je suis venue.

Dans une consultation médicale, comme dans toute relation humaine, il faut commencer par répondre à la demande. A défaut de quoi, très vite, la relation tournera court. Si votre enfant a envie de faire un câlin avec vous, ou une partie de cartes, et si vous décidez à ce moment-là de lui expliquer comment la terre tourne autour du soleil ou la règle de trois, non seulement il n'aura aucune envie de vous écouter, mais il sera frustré dans sa demande. En revanche, si vous en passez par son désir, vous savez très bien qu'à partir de là, vous pourrez l'amener — une fois qu'il aura été rassuré ou satisfait — à s'intéresser à la cosmographie ou aux mathématiques. Et ce faisant, on ne peut pas dire que vous le « manipulez » (ce qui serait tout à fait péjoratif), mais simplement que vous tenez compte de la façon dont, affectivement, l'être humain fonctionne.

Puisque Nicole veut qu'on s'intéresse à son corps, et uniquement à lui, je la questionne d'abord sur ses antécédents médicaux. Cet interrogatoire, d'ailleurs, est essentiel dans toute consultation. Car l'histoire du corps, c'est aussi l'histoire de la vie du malade.

Du point de vue général, elle n'a pas eu de maladie grave. Des rhumes, mal au ventre de temps en temps, le lot commun, quoi. Du moins, elle n'a pas d'autre souvenir.

— Et sur le plan gynécologique ?

— J'ai été deux fois enceinte. J'ai eu un enfant, mais l'autre, je me suis fait avorter.

— Quand cela ?

Elle réfléchit quelques secondes, puis répond :

— Il aurait huit ans.

La façon dont elle formule sa réponse m'arrête. Généralement, on répond par une date. Dans ce « il aurait huit ans », il me semble entendre un regret, un deuil qui n'a pas été fait.

— Et cet avortement, comment s'est-il passé ? Ça a été difficile ?

J'ouvre la porte, mais, si j'ose dire, elle me la claque au visage :

— Non, ça s'est très bien passé. D'ailleurs, c'est moi qui l'avais décidé.

Ça s'est très bien passé, autrement dit, ne parlons plus de cela. Pourtant, je suis certain qu'elle se trompe. Et je n'invoquerai pas ici mon intuition, mais la logique des sentiments humains : quand on parle d'une IVG, on ne répond pas spontanément « il aurait huit ans » (et en donnant par conséquent à cet enfant qui n'a pas vécu l'âge qu'il aurait si cette IVG n'avait pas été pratiquée, autrement dit, en l'imaginant dans le présent) quand on l'a bien acceptée. Mais lorsque je dis qu'elle se trompe, entendons-nous bien : je ne dis pas qu'elle ment. Je note simplement qu'elle refuse de parler de cette question. Et pourquoi refuser sinon, précisément, parce que c'est douloureux ? J'abandonne donc ce chapitre. Plus tard, peut-être...

— Et par ailleurs, avez-vous subi des interventions ?

— Oui, je me suis fait refaire quatre fois le nez.

— Quatre fois ?

Mon étonnement l'ébranle un peu. Elle sent, cette fois, qu'il est nécessaire qu'elle s'explique.

— Je ne me trouvais pas belle. D'ailleurs, je ne me trouve pas vraiment plus belle maintenant.

Elle a un rire nerveux, puis me raconte que, toute son enfance, on a préféré sa sœur aînée, la « jolie », et qu'elle, on la traitait de sorcière. Et puis, que tous les vêtements neufs allaient à sa sœur, et qu'elle, on ne lui achetait jamais rien.

— Remarquez, c'était normal puisqu'elle était l'aînée, la plus grande. Mais maintenant, tout l'argent que j'ai passe dans les vêtements. J'en achète même que je ne mets jamais !

Elle rit, encore. D'un petit rire qui se défend contre la douleur qu'évoquent ces événements. Quatre interventions chirurgicales, tout de même, c'est beaucoup.

— Quand je vous dis que je ne me trouve pas belle, c'est encore vrai. Tenez, par exemple, je ne supporte absolument pas qu'un homme me voie démaquillée. Je ne sais pas pourquoi, mais c'est comme ça. Maquillée, je me trouve mieux. Alors, quand j'ai une liaison avec un homme, eh bien, le matin, je me lève avant lui, dans le noir, et je file à la salle de bains pour me maquiller.

Elle me raconte tout cela sur un ton qu'elle veut détaché, comme si elle me parlait de quelqu'un d'autre. Sans se rendre compte, semble-t-il, à quel point la conduite qu'elle décrit témoigne de profondes difficultés à vivre. Je repense à ce qu'elle m'a dit au départ : « Tout ça, c'est physique. A part ça, tout va très bien. » Comment lui faire entendre ? Elle paraît si loin d'elle-même, de ses sentiments profonds.

Le lui dire ? Non, bien sûr. Elle est trop loin, n'entendrait pas, ou serait trop violemment blessée. Il faudrait pour entendre qu'elle ait déjà fait un bout du chemin, qu'elle se pose des questions. Une fois de plus, qu'il y ait une demande. Mais elle n'a que des réponses.

Tout de même, nous avons fait un petit progrès puisque, du corps, de ses opérations, nous sommes passés à sa vie. Même si par ailleurs elle le nie, le lien a été établi. J'en profite.

— Et à part ça ?

Sur sa lancée, comme je le prévoyais, elle continue. Me parle de sa vie, elle est employée comme secrétaire, trouve qu'elle ne gagne pas assez d'argent, et puis elle vit seule, mais les hommes, c'est difficile. Elle a du mal.

Comme elle s'arrête, j'essaie d'en savoir davantage :

— Y a-t-il eu des événements importants dans votre vie ?

— Oui, l'an dernier, je me suis disputée avec ma sœur. Ça a été terrible. Parce que mon beau-frère est très coléreux, et un peu fou. Nous étions chez mes parents, et je voulais avoir une conversation avec ma sœur. Et mon beau-frère, je ne sais pas ce qui lui a pris, il m'a dit que ma sœur c'était sa femme, et que je pouvais tout aussi bien parler devant lui. Et j'ai dit non, je veux lui parler toute seule, c'est ma sœur. Alors, il est devenu fou. Il m'a battue, m'a menacée de me tuer. Il a même pris la carabine. Et moi, je me suis enfuie dans le jardin, je n'osais plus bouger. Après, il est parti en voiture avec ma sœur.

Et j'ai pu rentrer. Mais ce qui a été terrible, dans tout ça, c'est que les autres n'ont pas bougé pour prendre ma défense. Ni ma sœur, ni mes parents.

Cette fois, je la sens un peu émue. On le serait à moins. Mais elle est loin encore d'exprimer la violence que cette scène a dû lui faire.

— Après, mes parents m'ont dit que, si je voulais, ils ne verraient plus ma sœur ni mon beau-frère. Mais je n'ai pas voulu. Je sais que ça leur aurait fait trop de peine. Mais c'est vrai que ça me fait faire encore des cauchemars.

Elle se tait, tousse un peu. Et, comme si cette toux la ramenait à l'objet de sa visite :

— Mais tout ça n'a rien à voir. Alors, docteur, qu'est-ce que je peux faire contre cette toux ? et pour la constipation ?

J'essaie un peu, malgré tout :

— Tout de même, tout ce que vous m'avez raconté est difficile... Vous ne croyez pas que cela a un rapport avec vos troubles ?

— Non, docteur, vous n'y êtes pas du tout ! Dans ma tête, ça va très bien. Tout ça, c'est physique.

Je ne dis plus rien. Pour le moment, il faut laisser faire. Mûrir. Peut-être. Je lui prescris donc quelques comprimés anodins, et nous nous séparons.

Je repense souvent à cet argument, « dans ma tête, ça va bien ». Cette peur de la folie, que notre société traîne après elle. Comment expliquer que c'est précisément parce que la tête et le cerveau fonctionnent bien que tout se passe ainsi ? que le corps fonctionne dans une dépendance totale de ce qui se passe « dans la tête », autrement dit dans le cerveau, conscient et inconscient ? et que toutes ces émotions, qui passent par le cerveau, ont des retentissements physiques au même titre que les ordres conscients que nous pouvons donner à notre corps de courir, de marcher ou de sauter ? Serait-ce l'inconscient que, un siècle après sa découverte, nous n'avons toujours pas « digéré » ? Pourtant, les scientifiques y viennent. Les preuves de l'action des émotions sur le corps s'accumulent chaque jour. Aux États-Unis, ils y travaillent depuis déjà longtemps. En France, nous commençons tout juste à découvrir. A accepter. (Cf. p. 128.)

Nicole n'est jamais revenue me voir. C'est pour cette raison que je l'ai classée dans les échecs. Car il aurait pu se faire (j'ai connu d'autres cas de ce genre) que cette discussion éveille en elle des doutes après coup, des curiosités. Mais non. Elle s'est refermée. Je l'ai su car son ami, qui me l'avait envoyée, m'a livré plus tard ses commentaires : « Tu sais, ton médecin, ça ne vaut vraiment pas la peine que je retourne le voir. Parce qu'il m'a fait parler de toute ma vie. Il croit que ça se passe dans la tête, mais il se trompe. D'ailleurs, j'ai décidé d'aller voir un acupuncteur. »

JACQUELINE

Jacqueline a une soixantaine d'années. Grande, brune, vive, elle parle assez fort d'une voix plutôt haut perchée. Comme Nicole, elle est persuadée que « tout ça, c'est physique ». Et elle court les médecins pour trouver le médicament miracle.

J'ai eu avec elle plusieurs entretiens, au cours desquels elle m'a raconté, d'abord, ses déboires médicaux. Souffrant de crises d'asthme assez fréquentes, elle a commencé par consulter des médecins classiques, qui lui ont prescrit des médicaments. Mais ils n'y ont rien changé. Alors, elle a tout essayé : homéopathie, acupuncture, phytothérapie. Finalement, elle est arrivée chez un allergologue. Le compte rendu qu'elle me fait de leur entretien m'amuse sans que, bien sûr, j'en laisse rien voir. D'autant qu'elle me rapporte leur dialogue avec le plus grand sérieux :

ALLERGOLOGUE : Où passez-vous vos journées ?

JACQUELINE : Dans la cuisine surtout.

A. : Et qu'y a-t-il dans votre cuisine ?

J. : Un serin.

A. : Vous êtes sûrement allergique aux oiseaux. Vous ne devriez pas le garder.

Jacqueline se débarrasse du serin qu'elle confie à une amie mais, trois semaines plus tard, elle refait une crise d'asthme et retourne voir l'allergologue, qui reprend son interrogatoire :

A. : Ça doit être la poussière. Vous avez des tapis ?

J. : Oui, nous avons une superbe peau de vache au milieu du salon...

A. : C'est sûrement ça. Mettez-la ailleurs, quelque temps.

Jacqueline se débarrasse de la peau de vache, ce qui ne l'empêche pas de refaire une crise quelques semaines plus tard. Nouveau rendez-vous.

A. : Votre oreiller, il est en quoi ?

J. : En plumes.

A. : Et vos couvertures ?

J. : J'ai un couvre-lit en mouton...

A. : Supprimez-les. C'est sûrement l'un ou l'autre.

Et ainsi de suite. Je rapporte l'anecdote telle qu'elle me l'a racontée.

— Vous comprenez, il m'a même interdit de porter mon manteau de fourrure. Et tout ça, ça ne m'empêche pas de continuer à avoir des crises.

Ce qui me stupéfie, c'est qu'après des aventures aussi burlesques, cette femme croie encore au savoir médical. Qu'elle n'ait pas pris conscience de l'absurdité de la démarche. Mais non, elle s'acharne. Comme si c'était elle qui, à tout prix, voulait trouver cette « cause physique », qui la rassurerait probablement : car s'il y a une cause physique, c'est que « dans la tête », tout va bien. La « cause physique », extérieure, permet de ne rien remettre en question. Alors que si c'est « dans la tête », on va me demander de réfléchir, de me poser des questions que je ne veux pas me poser. Ce dont Jacqueline me fait prendre conscience, c'est de l'obstination que manifestent certains malades à rechercher quelque chose qui n'existe pas, pour ne pas voir ce qui est. Et qu'à cette obstination, il est difficile aussi de ne pas céder.

Pourtant, au cours des trois consultations que nous avons eues, elle a fini, comme Nicole, par me raconter son histoire. Une enfance difficile, des rapports très conflictuels avec son père, « il ne m'a jamais aimée », puis un mariage conventionnel, avec un homme gentil, dont elle a eu une fille. Quelques années de tranquillité. Puis, leur fille a voulu se marier avec un homme qui déplaisait à son mari. Entre lui et sa fille commencèrent les disputes, et cet homme qu'elle avait connu gentil et plutôt doux est devenu acariâtre, agressif, dépressif.

— Et votre asthme, dans tout ça ?

— J'en avais quand j'étais petite. Quand je me suis mariée, ça a passé, quelques années. Et maintenant, c'est revenu.

— Depuis quand ?

— Trois ans environ.

— Et votre fille, quand a-t-elle voulu se marier ?

— Il y a trois ans. Mais ça n'a rien à voir, vous savez. Ça, c'est les coïncidences de la vie.

Elle a donc parfaitement saisi la simultanéité des faits, mais ne veut pas le savoir. Elle préfère croire à la coïncidence, au hasard.

— Vous êtes sûre ?

Je l'ennuie, c'est manifeste. D'ailleurs, elle ne reviendra pas me voir.

Comme Nicole, Jacqueline, pendant nos entretiens, est restée de marbre ou presque. Elle m'a raconté son histoire en restant à distance, comme si elle parlait de quelqu'un d'autre. Toute émotion contenue. Or, il ne faut pas être grand clerc pour faire quelques rapprochements éclairants : un asthme dans l'enfance, concomitant avec des rapports très difficiles avec son père (je pressens, sous ce « il ne m'a jamais aimée », qu'elle prononce comme elle annoncerait qu'il s'est mis à pleuvoir, une fracture profonde, mais dont j'ignore la nature, les circonstances précises ; or c'est cela qu'il faudrait qu'elle retrouve, dont il faudrait qu'elle accepte de parler, car c'est dans le détail que gît l'émotion) ; et d'autre part un asthme qui revient au moment où elle est témoin des rapports difficiles qui s'instaurent entre sa fille et son mari (alors que pendant les années tranquilles, cet asthme l'a laissée en paix ; il ne peut donc être question ni de poussière, ni de plumes, ou autres fariboles) ; tout cela me fait supposer qu'elle revit dans la situation présente des conflits anciens, douloureux, « étouffants ». Puisque dans ce contexte, en effet, elle ne peut plus respirer.

Mais de cela, Jacqueline ne veut rien savoir, elle a sur les causes possibles de son asthme une opinion toute faite (confortée, il est vrai, par nombre de médecins) et s'acharne à chercher une cause extérieure, quelque allergie qui lui serait tombée du ciel et justifierait sa souffrance. Et lorsque j'essaie d'ébranler ses convictions en lui posant des questions comme : « Mais *pourquoi*, à votre avis, avez-vous cet asthme ? *pourquoi vous* ? », elle répond, le plus simplement du monde : « Mais je ne sais pas, docteur. Si je viens vous voir, c'est précisément pour ça. C'est à vous de me le dire. »

Or, il y a un certain nombre de choses que je sais, et d'autres que je ne puis que pressentir et pour lesquelles j'ai absolument besoin de son aide, de sa collaboration. Ainsi, je sais que si, comme elle me le demande, je « soigne son asthme » (et non elle-même), autrement dit, si je lutte contre ce trouble par un médicament puissant qui éventuellement (mais pas sûrement) la débarrassera de son trouble (en en occasionnant quelques autres au passage), *comme je n'aurai pas agi sur la cause déclenchante*, cette cause subsistera. Et, à moins que subitement la situation familiale dans laquelle elle se trouve et qui réveille cette douleur change, *cette cause, toujours dynamique, s'exprimera nécessairement ailleurs, autrement.* Et je ne puis prévoir où ni comment. Elle peut devenir insomniaque, avoir des migraines ou encore, pourquoi pas, si la situation qu'elle vit, au lieu de s'améliorer, s'aggrave et devient intolérable, un cancer du poumon. Par conséquent, non seulement prescrire des médicaments me paraît inutile, mais *comporte des risques que le médecin ne peut pas mesurer* (en dehors des risques mécaniques, déjà évoqués, que sont les effets secondaires).

Vous êtes chez vous et, soudain, une odeur de fumée attire votre attention. Vous vous penchez à la fenêtre et vous voyez de la fumée sortir par la fenêtre de la maison voisine. Que penseriez-vous d'un pompier qui vous dirait : « Ah bon, cette fumée vous gêne ? C'est très simple, je vais colmater toutes les fenêtres, comme ça, vous ne sentirez plus rien » ? Le médecin qui prescrit des médicaments puissants contre un trouble dont il ignore la cause ne fait pas autre chose. Et quand cela explose, il s'étonne. Ou bien (raisonnement plus cocasse encore) dit : « C'est la fumée qui a provoqué l'explosion. » Et si, par bonheur, le feu s'éteint tout seul, il explique : c'est parce que j'ai colmaté toutes les fenêtres (sans tenir compte du fait qu'entre-temps une pluie diluvienne s'est abattue sur la maison). (Sur la notion de « cause » en médecine, cf. p. 171.)

Donc, à partir du moment où Jacqueline conteste le bien-fondé de mes questions et refuse de collaborer, j'estime que la conduite la plus sage est de la laisser avec son asthme. J'ignore ce que lui réserve l'existence, elle rencontrera peut-être une situation qui lui permettra d'exprimer ce conflit qui l'étouffe et, dans ce cas, sa fracture se réduira d'elle-même et le mal s'atténuera jusqu'à disparaître. Sinon, il ne me reste plus qu'à prier le ciel pour qu'elle ne tombe pas sur un médecin qui la « guérira » par des moyens chimiques.

Pourquoi, me dira-t-on, ne lui dis-je pas le fond de ma pensée ? Parce qu'à quelqu'un qui est entré dans un magasin pour acheter un stylo à bille, on ne vend pas, dans le quart d'heure qui suit, une machine à traitement de texte. En d'autres termes, parce que ce que je pense, en l'occurrence, ne compte pas. Je veux dire que ce n'est pas de le lui dire, tel que je viens de l'exposer, qui changerait quoi que ce soit. Au contraire. Et sur ce point capital, il est temps que je m'explique. Que je dise comment doit, à mon sens, se passer une consultation, et quel est le rôle du médecin. Je veux dire, son rôle possible. Dont il ne doit pas sortir. Et pourquoi.

LA CONSULTATION MÉDICALE

Mes échecs m'ont appris, entre autres, qu'un même médecin même s'il doit, a priori, comme le recommande l'article 5 de notre Code de déontologie, « soigner avec la même conscience tous les malades, quels que soient leur condition, leur nationalité, leur religion, leur réputation et les sentiments qu'ils lui inspirent », ne *peut* soigner tout le monde, qu'il existe parfois, entre un médecin et tel ou tel malade, une sorte d'« incompatibilité d'humeur », bref, que la relation, quelque effort qu'on fasse, peut ne pas s'instaurer et la consultation demeurer, jusqu'au bout, un dialogue de sourds. Cela, bien entendu, on ne vous l'apprend guère en faculté puisqu'on y enseigne une pratique mécaniste de la médecine qui s'applique à soigner des maladies et des corps à peu de chose près identiques, sans tenir compte des caractères individuels. De l'art de la consultation, on ne m'a jamais dit un mot. On ne m'a parlé que de science.

Ceci mérite une courte parenthèse : la question de savoir si la médecine est un art ou une science a été longtemps débattue et tranchée, d'une certaine façon, par Claude Bernard. Tous, aujourd'hui, s'en réclament. Pas un livre de médecin qui ne le cite. J'ai donc lu Claude Bernard (qu'on ne m'avait jamais demandé de lire en faculté !) ; autrement dit, j'ai essayé de comprendre sa pensée, et non de trouver des citations qui viendraient à l'appui de ce que je pense. Et cette pensée, justement respectée, je me suis rendu compte que l'on n'avait cessé de la trahir. Car il faut savoir y distinguer l'essentiel (qui réside dans la méthode) du conjoncturel, qui donne parfois lieu à des affirmations évidemment fausses aujourd'hui, vu les progrès accomplis. Or, par une sorte de coïncidence que j'attribue au défaut de formation de nos médecins actuels (au fait, notamment, qu'on leur enseigne, non pas à raisonner ni à réfléchir, mais à apprendre par cœur), toutes les citations que l'on produit généralement de Claude Bernard sont précisément celles qui, historiquement, sont dépassées, alors qu'on s'abstient soigneusement de citer les textes fondamentaux (car Claude Bernard, il ne faut pas l'oublier, était aussi philosophe) qui, si on les respectait aujourd'hui (et étant donné les découvertes que l'on a faites, notamment sur le fonctionnement psychique de l'homme), invalideraient les précédentes. Pour que cesse ce malentendu, il était donc urgent de relire Claude Bernard, et de faire le partage entre ce qu'il faut évidemment retenir et ce qui n'est plus d'actualité. (Cf. p. 143.) Ce qui est une autre façon de distinguer ce qui, dans la médecine, tient de l'« art », et ce qui ressort à la science.

Que notre institution n'ait pas encore tiré la leçon de ses échecs (consécutifs à son attitude exclusivement scientiste) n'est probablement dû qu'à sa lenteur constitutive, à ce principe d'inertie qui prévaut dans toutes les institutions, quelles qu'elles soient. Mais elle y viendra car notre monde bouge, la santé est plus que jamais à l'ordre du jour et, déjà, les malades murmurent. Car ces échecs, ce sont eux qui, les premiers, en font les frais.

Lorsque je parle des échecs de la médecine scientiste, je ne pense pas tant à ceux qui, parfois, font la une des journaux à sensation, comme certaines erreurs de diagnostic (qui entrent après coup, de façon tout à fait stupéfiante, dans certaines statistiques de guérison !) ou des opérations évidemment mal conduites (qui sont bien entendu déplorables), qu'à ceux qui sont présentés par les médecins comme des cas particuliers, incompréhensibles, « anormaux », ou encore à ces fameux échecs statistiques, dont on ne dit rien. (Cf. p. 171.) Je pense à ces malades que l'on opère, sur lesquels « l'opération a parfaitement réussi », mais qui sont morts parce que « le cœur a lâché » (mais pourquoi le cœur a-t-il lâché ?). Ou à ceux que l'on « guérit » de telle maladie, mais qui tombent dans une autre une semaine ou un mois plus tard, et qui courent de spécialiste en spécialiste, pendant des années. Ou encore à ceux auxquels on prescrit des traitements chimiques à vie — calmants, barbituriques, antihypertenseurs, etc. — sans les aider à restaurer un véritable équilibre qui leur permettrait de revivre normalement. Sans compter, bien sûr, tous ceux qui, n'ayant pas supporté ces traitements chimiques, consultent pour des maladies iatrogènes (causées par les médicaments eux-mêmes).

C'est parce que je n'acceptais pas de faire courir à mes malades le risque de ces échecs-là (qu'ils soient « statistiques » ne calmait pas ma conscience de médecin) que je me suis posé des questions, que j'ai cherché. J'avais choisi ce métier pour aider, pour guérir. Pas pour rendre malade. Et l'idée que fût-ce un patient sur cinq aurait à souffrir d'un produit que je lui prescrirais m'était intolérable (j'entends, bien sûr, souffrir pour rien, lorsque le risque que présente la maladie n'est pas mortel ; car si l'enjeu est la vie du malade, on doit évidemment accepter de prendre des risques moindres, en utilisant tous les produits que les progrès de la biochimie mettent à notre disposition, mais sans pour autant se borner à cette prescription, qui n'est alors qu'une mesure d'urgence).

J'ai donc cherché à comprendre ces échecs. Leur origine. En fait, elle était simple, logique : c'est que ces médicaments ne s'attaquaient pas à la cause de la maladie, mais seulement à ses effets. Il fallait donc trouver la cause ; ce qui faisait qu'un individu, d'abord en bonne santé, à un moment donné, tombait malade. Et c'est ainsi que j'ai découvert les « fractures de l'âme ». Redécouvert, devrais-je dire. Car je n'étais pas le premier, bien entendu.

Avant d'exposer la consultation médicale telle que je la conçois, j'aimerais rappeler comment se passe une consultation classique. Schématiquement, bien sûr, car chaque médecin a sa façon propre d'aborder ses malades. Néanmoins, je puis sans trahir personne reconstituer ici la teneur de l'échange, autrement dit le contenu du discours, et ce qu'il sous-entend.

— Docteur, j'ai très mal à la gorge.
— Ah bon, et depuis quand ?
— Depuis hier soir.
— Et vous avez de la fièvre ?
— Oui, 39°5.
— Bien. Nous allons voir ça.

Le médecin examine la malade, regarde sa gorge, cherche des ganglions, bref, les *signes* qui vont le renseigner sur la *nature* de la maladie. Angine rouge, angine blanche, phlegmon, au départ, il a le choix entre plusieurs possibilités. Et, sur les signes qu'il trouvera, il établira son diagnostic.

— C'est une angine rouge. Ce n'est pas grave. On va vous soigner ça.
— Comment j'ai bien pu attraper ça ?
— Vous savez, en ce moment, j'en vois beaucoup...
— C'est vrai, au bureau, j'ai une collègue...

Etc. La contagion. Ces autres qui vous rendent malades. (Cf. p. 210.) Parfois, le médecin approfondit son interrogatoire :

— Vous en avez souvent, des angines ?
— Cela faisait longtemps que je n'en avais pas eu. Mais quand j'étais enfant, oui. D'ailleurs, on a failli m'enlever les amygdales.

— Vous êtes donc fragile de ce côté-là.

— Alors, docteur, qu'est-ce que je fais ?

— Je vais vous prescrire un traitement et vous donner un arrêt de travail de huit jours. Éventuellement, si vous n'êtes pas complètement guérie, rappelez-moi : je vous prolongerai votre arrêt.

Là-dessus, antibiotiques, aérosols, sirops, pastilles. Tout l'arsenal.

Si, après une semaine, la malade est guérie, qu'en déduira-t-on ? Que le médecin est un *bon* médecin, que le traitement était le *bon* traitement, et que c'est lui qui a guéri l'angine.

Admettons à présent que huit jours plus tard, la malade rappelle :

— Docteur, j'ai encore mal. Et puis, je me sens très fatiguée.

Elle reprend donc rendez-vous.

— Vous avez encore de la fièvre ?

— Non, mais j'ai mal.

— Il faudrait faire faire des examens.

— Et la fatigue ?

— C'est normal, ce sont les antibiotiques. Ça va passer. Et sur le plan intestinal ?

— Ça ne va pas non plus très fort.

— Bien, nous allons voir tout ça.

Quelque temps plus tard, les examens reviennent et révèlent la présence d'un streptocoque.

— Nous allons devoir rallonger et renforcer le traitement. Je vais aussi prolonger votre arrêt.

— Alors, c'est *à cause de* ce streptocoque que je ne suis pas guérie ?

— Oui. Mais nous avons des médicaments très efficaces, qui vont vous en débarrasser.

Je pourrais continuer ainsi indéfiniment. Tout le monde a vécu cela, des milliers de personnes le vivent encore chaque jour. En fait, que dit ce dialogue ? Pas autre chose que le dialogue du *Médecin malgré lui,* que j'ai cité plus haut. Vous avez mal à la gorge parce que votre gorge est rouge, votre gorge est rouge parce qu'elle est enflammée ou infectée, elle est enflammée ou infectée parce que vous avez attrapé un virus, et c'est pour cela que vous avez mal. On tourne en rond. Éventuellement, on pourra « parler latin », autrement dit se lancer dans des explications scientifiques incompréhensibles pour le malade, sur la *nature* du microbe ou du virus, la *façon* dont il agit, *comment* les médicaments, composés de telle et telle substance, vont lutter contre, le principe du discours restera le même : jamais, on ne se demandera *pourquoi.* Mieux encore : on admettra dans un cas que le médicament est la cause de la guérison, et, dans l'autre (alors qu'il s'agit de la même maladie), qu'il n'a pas eu (mais pourquoi ? pour un esprit scientifique, ce devrait être inadmissible) l'effet prévu.

Pourquoi ?

C'est très simple : parce que le médecin, lui, n'a pas la réponse. Il connaît tout (ou presque) du comment, autrement dit des mécanismes, mais la raison pour laquelle ces mécanismes, qui fonctionnaient parfaitement quelques jours plus tôt, s'altèrent brutalement, il l'ignore. Et cela, *parce qu'on ne le lui a jamais appris.* Ce qu'il a appris — par cœur —, ce sont ces mécanismes, qu'on lui a fait prendre pour des causes. (Cf. p. 171.) Et il ressert en toute bonne foi au malade ce qu'on lui a enseigné.

Quant au malade, qui est le seul à connaître la cause, il ignore qu'il la connaît. Il ne peut donc répondre au pourquoi de lui-même, et cela pour plusieurs raisons :

1) On lui a appris que sur ces questions, il ne savait rien (autrement dit, on l'a infantilisé), et que celui qui savait, c'était le médecin. Il se trouve donc placé, devant le médecin, dans une position d'infériorité (et de fragilité, à cause de sa maladie), où il oublie ce qu'il sait et ce qu'il

pense puisque, d'emblée, ce savoir et cette pensée sont dévalorisés par le rapport médecin/malade tel qu'il s'est instauré.

2) Dans la mesure où le médecin (qui *sait*) ne lui pose des questions que sur les mécanismes (fièvre, frissons, fatigue, etc.), il en déduit naturellement que ce sont ces mécanismes qui sont des causes, *ce qui le rassure profondément* parce que cela le met, lui, l'individu, sa vie, ses actes, hors de cause. Si c'est son corps, ce n'est pas lui. Mais tout de même, il aimerait bien qu'on le guérisse, car sans son corps, il ne peut vivre. Il est donc tout à fait d'accord pour prendre tous les médicaments possibles et imaginables.

3) Dans la mesure où la maladie exprime des émotions qui ont été refoulées parce que trop douloureuses, elle sert à la fois à cacher (dans la mesure où elle obéit à un code qu'il faut déchiffrer) et à révéler (par sa manifestation même) ces émotions. Or, ces émotions trop douloureuses, le malade craint qu'on en parle, bien sûr, car, ce qui est légitime, il n'a a priori pas envie de souffrir. Et s'il est malade, c'est précisément parce que, psychiquement, ses mécanismes de défense sont tels que lorsque, à la faveur d'une situation donnée, ces émotions remontent à la surface, plutôt que de les ressentir, il les vit dans son corps. On ne peut pas dire qu'il choisit la maladie, dans la mesure où cela supposerait un acte délibéré de sa part (qu'on pourrait éventuellement lui reprocher). La seule chose qu'on puisse affirmer, c'est que « c'est comme ça que ça marche ». Et, puisqu'il se défend contre ces émotions — ce que prouve justement la maladie —, il est naturellement heureux qu'on n'aborde pas la question.

En ce sens, la consultation médicale classique ressemble en tout point à un marché de dupes : le malade est content parce que le médecin lui a trouvé un alibi pour ne pas toucher à ce qui fait le plus mal ; le médecin est content parce que le malade a avalé son raisonnement moliéresque sans broncher, n'a pas remis son savoir en question (l'a même respecté) et, surtout, n'a pas mis le doigt sur son ignorance.

Et comme, entre-temps, il y a au moins une chance sur deux pour que l'âme guérisse spontanément, la situation personnelle du malade se modifiant, ou l'épisode qui avait réveillé ces émotions étant passé et les émotions à nouveau refoulées, le système se perpétue.

Mon propos n'est pas, entendons-nous bien, d'affirmer que les médecins ne savent rien. J'y aurais mauvaise grâce, et je serai le premier à affirmer qu'ils disposent d'un savoir absolument éblouissant (et sans comparaison avec les médecins de Molière) sur les mécanismes internes des maladies, sur les échanges chimiques qui ont lieu à l'intérieur du corps humain, etc. Mais le problème réside dans *la mise en application de ce savoir,* et dans la place que tient ce savoir à l'intérieur de l'exercice de la profession médicale.

Prenons un exemple dans une autre profession. Éditeur, par exemple. Il ne suffit pas, chacun en conviendra, de connaître parfaitement les modes de fabrication d'un livre ainsi que les règles de la syntaxe et de l'orthographe pour être un bon éditeur. Encore faut-il être capable de trouver des auteurs, d'avoir des idées d'ouvrages qui intéressent le public, etc. Je dirais même que le véritable sens du métier réside dans cette seconde qualité, et qu'un bon éditeur pourra sans inconvénient s'adjoindre un technicien de fabrication compétent — tout en surveillant plus ou moins, s'il l'estime nécessaire, son travail.

De la même façon, il ne suffit pas, pour être un bon médecin, de disposer d'un savoir technique extrêmement poussé, qui ne s'applique qu'au physique de l'individu, car il a à se demander quelle est la cause de ces phénomènes physiques, et, par là, se trouve renvoyé automatiquement, et *de façon aujourd'hui scientifiquement prouvée* (cf. p. 128), à la vie psychique de cet individu. Or, sur ce plan, son savoir technique ne lui sert plus à rien, car les émotions sont individuelles et ne se laisseront jamais réduire en équations. J'irai même plus loin : tout tendant à prouver que, dans la chaîne des causes, ce sont les émotions qui sont premières, le bon médecin sera celui qui se montrera capable d'aider le malade à remonter à cette cause première. Ce qui bien entendu ne l'empêchera pas de s'occuper du corps, pour lequel certaines mesures techniques d'urgence peuvent se révéler nécessaires.

C'est ce que m'avaient appris tous mes malades : ils venaient me consulter parce que leur corps montrait des troubles, je m'occupais donc de ces troubles, et cela de la façon suivante :

1) si ces troubles ne représentaient pas un danger pour la vie du malade, je recherchais avant tout — et avec lui — leur cause, l'émotion originelle liée à une de ces fractures (ou foulures) de l'âme plus ou moins anciennes ;

2) si ces troubles représentaient un danger pour la vie du malade — comme une hypertension très élevée —, je prescrivais immédiatement les médicaments adéquats, puis recherchais (toujours avec le malade) la cause déclenchante de ce trouble, de façon à prendre le mal à son origine et à parvenir, dans un délai plus ou moins bref, à cesser tout traitement chimique.

Or, cette cause, je l'ai dit, le malade est le seul à la connaître. Tous les cas que j'avais vus me le prouvaient. Dans mes entretiens avec mes malades, je devais donc, avant tout, apprendre à écouter.

Et à me taire.

Le premier geste qu'accomplit un médecin avant de se mettre au travail, c'est d'enfiler sa blouse blanche. Pour beaucoup, cet uniforme est l'expression de leur pouvoir. Du moins, c'est ce qu'on peut déduire de leur comportement. Mais je pense que c'est mal comprendre sa signification symbolique fondamentale, puisque ce qui dans notre société définit un médecin, l'identifie, c'est cette blouse blanche.

La façon dont nous sommes habillés exprime ce que nous sommes : texture du tissu, couleur, coupe du vêtement, tout renseigne l'autre sur un caractère général (classique ou excentrique), et sur l'humeur du jour, éventuellement (triste ou gaie). Qu'on me pardonne d'être schématique, je ne fais que rappeler quelques évidences utiles à mon propos.

Mettre une blouse, c'est déjà cacher cette identité-là, individuelle, mais aussi conjoncturelle. C'est dire qu'on se présente en tant que professionnel et non en tant qu'individu, avec ses soucis, son besoin de s'exprimer. Mais pourquoi *blanche* ? A mon sens, parce que l'oubli de soi doit être total. Et c'est là le plus difficile. Il va être question de l'autre, on ne va parler que de lui.

Lorsque j'entre dans mon cabinet, que je passe ma blouse blanche, je ne pense plus du tout à moi. Toute ma vie personnelle, je la laisse à la porte. Et c'est indispensable. Sans quoi elle interviendrait dans les entretiens que j'aurais avec mes patients, et ferait écran. Or, je dois être pour l'autre un interlocuteur absolument neutre. Blanc.

Le patient entre, s'assied. La conversation s'engage. Il est là. J'essaie d'entendre, dans ce qu'il me dit, ce qu'il est, ce qu'il ressent. Je n'ai pas à juger, mais à comprendre. Il y a cinq minutes, je ne connaissais pas cet individu, et il est venu ici me demander de l'aide. Et pour que je puisse l'aider, il me donne des indications. Ses antécédents médicaux. Parfois, des renseignements sur sa vie. Des flashes. Des moments. A travers ces éléments, je dois essayer de comprendre qui il est, pour l'aider au mieux. Parfois, il y a des blancs dans ce qu'il dit. Et je pose des questions. Je suis attentif à ses hésitations, à la façon dont il se tient, dont il me regarde. Timide, réservé. Ou agressif, provocateur, arrogant. Je l'ai dit, je ne juge pas : j'écoute.

Parce que je sais une chose qu'il ignore, c'est que s'il

vient me demander quelque chose *aujourd'hui,* c'est que dans les jours précédents, il s'est produit dans sa vie quelque chose de particulier, qui fait qu'il a accueilli la maladie. Cette chose, il l'a peut-être oubliée. Ou peut-être l'a-t-il en mémoire, y pense-t-il constamment, même maintenant, en me parlant, mais estime-t-il que ce n'est pas le lieu d'en parler. Moi, je ne sais rien que cela : il s'est passé quelque chose que j'ignore, et qui est à l'origine de ce ou de ces troubles pour lesquels on vient me consulter. Cet homme est blond parce que son père est blond, il est bronzé parce qu'il rentre de vacances, il pèle parce qu'il a pris un coup de soleil, il tremble parce qu'il a peur, il a mal au ventre — pourquoi ? Lui, le sait (même s'il ne sait pas que c'est pour ça). Moi, j'ai besoin qu'il me le dise. Alors, j'écoute.

Si ma blouse blanche ne me faisait pas « m'oublier », que risquerais-je ? Je pourrais me dire : « Moi, j'ai mal au ventre quand je redoute quelque chose, *donc* cet homme redoute quelque chose. » Ainsi certains médecins, s'estimant initiés aux mystères de l'âme, s'autorisent-ils à faire ce qu'on appelle de « l'interprétation sauvage ». « Madame, vous n'avez pas vos règles, c'est très simple, c'est parce que vous n'avez pas envie d'avoir un enfant. » Ou : « Monsieur, vous avez une blennorragie, je vais vous dire pourquoi, c'est parce que vous n'avez plus envie de faire l'amour avec votre femme. » Ou encore : « Vous attrapez la grippe en rentrant de vacances, c'est que vous n'avez pas envie de retourner travailler. » Ces médecins-là, qui nourrissent peut-être les meilleures intentions du monde (mais on sait aussi que l'enfer en est pavé) se trompent, font du mauvais travail, et cela pour plusieurs raisons :

1) Parce que, même s'ils sont intelligents, ils ont toutes chances de se tromper. Il y a mille et une raisons humaines (parce qu'il y a mille et une situations possibles) qui aboutiront au fait que telle femme n'a pas ses règles,

ou que tel homme a une blennorragie. La question n'est pas d'aller trop vite à une solution toute faite mais de refaire, avec le malade, le chemin qui l'a conduit, lui, à cet état.

2) En faisant de l'interprétation sauvage, et en admettant qu'on tombe juste, et qu'effectivement cette femme ne veuille pas d'enfant ou que cet homme n'ait plus envie de faire l'amour avec sa femme, on brûle les étapes et on détourne le malade de sa vérité, *on l'éloigne de sa guérison en renforçant ses défenses.* Autrement dit, on aboutit au but opposé à celui que l'on s'était fixé. Car si cette femme ou cet homme, au lieu d'admettre simplement qu'elle ne veut pas d'enfant (comme le ferait probablement sa voisine) ou qu'il n'a plus envie de faire l'amour avec sa femme (alors que tel autre quitterait la sienne, tout simplement, ou prendrait une petite amie), a choisi ce symptôme, c'est aussi pour ne pas voir cette vérité parce qu'elle est — pour elle, pour lui — trop douloureuse. Prenons un exemple simple : Votre enfant a peur du feu parce qu'un jour, il s'est violemment brûlé. Depuis cet accident, il refuse catégoriquement de s'approcher de la cuisinière à gaz et préfère manger froid. De votre côté, vous estimez qu'il se gâche la vie, et qu'il faut lui faire admettre : a) que le feu brûle ; b) qu'il peut vivre avec cette réalité-là sans pour autant en souffrir et même en en tirant certains avantages, comme de délicieux plats cuisinés ou des gâteaux. Comment allez-vous vous y prendre ?

Vous commencerez, vraisemblablement, par évoquer à nouveau l'accident qui l'a traumatisé, vous en reverrez avec lui les circonstances, il pleurera peut-être, vous lui expliquerez pourquoi il s'est brûlé, et comment ne plus recommencer. Petit à petit, vous lui démontrerez que cet accident, s'il s'est produit, peut très bien ne pas se reproduire, qu'il suffit de faire attention et que, d'autre part, le feu présente de nombreux avantages. Ensuite, vous ferez peut-être cuire un bifteck devant lui, ou bien vous vous approcherez de la cuisinière et lui montrerez comment on allume le feu. Enfin, après toutes ces précautions, vous le laisserez essayer lui-même, pour qu'il parvienne à contrôler sa peur et à la dépasser.

Un médecin qui fait parler son malade ne fait pas autre chose : il lui apprend, petit à petit, à exprimer ses émotions, et à les accepter. A faire avec. Pour vivre mieux.

Or, que fait celui qui fait de l'interprétation sauvage ? Il prend l'enfant, le met devant la cuisinière, lui met la main sur le feu et lui dit : « Tu vois, ça brûle. Tu as raison. Je sais que c'est pour ça que tu as peur. Mais ce n'est pas grave. » Que fait l'enfant ? Il hurle et s'enfuit. Le malade aussi. Et il a raison.

3) Enfin, ces médecins manquent de la plus élémentaire psychologie ; car ils ignorent (leur conduite le prouve) qu'on ne comprend véritablement que ce que l'on ressent soi-même, ce dont on fait l'expérience. Or, par définition, un malade qui vient demander des médicaments parce qu'il a mal à la tête ou au ventre n'a pas fait l'expérience du lien qui existe entre ce qu'il vit et ce dont il souffre dans son corps. Ou du moins, il n'a pas fait l'expérience du fait qu'en revenant sur ces événements qui ont déclenché ce mal de tête ou cette douleur au ventre, et en retrouvant l'émotion qu'ils ont refoulée à ce moment-là, ces troubles disparaissaient d'eux-mêmes, sans qu'il soit besoin de prendre quoi que ce soit. Par conséquent, ce qu'il faut, c'est, non pas lui assener des vérités théoriques dont il se moque, mais l'amener à faire cette expérience.

Et pour cela, l'amener à parler. De lui.

Et, dans cette parole, essayer d'entendre. Non pas des faits. Mais des émotions. Le moment où la voix baisse, ou se brise. Où les yeux, brutalement, s'emplissent de larmes. Car cela peut venir au moment le plus inattendu. Quand le malade se met à parler de son chien. Ou des fleurs de son jardin. Et c'est là que ça se passe. Pourquoi ? C'est lui qui vous le dira.

Mais il faut y aller doucement, parce que c'est douloureux. Savoir que, dès qu'on fait sauter la croûte, il y a une plaie à vif. Et qui saigne. Dès qu'on l'effleure, je veux dire dès que le malade, lui-même, l'effleure — ce qu'il fait en parlant vraiment, et ce dont je me rends compte au moment où son émotion commence à monter —, il souffre. Parfois, c'est dans son corps :

— Tiens, justement au moment où je vous parle de ça, ça me fait mal au ventre.

C'est que nous y sommes. Ou pas loin. Sur la bonne voie, en tout cas.

Parfois, « dans sa tête ». Il pleure. Sanglote. Je le laisse retrouver ses esprits, puis interromps la consultation. Et je préviens immédiatement le malade :

— Vous savez, ces prochains jours, vous ressentirez probablement des turbulences. Vous ferez peut-être des cauchemars. C'est normal. Nous avons remué beaucoup de choses.

Et souvent, à la consultation suivante :

— Ah, la dernière fois, j'ai été malade pendant trois jours. Mais après, ça a été beaucoup mieux. Et même, je n'avais plus mal au ventre.

C'est ainsi que, petit à petit, l'expérience s'intègre. Le malade comprend. Il rentre dans sa peau. Il comprend que son corps n'est pas un étranger, il en accepte la logique parfois obscure dans le détail, mais fort simple dans son principe. Bref, il apprend à se connaître. Et à s'accepter.

J'entends déjà les critiques, les objections, les étiquettes qu'on voudra me coller à la peau : vous faites de la psychothérapie, mais ce n'est pas cela que je vous demande. J'ai mal au ventre, j'ai de l'eczéma, ceci ou cela, et je vous demande de me guérir, c'est tout.

Nous y sommes.

C'est au malade, à présent, que je m'adresse.

Toute personne qui vient demander de l'aide à une autre sait qu'à un moment donné, il lui faudra donner des renseignements dont elle ignore la nature. Si vous désirez agrandir votre maison, vous ferez appel à un architecte et vous lui direz : « Ma maison est ainsi, et je voudrais qu'elle soit comme ça. » A partir de ces données, l'architecte vous posera un certain nombre de questions (sur la nature des matériaux que vous désirez employer, sur l'apparence que vous souhaitez donner aux nouveaux corps de bâtiment, il vous suggérera éventuellement des possibilités auxquelles vous n'aviez pas pensé) et vous dira également qu'il doit se renseigner sur la nécessité d'un permis de construire, la nature du sol, la loi en vigueur dans le département sur la protection de l'environnement, etc. Tout cela vous paraîtra parfaitement normal, et vous ferez tout pour répondre le mieux possible à ses questions, même si vous ne comprenez pas bien la raison de certaines d'entre elles, *parce que vous savez que s'il vous les pose, c'est qu'il a besoin de ces réponses pour satisfaire votre demande.* Autrement dit, vous faites confiance au professionnel.

Voyons à présent ce qui se passe chez le médecin. Le patient vient demander de l'aide, parce qu'il souffre. Docteur, j'ai mal au ventre, et je voudrais guérir. A partir de cette information, le médecin ne procède pas autrement que l'architecte : il pose les questions qui lui paraissent importantes, dont les réponses lui sont nécessaires. Antécédents médicaux, d'abord. Puisque c'est, au départ, du corps qu'il est question. Là, le malade répond sans réticences, parce que ces questions lui paraissent fondées. Mais lorsqu'on en vient à sa vie, parfois il refuse, se rebiffe et réplique : « Cela n'a rien à voir. »

Cette réaction s'explique par deux faits, qui se renforcent l'un l'autre : 1) par le discours scientiste ambiant, tenu par des personnages aux titres ronflants et qui inspirent confiance, et qui dit qu'à des phénomènes physiques, il n'y a que des « causes » physiques ; 2) par le fait, déjà expliqué plus haut, que la maladie s'est manifestée précisément pour éviter la douleur trop brutale qu'auraient provoquée les émotions qui l'ont suscitée.

Mais en réagissant ainsi, que fait le malade ? Il se substitue au médecin — puisqu'il s'estime capable de faire la part entre les renseignements qui lui sont utiles et ceux qui ne le sont pas — et refuse, par conséquent, de faire confiance au professionnel.

Or, pourquoi un médecin s'intéresserait-il à la vie du malade s'il n'avait pas besoin de ces indications pour l'aider ?

Je demande au lecteur de se poser sincèrement la question. Ici, dans le secret de la lecture.

Un médecin voit au moins sept ou huit malades par jour. Je parle des médecins qui consacrent à chacun un certain temps, qu'il juge utile pour exercer correctement son métier. Autrement dit quarante malades par semaine, cent soixante malades par mois. Etc. Chacun peut faire le calcul. Pourquoi perdrait-il son temps à poser à chacun des questions qui lui seraient inutiles ?

On entre, ici, dans le vif du sujet : la fameuse « relation médecin/malade », dont on parle tant sans jamais véritablement la définir. Cette relation qui doit être de confiance totale. Chez le médecin, le malade doit pouvoir exprimer tout ce qui le trouble et, pour cela, *il doit être sûr qu'on ne le jugera pas.* Or, pour trouver cette neutralité qui lui permettra de s'abstenir de porter tout jugement moral, le médecin doit être capable de faire totalement abstraction de son cas personnel, autrement dit avoir acquis une certaine maîtrise de ses propres émotions. Car l'irruption de ces émotions dans la consultation peut avoir, pour le malade, des effets tout à fait négatifs.

A ce sujet je ne citerai qu'un cas — mais il y en a des

centaines analogues —, celui de Jean-Louis. Lorsqu'il vint me voir, il souffrait d'une infection urinaire qui le faisait terriblement souffrir depuis plus de dix mois.

— Et qu'avez-vous fait pour vous soigner ? lui ai-je tout de suite demandé, persuadé qu'il venait me voir parce que les traitements qu'il avait suivis n'avaient pas eu l'effet escompté.

— Rien.

— Rien ? Vous n'avez consulté personne ?

— Non.

Puis, après une courte pause :

— Vous comprenez, docteur, la dernière fois que je suis allé voir un médecin, c'était il y a deux ans, j'avais attrapé la syphilis. Et quand on a eu le résultat des examens, le médecin m'a dit : « Mais où est-ce que vous êtes allé attraper cette saloperie ? » Vous ne pouvez pas savoir l'effet que ça m'a fait.

Est-il vraiment nécessaire de commenter ? Comment faire confiance à quelqu'un qui utilise les renseignements qu'on lui donne pour vous juger, autrement dit vous condamner ? N'est-ce pas ce qu'on appelle, dans toute relation humaine, une trahison ? Et qui va payer pour être trahi ?

Avant de terminer ce chapitre, je voudrais dire un mot des étiquettes, auxquelles j'ai fait allusion plus haut. Et puis, aussi, apporter à ce que j'avance les premières preuves scientifiques.

Les étiquettes, d'abord. J'ai dit — et je m'y attends — qu'on me taxerait de « psychothérapeute ». A cela, je répondrai deux choses :

1) Que *tout acte thérapeutique est psychothérapeutique,* ne serait-ce que parce que le malade *exprime* une *demande,* à partir de laquelle va s'instaurer une relation entre deux êtres humains. Nier la dimension psychique, c'est admettre, à la limite, que l'on puisse se présenter

chez le médecin sans dire un mot, et le laisser se débrouiller avec votre corps. Et la demande du malade est double : il veut *être guéri* et *être rassuré.* Et la réponse à cette demande se fera dans l'échange, le dialogue, autrement dit le *langage.*

Cette question de la demande du malade mérite une courte parenthèse, qui viendra à l'appui de ce que j'affirme ici : chacun conviendra qu'il va chez le médecin lorsqu'il souffre d'un trouble *qu'il ne supporte pas* (soit qu'il lui fasse *trop* mal, soit qu'il l'inquiète outre mesure), et il ne viendrait à l'idée de personne (mis à part les hypocondriaques extrêmement anxieux) de consulter en permanence pour ces petites douleurs qui vont et viennent chaque jour. Ainsi, on vivra très bien, des semaines ou des mois durant, avec une sourde douleur à l'épaule ou au genou, et soudain, on consultera pour un autre trouble (sans nécessairement parler de cette épaule ou de ce genou, dont on s'accommode) ou encore, cette douleur constante venant brutalement à vous inquiéter, vous irez, un jour, consulter un rhumatologue. Ainsi, il n'est pas rare que l'on découvre, au cours de l'interrogatoire ou de l'examen, un trouble que le malade considérait comme sans importance, alors qu'il est venu nous consulter pour autre chose. La demande du malade n'est donc pas une demande rationnelle que l'on pourrait résumer par : rendez-moi ma santé perdue, mais une demande précise et *subjective,* liée à l'apparition d'un trouble qu'il ne supporte pas, alors que son voisin le tolérerait parfaitement (mais n'en supporterait pas un autre).

A ce sujet, je rapporterai un cas tout à fait intéressant : celui d'Élisabeth. Je la connais depuis un certain nombre d'années et, un jour, elle vient me consulter pour une angine. Effectivement, sa gorge est rouge, enflammée. Elle me parle un peu de ce qu'elle vit en ce moment, puis, brutalement, me dit :

— Et puis, vous savez, il y a une chose terrible : c'est

que mon fils est parti aux États-Unis. Et pour moi, cette séparation est insupportable.

Sa dernière phrase m'alerte (j'expliquerai plus loin pour quelle raison), et immédiatement, je lui demande :

— Avez-vous en ce moment des problèmes aux seins ?

— Oui, c'est vrai, ils sont terriblement gonflés. Mais j'imagine que ça passera... Comment le savez-vous ?

Ni voyance, comme certains se l'imaginent parfois, ni « preuve scientifique », pour le moment du moins. Mais expérience. J'anticipe un peu sur la troisième partie de cet ouvrage, où il sera question de la symbolique corporelle, de ce langage du corps au déchiffrage duquel nous devons tous nous atteler, ces prochaines années : il se trouve que, dans la grande majorité des pathologies mammaires que j'ai eu à traiter, j'ai retrouvé ce point commun, dans la vie des malades : *la séparation d'avec un être cher.* Une séparation douloureuse, bien entendu, et mal vécue, mal supportée. J'y reviendrai. Pour le moment, je ne voulais citer cet exemple que pour montrer à quel point la demande du malade est orientée par ce qu'il vit : Élisabeth venait me parler de sa gorge et, sans ma question, serait repartie sans me parler de ses seins qui, pourtant, la faisaient souffrir. Mais cette souffrance-là, elle la tolérait. La question n'est donc pas tant, pour le malade, de recouvrer un modèle idéal de santé que de se débarrasser de maux qu'il ne supporte pas *et dont il ne veut plus entendre parler.*

2) Pour revenir aux étiquettes, je répondrai en outre que non seulement je m'en moque, mais que je les condamne : car elles sont la plaie de notre monde, qui vit dans le cloisonnement, comme si chacun craignait que son voisin lui prenne son terrain ou sa clientèle. Aucun progrès humain n'est venu du cloisonnement, mieux : tous les progrès, dans tous les domaines, sont nés de rapprochements inattendus, de ponts jetés entre les disciplines. Or, le généraliste, qui a (heureusement !) l'étiquette la plus floue qui soit, n'a-t-il pas à connaître ce qui se

passe dans toutes les disciplines ? Je ne parle pas, ici, des compétences techniques, auxquelles j'ai recours lorsque c'est nécessaire : le chirurgien opère, fait parfois des « miracles », le radiologue fait son métier, l'ophtalmologiste le sien. Mais le cardiologue qui, se bornant à étudier un morceau du corps du malade, prescrit des antihypertenseurs ? Mais le gastro-entérologue qui ne voit dans son malade qu'un tube digestif et se contente de prescrire des calmants ? Je schématise à peine. Je n'ignore pas que dans toutes ces disciplines, il existe des médecins consciencieux et conscients de la complexité de leur tâche. *Mais ceux-là, finalement, font à peu de chose près le même travail que moi.* Alors, les étiquettes ?

Venons-en aux preuves.

Il faut savoir que, dans le domaine scientifique comme ailleurs, *on ne peut prouver que ce qu'on cherche à prouver.* En ce sens, la preuve fonctionne d'une façon tout à fait différente de la découverte qui, elle, peut se faire « par hasard », à la faveur d'une expérience ou d'un rapprochement inattendus. Mais une fois que la découverte est faite, si l'on décide d'en prouver le bien-fondé, on orientera sa démarche de façon telle qu'on n'obtiendra (au mieux, si on réussit) que cette preuve-là. Si je cherche à prouver que l'eau bout à 100 °C, je réunirai toutes les données utiles à mon expérience, que je reproduirai un certain nombre de fois, toute mon attention sera mobilisée par cette expérience et si, pendant ce temps-là, l'eau de la gouttière gèle parce qu'il fait froid dehors, je ne m'en occuperai pas. Parce que l'objet de ma recherche, pour le moment, est ailleurs.

Ainsi, en médecine. Les découvertes fabuleuses faites en physiologie et en biologie depuis Claude Bernard et Pasteur ont conduit les médecins à une vision mécaniste de l'homme : fascinés par le fonctionnement extrêmement complexe du corps humain, ils n'ont plus prêté attention qu'à ces mécanismes, et n'ont plus cherché de preuves que dans ce domaine, sans se poser réellement la question de l'origine de ces mécanismes. Ainsi sont-ils devenus, dans ce domaine, de véritables experts.

Néanmoins, il y a une vingtaine d'années, il devint évident pour certains que ce point de vue mécaniste ne permettait pas de résoudre toutes les questions soulevées par la santé humaine ; car l'homme n'avait pas seulement un corps, disséquable, mais une âme. Freud avait parlé d'inconscient. A sa suite, les théories avaient fleuri, multiples, souvent très complexes, peu accessibles au public non averti. Les médecins profitèrent — en France, surtout — de l'obscurité des textes pour les rejeter dans le domaine des élucubrations philosophiques et métaphysiques. Ils jouaient sur du velours.

Les Américains, plus pragmatiques et moins sectaires, jetèrent plus rapidement des ponts. La question n'était pas d'adhérer ou non à telle ou telle théorie, mais de constater qu'effectivement, âme et corps marchaient ensemble. Que les émotions pouvaient avoir, peut-être, certains retentissements sur le corps. Et que ces retentissements pouvaient être à l'origine des troubles et des maladies dont, depuis des siècles, on avait sans succès cherché les causes premières. Si on pouvait prouver ce fait, on ferait faire à la médecine un pas de géant. Ainsi se mirent-ils à *chercher les preuves* de ce dont tous les médecins faisaient chaque jour l'expérience sans le savoir, et sans le comprendre.

En France, cette information commence tout juste à nous arriver, et les chercheurs à se mobiliser. Le premier article déterminant sur la question est paru dans *Le Concours médical* du 5 mars 1988. Il est signé de J.L. Dupond, professeur, chef de service de médecine interne au Centre hospitalier universitaire Jean-Minoz à Besançon, et de P. Humbert, chef de clinique assistant au même C.H.U., et s'intitule : *De la dépression à l'immuno-*

dépression ou émotivité et immunité. J'en citerai les passages qui me paraissent les plus intéressants pour un public non initié aux arcanes de la biologie, et renverrai les spécialistes, dont c'est le travail, au texte original, cité en fin de volume (p. 352).

> Vecteur publicitaire de certaines médecines d'aujourd'hui qui veulent se faire modernes pour atténuer peut-être leur archaïsme, ou globales pour emballer la science dans le sophisme, les relations entre le « psychique et l'organique » sont en revanche l'objet d'un réel désintérêt de la part des scientifiques. D'ailleurs, aucun manuel d'immunologie récent ne fait mention des effets du stress sur le système immunitaire. *Et pourtant la médecine moderne a rassemblé en quelques années suffisamment d'arguments cliniques, biochimiques, neurophysiologiques et immunologiques pour accorder à l'immunopsychopathologie le droit de naître malgré ses nombreuses incertitudes et spéculations encore fragiles.*
>
> Les hommes ont d'ailleurs depuis longtemps concilié l'immunité et le psychisme, eux qui ont porté à la mémoire collective, devenue science du peuple, des aphorismes qui ont peut-être un contenu à découvrir : « Quand le moral va, tout va » ; « à moral d'acier, poignet de fer » ; « se faire du mauvais sang ».
>
> Les malades montrent également quotidiennement qu'ils ont senti depuis longtemps l'authenticité d'une telle relation, lorsqu'ils allèguent le rôle d'un traumatisme psychologique, d'une difficulté d'adaptation à l'environnement à l'origine d'un herpès labial, d'un zona, d'une crise d'asthme ou d'une poussée évolutive d'une maladie inflammatoire chronique.
>
> *De telles suggestions physiopathologiques restent le plus souvent non exploitées faute de démonstration sur la base de critères scientifiques.* A partir des travaux récents, on peut essayer de proposer quelques éléments de réflexion sur les interrelations entre le système nerveux central et le système immunitaire.

Les auteurs, on le voit, témoignent de la plus extrême prudence. Car ils savent le terrain miné, et les résistances des scientifiques positivistes solides. Se fondant sur une trentaine de publications américaines (cf. p. 363 sqq), ils montrent, avec toutes les précautions nécessaires, le rôle déterminant du stress dans les maladies infectieuses, les allergies, les maladies auto-immunes, et comment un stress important, comme le deuil, peut provoquer une baisse significative du système immunitaire. Ils résument le contenu de leur étude de la façon suivante :

- Le stress et les états anxio-dépressifs déterminent un *syndrome d'immunosuppression acquis :* diminution de la fonction Natural Killer, des réactions d'hypersensibilité retardée, de la réponse lymphocytaire T aux mitogènes ; augmentation de la production d'anticorps ; diminution de la production d'interféron.

- *Les effets immunodépresseurs du stress ont été mis en évidence dans de nombreuses circonstances de la vie considérées comme les plus éprouvantes sur le plan émotionnel* (décès du conjoint, d'un parent, incarcération, passage d'examens universitaires, vols spatiaux) et ont été reproduits chez l'animal.

- Le dialogue entre le système nerveux central et le système immunitaire est établi à l'aide de neurotransmetteurs et hormones cérébrales (dopamine, sérotonine, catécholamines, acétylcholine, endorphine) du cerveau vers les cellules immunitaires et par des lymphokines des cellules immunitaires vers le système nerveux central.

- Le stress semble être un partenaire important dans le déclenchement de certaines affections bactériennes, virales récidivantes, ou dans la naissance et les poussées évolutives de certaines maladies auto-immunes ou allergiques. Son rôle dans le cancer demande à être précisé.

- La place des thérapeutiques psychomodulatrices dans de telles affections mérite d'être mieux définie.

Revenons sur les passages que j'ai soulignés. Je voudrais d'abord éclairer le lecteur profane sur l'expression « syndrome d'immunosuppression acquis » : en termes simples, cela signifie que le système immunitaire, qui *au départ fonctionnait normalement,* a brutalement été touché, et cela (dans ce contexte) par l'effet direct du stress. Le deuxième paragraphe fait état d'études systématiques pratiquées aux États-Unis sur des personnes ayant subi des stress notoires (décès du conjoint, d'un parent, etc.), et chez lesquelles on a pu constater ce syndrome. Enfin, toutes les précautions oratoires (« Le stress *semble* être un partenaire important dans le déclenchement de *certaines* affections bactériennes », etc.) s'expliquent par :

1) le fait que les études sur ces questions n'en sont encore qu'à leurs débuts, et que la rigueur de la démarche scientifique interdit d'inférer, de quelques cas, une vérité générale ;

2) le fait que les malades n'ont pas toujours subi les stress catalogués par les chercheurs, autrement dit que ce qui, dans certains cas, est stress pour l'un, ne l'est pas nécessairement (ou à un degré bien moindre) pour l'autre. C'est là qu'intervient l'histoire personnelle de l'individu. Ses propres « fractures de l'âme ».

A cet égard, il est intéressant de s'interroger sur le tableau, reproduit dans maints ouvrages, d'Holmes et Rahe sur l'échelle de pondération des éléments de la vie. A partir d'une valeur 100, accordée à un événement reconnu statistiquement comme le plus stressant, on y donne la valeur moyenne de stress correspondant à différentes modifications de l'existence :

Mort du conjoint	100
Divorce	73
Séparation conjugale	65
Emprisonnement	65
Décès d'un proche parent	63

Blessure ou maladie physique	53
Mariage	50
Perte d'emploi	47
Réconciliation conjugale	45
Retraite	45
Maladie du conjoint	44
Maladie d'un proche	44
Grossesse	40
Naissance	39
Arrivée d'un nouveau membre dans la famille	39
Modification de la situation financière	38
Mort d'un ami intime	37
Changement de travail	36
Modification du nombre de disputes avec le conjoint	35
Modification des responsabilités professionnelles	29
Départ de la maison d'un enfant	29
Difficultés avec la belle-famille	29
Début — arrêt — travail du conjoint	26
Début — fin de scolarité	26
Changement dans les conditions de vie	25
Changement des habitudes personnelles	24
Conflit avec l'employeur	23
Déménagement	20
Changement des loisirs	19
Changement des activités sociales	18
Changement dans les habitudes sommeil-repos	15
Changement du nombre de personnes vivant dans la famille	15
Petites infractions à la loi	11

Que traduit ce tableau ? Je l'ai dit : des statistiques, des moyennes. (Il n'est d'ailleurs pas exhaustif, car on aurait pu ajouter d'autres phénomènes stressants, comme par exemple le jour d'échéance pour un patron d'entreprise ou, plus généralement, tout ce qui tient aux responsabilités professionnelles.) En tant que telles, ces données ne sont pour les chercheurs que des indications, qui peuvent ouvrir sur de nouvelles pistes de recherche, mais *on ne peut en aucun cas en tirer des conclusions pratiques pour un cas donné.* Et s'il est évident qu'un individu ayant subi, dans un laps de temps assez court, la mort de son conjoint, un déménagement et une mise à la retraite, a vécu des stress importants, cela ne permet pas pour autant de savoir comment lui, personnellement, a vécu ces stress, autrement dit l'ampleur des fractures qu'ils ont causées, et qui dépend de son histoire individuelle. Ainsi, pour certains, la mise à la retraite peut entrer en résonance avec une situation d'abandon beaucoup plus ancienne, qui n'a pas été acceptée, et faire resurgir un désir de mourir vécu autrefois, à l'occasion de cette première situation. Pour d'autres, en revanche, cette mise à la retraite sera vécue comme une libération et une ouverture sur de nouvelles activités, convoitées depuis longtemps. Les chiffres donnés ici ne correspondront par conséquent à aucun de ces cas particuliers.

Nous en venons donc naturellement à la question, à laquelle j'ai plusieurs fois fait allusion dans cette première partie, de l'utilisation des statistiques en médecine et de la foi qu'on peut leur accorder. Cela m'amènera nécessairement à examiner le discours médical classique tel qu'il est actuellement enseigné, et à mettre en lumière les présupposés sur lesquels il s'appuie.

Deuxième partie

La séparation de la science et de la philosophie ne pourrait être que nuisible au progrès des connaissances humaines. La philosophie, tendant sans cesse à s'élever, fait remonter la science à la cause ou à la source de toutes choses. Elle lui montre qu'en dehors d'elle, il y a des questions qui tourmentent l'humanité et qu'on n'a pas encore résolues. Cette union solide de la science et de la philosophie est utile aux deux, elle élève l'une et contient l'autre. Mais si le lien qui unit la philosophie à la science vient à se briser, la philosophie, privée de l'appui ou du contrepoids de la science, monte à perte de vue et s'égare dans les nuages, tandis que la science, restée sans direction et sans aspiration élevée tombe, s'arrête ou vogue à l'aventure.

Claude BERNARD,
Introduction à l'étude de la médecine expérimentale.

Si j'ai tenu à citer, en exergue à cette partie où je compte exposer les réflexions auxquelles m'ont amené mon expérience, ce texte décisif de Claude Bernard, c'est que les médecins qui enseignent aujourd'hui à la faculté se trouvent à cet égard dans une position curieusement contradictoire ; car, d'une part ils ne cessent de se réclamer de Claude Bernard, qu'ils considèrent à juste titre comme le maître de la médecine moderne, mais d'autre part, lorsqu'ils publient des ouvrages sur la médecine — ouvrages destinés au grand public —, ils affirment régulièrement que leur propos n'est pas de faire de la philosophie mais de s'en tenir à un discours strictement scientifique. Or, s'ils avaient cette rigueur de pensée que l'on attend chez un scientifique accompli (mais il est vrai qu'ils n'ont reçu, sur ce plan, qu'une formation incomplète), ils admettraient, soit que Claude Bernard est un rêveur puisqu'il fait de la philosophie (et dans ce cas, il faudrait récuser l'ensemble de son œuvre), soit que Claude Bernard était effectivement un scientifique accompli, mais dans ce cas, ils ne pourraient soutenir leur position, autrement dit se borner à un discours scientifique puisque « la science, restée sans direction et sans aspiration élevée tombe, s'arrête ou vogue à l'aventure ».

Avant de citer certains de ces textes, qui constituent ce

que j'appellerai désormais le « discours officiel » et auxquels je serai amené à me référer maintes fois, je voudrais préciser et justifier le parti que j'ai adopté pour les analyser.

Faisons pour cela un léger retour en arrière. L'institution médicale est née de la nécessité, pour les médecins, de conquérir un statut et de se distinguer des charlatans et autres guérisseurs qui prétendaient soigner et guérir. En ce sens, son but premier était de garantir le bon exercice du métier (en reconnaissant les siens) et de préserver le public contre les pratiques contestables et fantaisistes.

Or, cette institution a elle aussi une histoire, et les liens de plus en plus étroits qu'elle entretient depuis le début du siècle avec la faculté des sciences — cela sous l'influence des progrès accomplis dans certains domaines qui la concernent comme la chimie, la biochimie, la biologie, etc. — marquent considérablement le discours de ses ressortissants et défenseurs.

Je ne contesterai pas, bien entendu, le profit extraordinaire que la médecine a tiré des progrès de ces sciences. Mais le pas que je ne ferai pas (et que franchissent allègrement, sans même se poser la question, *sans même se rendre compte qu'ils le font,* nombre de médecins), c'est d'affirmer que la médecine, elle-même, *n'*est *qu'*une science.

Soutiendrai-je pour autant qu'elle n'est qu'un art ? Non, bien sûr, et je ne vous raconterai pas que tout se passe dans les doigts, le regard ou le fluide. C'est une discipline qui, en effet, n'est comparable ni à la littérature, ni à la musique, ni à la peinture. Alors ? Eh bien, il existe une autre discipline avec laquelle la médecine soutient bien la comparaison, et dont l'analyse permettra de mieux comprendre mon point de vue : c'est l'architecture. Car son histoire contient, d'une certaine façon, les mêmes contradictions que celles qui jalonnent l'évolution de la médecine.

Il ne viendrait à l'idée de personne de considérer l'architecture comme une science. Or, comme la médecine, elle a tiré un profit extraordinaire des progrès accomplis en chimie, et a trouvé dans les nouveaux matériaux des possibilités nouvelles et inédites qu'elle a pu exploiter. D'autre part, c'est une discipline qui ne saurait se passer des données scientifiques de la physique. Et, malgré tout cela, ce qui en fait la grandeur, c'est sa dimension irrationnelle. En outre, même si elle a profité des progrès scientifiques, on ne peut dire qu'elle-même a « progressé », dans la mesure où certaines réalisations architecturales de l'Antiquité rivalisent en beauté et en caractère avec les constructions modernes les plus élaborées.

De même, la médecine : elle a tiré un profit extraordinaire des progrès scientifiques, mais ceux-ci n'interviennent que dans une partie du champ qui la concerne. La santé est en effet un état d'équilibre général de l'homme, un équilibre qui se fait entre le corps et l'âme, entre la mécanique physique accessible au regard rationnel du savant et le fonctionnement irrationnel de l'affectivité. Sachant cela, des médecins sans nombre, au long de notre histoire, ont exercé leur art avec les moyens que la science de leur époque mettait à leur disposition. S'est-on demandé pourquoi, au cours des siècles, alors que la chimie n'existait pas, certains malades se relevaient de maladies graves qui auraient dû les emporter ? Et encore pourquoi, aujourd'hui, malgré les progrès fabuleux que nous avons faits, on voit quotidiennement des personnes jeunes, des enfants, mourir de maladies que nous jugeons *théoriquement* parfaitement curables ? Miracles ? Fatalité ? Pardonnez-moi de ne croire ni à l'un ni à l'autre et d'être, peut-être, plus positiviste encore que nos savants les plus convaincus. Pour les Anciens, qui ne pouvaient l'expliquer, l'orage était la manifestation de la colère divine. Sommes-nous aussi enfantins qu'eux au point d'attribuer ce dont nous ignorons la cause à des « miracles » ?

L'institution médicale a donc pour fonction de garantir le bon exercice de la médecine. Et pour ce faire, elle a un *discours*. Je veux dire qu'elle exprime, par l'intermédiaire de ses représentants, l'idée qu'elle a de ce métier, et détermine quelle est la bonne façon de l'exercer, éliminant par là même — quand elle ne les voue pas aux gémonies — toutes les pratiques qui s'éloignent de cette norme.

Analyser le discours officiel, c'est donc analyser le discours des représentants de cette institution. Pour ce faire, j'avais le choix entre deux possibilités : soit prendre à partie, nommément, tel ou tel professeur ou académicien (nombreux sont ceux qui, aujourd'hui, publient des livres destinés au grand public et qui, se produisant régulièrement dans des émissions de radio ou de télévision, sont devenus de véritables vedettes) ; soit rendre à ce discours son anonymat institutionnel. J'ai finalement opté pour la seconde solution, et cela pour plusieurs raisons :

1) Démolir ne m'intéresse pas, je l'ai dit dès les premières pages de cet ouvrage. Or, attaquer nommément tel ou tel personnage célèbre et titré eût pu être pris en mauvaise part comme une tentative (animée de sentiments condamnables comme la jalousie ou la rancœur) d'ébranler le piédestal sur lequel se trouvent ces personnes (essentiellement du fait de leurs titres), et cette impression eût fait écran entre le lecteur et mon propos. Je veux dire qu'au lieu d'entendre l'analyse que, le plus objectivement possible, je fais de ce discours, on eût compris simplement que je voulais abattre les idoles, ce qui n'est pas mon but (même s'il est vrai qu'elles auront sans doute à souffrir de mes conclusions ; mais ceci est secondaire).

2) Attaquer tel ou tel professeur ou académicien en particulier est une fausse démarche, et cela pour deux raisons : *a)* attaquer Dupont ou Durand personnellement n'aboutirait à rien qu'à détrôner, éventuellement, Dupond

ou Durand. Or, ceux-ci détrônés, il va de soi qu'ils seraient immédiatement remplacés par Dupuis ou Duval qui s'empresseraient — parés des mêmes titres — de tenir les mêmes discours ;

b) si Dupond ou Durand ont aujourd'hui l'audience qu'ils ont, publient des livres qui tirent à des milliers, voire des centaines de milliers d'exemplaires, et sont conviés à tous les débats télévisés portant sur des questions médicales, ce n'est pas parce qu'ils sont Dupond ou Durand mais en vertu du titre qu'ils portent — professeur, académicien —, titre que l'on n'omet jamais de signaler, en couverture, et qui précède le personnage comme une auréole surplombe la tête d'un saint. Enlevez le titre, oubliez-le, vous constaterez immédiatement que la parole de l'homme en question ne porte plus, ou presque. C'est donc en tant que professeurs ou académiciens qu'on les publie, qu'on leur donne la parole, c'est donc à l'institution qu'en eux on se réfère, exclusivement. Eux-mêmes, d'ailleurs, ne manquent pas de se réclamer de cette institution qui à son tour les soutient, de tout son prestige.

3) Enfin, rendre au discours son anonymat institutionnel permet de libérer le lecteur de tout préjugé lié à telle ou telle figure individuelle et lui permet, ainsi, d'entendre réellement *ce qui est dit.*

En outre, cette écoute nouvelle, raisonnée, objective, ne peut déboucher que sur une réflexion positive ; car nous avons, chacun le sait, les institutions que nous méritons. Je veux dire que les institutions se perpétuent sans changement tant que la majorité des gens les soutiennent. Par conséquent, si nous possédons des institutions qui défendent des thèses erronées et qui, malgré cela, continuent à être respectées et à exister sans qu'aucune réforme les modifie, la responsabilité nous en incombe à tous.

Je serai donc amené, dans cette deuxième partie, à faire une lecture critique du discours officiel (non sans avoir auparavant rappelé les principes fondamentaux de Claude Bernard) ; j'examinerai notamment ce qu'en médecine dite scientifique on appelle *cause,* et quel usage abusif on fait de l'argument statistique. Cela me conduira naturellement à aborder la question de l'espace et du temps (le discours officiel ne raisonnant que dans l'espace et se trouvant par là même aussi peu fondé que les sophismes dénoncés par les philosophes de l'Antiquité grecque), ce qui nous éclairera notamment sur la valeur, extrêmement restreinte, des examens complémentaires de tous ordres dont on abuse aujourd'hui. Puis j'en viendrai à la conception du monde et de la nature qui sous-tend l'ensemble de ce discours — conception du monde qui n'est pas exprimée comme telle mais qui ressort clairement des thèses soutenues.

Enfin, puisque mon propos est unificateur et, j'espère, à long terme pacificateur, j'étudierai également le discours des médecines dites parallèles et montrerai en quoi chacune défend un outil particulier pour une *guérison qui, dans tous les cas* (y compris dans la médecine officielle), *s'opère de la même façon.*

Avant de terminer ce long préambule, je voudrais rassurer le lecteur sur la teneur des pages qui vont suivre : je crois avoir montré, jusqu'ici, que je n'avais aucun goût pour le jargon, qui bien souvent n'est utilisé que par incapacité d'être simple ou, plus fréquemment encore (et particulièrement en médecine) pour renvoyer le lecteur à son ignorance et, par là, consolider son propre pouvoir. Or, fidèle en cela à Boileau comme aux plus grands, j'estime qu'une pensée claire doit être dite en termes simples, mieux : que c'est l'essence même de la philosophie.

Il ne s'agit que d'admettre que nous avons tous, sans distinction de titres, de classe sociale ou de métier, non seulement le droit, mais la capacité de penser.

RELIRE CLAUDE BERNARD

La philosophie ne doit pas être systématique ! C'était là un paradoxe à l'époque où Claude Bernard écrivait et où l'on inclinait, soit pour justifier l'existence de la philosophie, soit pour la proscrire, à identifier l'esprit philosophique avec l'esprit de système.

C'est une vérité cependant, et une vérité dont on se pénétrera de plus en plus à mesure que se développera effectivement une philosophie capable de suivre la réalité concrète dans toutes ses sinuosités. (...) Nous ne dirons plus : « La nature est une, et nous allons chercher, parmi les idées que nous possédons déjà, celles où nous pourrons l'insérer. » Nous dirons : « La nature est ce qu'elle est et comme notre intelligence, qui fait partie de la nature, est moins vaste qu'elle, il est douteux qu'aucune de nos idées actuelles soit assez large pour l'embrasser. » Travaillons donc à dilater notre pensée ; forçons notre entendement ; brisons, s'il le faut, nos cadres ; mais *ne prétendons pas rétrécir la réalité à la mesure de nos idées alors que c'est à nos idées de se modeler, agrandies sur la réalité.* Voilà ce que nous dirons, voilà ce que nous tâcherons de faire. Mais en avançant de plus en plus loin dans la voie où nous commençons à marcher, nous devrons toujours nous rappeler que Claude Bernard a contribué à l'ouvrir. C'est pourquoi nous ne lui serons jamais assez reconnaissants de ce qu'il a fait pour nous. C'est pourquoi aussi nous devons saluer en lui, à côté du physiologiste de génie qui fut un des plus grands expérimentateurs de tous les temps, le philosophe qui aura été un des maîtres de la philosophie contemporaine.

Henri BERGSON,
Discours pour le centenaire de Claude Bernard.

Ce qui fait la qualité d'une œuvre, sa grandeur, c'est qu'elle demeure vraie quand bien même le temps passe. Néanmoins, il faut aussi savoir replacer une œuvre dans son époque, pour distinguer ce qui reste toujours vrai de ce qui, éventuellement, par suite des découvertes accomplies plus tard, se trouve dépassé. Et cela particulièrement dans le domaine scientifique, qui a connu de profonds bouleversements.

De Claude Bernard (qu'il faudrait lire entièrement), je citerai d'abord les textes qui me paraissent encore complètement modernes et valables aujourd'hui. Car c'est de ces textes-là que nous devons nous inspirer, continuer de tirer des leçons. Pour les autres (que citent généralement nos médecins de la faculté, sans avoir fait la part des choses), je les examinerai ensuite et montrerai en quoi, et pourquoi, ils ne sont plus d'actualité.

Et d'abord la fameuse parabole du rossignol, que chacun d'entre nous devrait méditer :

> ... s'il y a des médecins (...) qui aiment mieux garder une mauvaise théorie qui a fait son temps que d'en chercher une meilleure parce qu'ils ne sont pas toujours sûrs de la trouver, nous leur répondrons par un apologue bien connu : Un homme possédait un rossignol qui chantait très bien et qui le réjouissait de ses accents. Un jour, le rossignol mourut. Notre homme, désolé et attristé de ne plus entendre la voix de son rossignol, pense à le remplacer par un autre. Il va au marché en acheter un, mais il ne trouve que des couvées. Il demande si ces œufs écloront bien et si les petits, éclos, chanteront très bien. On lui dit que cela est possible sans aucun doute mais qu'on ne peut pas en répondre, que tous les œufs peuvent ne pas être féconds, que les petits rossignols qui en sortiront peuvent ne pas être de bien bons chanteurs. Alors, notre homme réfléchit et dit : « Tout bien calculé et bien pesé, je garderai mon rossignol mort. » On aurait pu

dire à cet homme pour le décider : « Il n'est pas certain absolument que les œufs écloront et donneront de bons chanteurs, mais il est absolument certain que votre rossignol mort ne chantera plus. » Cette parabole exprime bien la pensée scientifique car (...) les théories dans les sciences doivent naître, vivre et mourir. C'est à cette condition seule que la science marche. Vouloir garder une théorie usée, c'est être aussi absurde que de garder un rossignol mort.

Principes de médecine expérimentale,
chap. XI.

Ce texte, Claude Bernard l'adressait aux médecins qui ne croyaient qu'à la médecine d'observation et lui objectaient que la médecine scientifique était impossible. Aujourd'hui, il faudrait l'adresser aux scientistes, qui appliquent aveuglément des théories sans écouter ce que leur disent les faits. Car ceux-là aussi, Claude Bernard les condamnerait. Écoutons plutôt la méthode qu'il prône et à laquelle, pour ma part, je n'ai cessé d'être fidèle. Le texte est assez long, mais il est fondamental :

L'expérimentation est indispensable pour connaître les phénomènes de la vie ; l'observation et l'expérimentation ne se distinguent pas en réalité ; elles se succèdent ; l'observation commence et l'expérimentation pousse plus loin l'étude du phénomène jusqu'à la détermination de ses causes immédiates ou de son déterminisme.

Il sera important de bien définir une fois pour toutes l'*observation* et l'*expérimentation.*

On a eu bien raison de dire qu'il fallait toujours se fonder sur l'observation pour cultiver les sciences de la nature. *L'observation seule en effet peut nous faire connaître les phénomènes dont nous voulons découvrir les lois.* (...) Mais tout le monde ne comprend pas de même

> la méthode expérimentale qui n'est que la mise en œuvre de l'observation et de l'expérience dans la recherche *du vrai,* c'est-à-dire de la vérité scientifique.
>
> Les uns partent des résultats de l'observation et de l'expérience *pour induire des théories qu'ils ne soumettent plus à l'expérience.* C'est ce qu'on pourrait appeler les *aprioristes.* Tandis qu'il faut contrôler ses inductions par de nouvelles expériences. C'est la seule vraie méthode expérimentale (...).
>
> *Introduction à l'étude de la médecine expérimentale.*

Avant de poursuivre, un mot de commentaire : aujourd'hui, lorsqu'un médecin prescrit un certain médicament contre un mal donné, c'est qu'il a observé que, dans plusieurs cas, ce médicament faisait disparaître le mal. De ce fait d'observation, répété, il a déduit naturellement une théorie, qui est que le médicament en question agit sur la cause physique de ce mal. Et cette théorie, il l'applique naturellement à tous les autres malades atteints du même mal.

Jusque-là, sa démarche est naturelle. Mais lorsqu'il observe que ce médicament ne fait pas son office sur un certain nombre de malades atteints pourtant du même mal et qu'il continue néanmoins à soutenir la même théorie ? Nous voyons cela tous les jours.

Revenons à Claude Bernard, qui pousse plus loin encore son exigence :

> Mais cela ne suffit pas encore. Même quand on vérifie son induction par une expérience ou une observation, il faut rester l'esclave de l'observation et de l'expérimentation. Il ne faut pas se laisser dominer par son idée inductive qui n'est au fond qu'une *hypothèse.* Je puis dire que je suis exactement ce précepte ; c'est pourquoi la vérification de mon hypothèse inductive, quelque vraisemblable qu'elle puisse être, ne m'aveugle pas ; je n'y tiens que sous bénéfice d'inventaire. C'est pourquoi je

> cherche autant à détruire mon hypothèse qu'à la vérifier ; je cherche en un mot avec l'esprit libre, et c'est pourquoi il m'est arrivé si souvent de trouver des choses que je ne cherchais pas en en cherchant d'autres que je ne trouvais pas. En un mot, le *vrai* doit être le but de nos études.

En un mot, le but est moins de justifier une théorie quelle qu'elle soit que de trouver le *vrai.* Ce qui signifie que lorsque la théorie est démentie par l'observation, c'est la théorie qu'il faut abandonner, et non le cas observé. *En effet, pour qu'une théorie soit valable, dans la mesure où elle a par définition vocation d'universalité, il faut qu'elle ne soit démentie par aucun cas.* C'est pour cette raison que les progrès scientifiques se font, pourrait-on dire, en escalier, chaque marche représentant une théorie, chaque contremarche supérieure une observation démentant la théorie précédente, et la marche suivante une nouvelle théorie englobant toutes les observations précédentes, etc. Ainsi progresse-t-on vers la vérité scientifique, en toute rigueur.

Or, que penser d'un professeur, digne représentant de nos institutions (à l'avis duquel on ne manque jamais de faire appel lorsque l'actualité médicale fait surgir quelque controverse, comme si tous les mots qui passaient ses lèvres étaient paroles d'évangile), que penser, donc, d'un professeur qui écrit :

> Malheur à celui qui publie ses cas un par un. Ses observations ne peuvent en aucun cas être tenues pour un indice d'efficacité de la méthode prônée.
>
> Pour que l'on ne discute plus, pour que l'accord se fasse, il faut des séries étudiées selon des canons stricts. S'il n'y a pas de séries, s'il n'y a que des observations particulières, aucun accord ne se fera jamais.

Pour éviter tout malentendu, ce texte exige une analyse rigoureuse. Car sa perversité réside dans le fait qu'il mêle le vrai et le faux et fait ainsi prendre le faux pour le vrai.

Il est vrai que d'un cas, ou même de vingt, on ne peut déduire une théorie scientifique et que, « pour que l'accord se fasse, il faut des séries étudiées selon des canons stricts ». Mais en revanche, si l'on suit la méthode de Claude Bernard (ce qui ne paraît pas être le souci de ce monsieur), il faut également admettre que publier des cas un par un, ou faire état d'observations particulières, si ceux-ci mettent en cause la théorie en vigueur, est parfaitement légitime dans la mesure où le scientifique doit rester « esclave de l'observation », et où ces cas peuvent lui permettre d'élaborer une nouvelle théorie, plus proche de la vérité.

On ne s'étonnera donc pas de la véhémence de ce professeur qui adopte, il faut tout de même le noter, le ton de la menace (« Malheur à celui qui publie ses cas un par un ») et qui, ce faisant, se trahit. Car que redoute-t-il ? Que la théorie, à laquelle il tient tant, soit remise en question ? Encore un qui préfère garder son rossignol mort.

De ce même professeur, il est intéressant d'analyser dans le détail la conception de la démarche scientifique et la façon dont il l'inscrit dans l'ensemble du savoir ; car son exposé est truffé des confusions permanentes qui obscurcissent le discours médical contemporain :

> L'homme de science (...) n'a qu'une visée : comprendre ce qui se passe réellement dans la matière qu'il observe et qui est celle de la nature (...). Un modèle pensé, une théorie des faits observés constituent son point de départ ; mais alors que le penseur ou l'artiste vont *de l'avant,* l'homme de science, lui, s'y prend à rebours (...). Les percées scientifiques s'opèrent en marche arrière. Le modèle pensé est un point de retour obligé. Comment le scientifique retourne-t-il sur ses pas ? En émettant une

> hypothèse. L'hypothèse, dit Claude Bernard, « c'est le désir du fait ». Explication : ayant bâti une théorie, un modèle pensé, l'homme de science souhaite, *désire* un fait qui la ou le justifie.

Arrêtons-nous un instant. Cette démarche, qui correspond parfaitement à celle du chimiste ou du physicien, est décrite comme celle de « l'homme de science ». Or, il n'est pas dit ici de quelle science il s'agit mais l'on subodore qu'il s'agit de la médecine puisque l'ouvrage est consacré à la médecine et commence par cette « accroche » plus que provocatrice : « Les hommes de science sont-ils de dangereux psycho-rigides ? Les médecins institutionnels sont-ils des attardés ? » L'assimilation paraît donc implicite. En outre, il faut noter que l'auteur, au passage, a cité Claude Bernard, ce qui est une façon d'affirmer qu'il se réclame de lui.

Après avoir exposé les écueils et les difficultés de cette démarche, l'auteur poursuit :

> Lorsqu'une découverte a bel et bien été effectuée, vient alors le temps des ingénieurs, artistes de la science qui créent dans la nature les objets découlant d'une utilisation anthropocentrique de la vérité mise à nu. C'est ce que voulait dire Pasteur en affirmant : « Il n'y a pas de science fondamentale et de science appliquée : il y a la science et les applications de la science. » En clair, il y a ceux qui découvrent les réalités de la nature, qui objectivent le réel, ce sont les scientifiques ; il y a ceux capables d'utiliser cette découverte pour satisfaire les besoins humains : ce sont les ingénieurs, applicateurs de la science, maîtres de la technologie et donc créateurs à partir des découvertes.

Parmi lesquels se rangent les médecins ? parmi les scientifiques ou parmi les ingénieurs ? Pour ma part, je pencherais naturellement pour la seconde hypothèse, mais ce ne semble pas être l'opinion de l'auteur de ce discours puisque, quelques lignes plus bas (cf. *infra*), il oppose les scientifiques aux tenants des médecines différentes qui, par « leurs proclamations triomphantes à prétention scientifique », pèchent « contre la dignité même de l'esprit humain et de ses conquêtes » (qui sont implicitement l'apanage des médecins scientifiques institutionnels). C'est d'ailleurs au moment où la rigueur du raisonnement fait défaut que le ton monte :

> La démarche de la pensée scientifique, c'est cela. On ne peut pas dire qu'elle soit réellement bien perçue par beaucoup. Nous ne sommes pas tous des scientifiques. D'où de fades et inutiles questions pseudo-scientifiques à vrai dire monnaie courante. Ceux qui *savent* [c'est l'auteur qui souligne] sont donc vraiment lassés d'entendre tenir sur la science et les scientifiques des propos qui ne sont que procès d'intentions ou babil d'égarés.

Passons sur le ton, d'une morgue assez déplaisante et fleurant le mépris, et voyons comment l'auteur conclut cet exposé pour le moins magistral :

> Pour eux [les scientifiques], voir reparaître au premier plan ce que les découvertes de la science avaient bel et bien fait passer par la trappe, assister aux proclamations triomphantes à prétention scientifique des tenants des médecines différentes agissant au coup par coup, c'est pécher contre la dignité même de l'esprit humain et de ses conquêtes. C'est confondre la science avec l'art ou la philosophie, et celle-ci avec l'émotion. C'est renoncer à la clarté au profit de l'obscur.

Voilà qui est savoureux : car rejeter la philosophie du côté de l'art et de l'émotion (et même de l'obscur !), c'est non seulement n'avoir rien compris à Claude Bernard (cf. p. 135) — dont l'auteur s'est pourtant réclamé —, mais encore faire preuve de démagogie : car le public, généralement peu familiarisé avec la philosophie, est a priori tout prêt à adhérer à cette opinion. Or, faire de la philosophie, ce n'est pas autre chose que penser avec rigueur, et clairement. Je citerai ici des textes qui le prouveront, et que tout le monde comprendra. Ce n'est rien d'autre que *la rigueur dans le langage et le raisonnement.* Mais les scientifiques — j'ai bien conscience de ne parler ici que des médiocres, mais ce sont eux, malheureusement, qu'on entend le plus — ont le tort de croire que la rigueur est l'apanage des chiffres et que, dès que l'on utilise les mots, toutes les fantaisies sont permises.

Avant de poursuivre ces lectures, que l'on me permette une courte mise au point. Ce qui est patent dans ces controverses, c'est que, parlant de médecine, utilisant donc le même mot, chacun désigne une discipline différente : les médecins parlent uniquement de l'étude des phénomènes physiques et corporels, dont ils essayent de dégager les lois comme les physiciens le font du monde, alors que les malades et le public en général désignent par ce terme la discipline censée les aider à guérir. Or, si la science dont parlent les médecins est utile, *elle n'est pas toute la médecine* et même, elle n'est qu'une aide à l'exercice de la médecine. Revenons à Claude Bernard, qui l'exprime très clairement :

> Il est bien entendu que pour étudier analytiquement les maladies, cela suppose qu'elles sont connues. Ce qui veut dire, en d'autres termes, que *la médecine expérimentale ne vient qu'après la médecine d'observation.* Les études analytiques de la médecine expérimentale ne doivent arriver qu'après la médecine d'observation de l'hôpital. Le médecin a observé certaines maladies, certains symptômes morbides ; il veut s'en rendre compte et il vient expérimenter pour produire ces symptômes ou ces maladies afin d'en connaître le mécanisme. Il a observé l'effet de certains médicaments ; il veut s'en rendre compte et il vient les expérimenter sur les animaux. Ou bien il veut essayer

> certaine substance nouvelle et il doit avant en essayer les effets sur les animaux. *On voit par là que je ne veux pas substituer la médecine de laboratoire à la médecine d'hôpital comme on me le fait dire.* Je veux au contraire que la médecine d'hôpital précède car *le problème, en définitive, c'est le malade.* Seulement je dis que la médecine de laboratoire est le complément indispensable, si l'on veut avoir une médecine scientifique aussi complète et aussi puissante que possible.
>
> *Introduction à l'étude de la médecine expérimentale.*

Texte qu'il faut rapprocher de cette affirmation : « La médecine scientifique n'est au fond que la physiologie » *(ibid.).*

Ainsi, le paysage s'éclaircit : la médecine se compose

1) de ce que Claude Bernard appelle « la médecine de laboratoire », qui est un domaine scientifique où l'on étudie le corps humain comme n'importe quel autre corps existant dans la nature ;

2) de ce que Claude Bernard appelle la « médecine d'hôpital » ou médecine clinique, qui est celle qui observe et cherche à appliquer les données de la précédente — la première étant le *complément* indispensable de la seconde.

Claude Bernard, très conscient de ne travailler que dans un domaine particulier de la médecine, précise ainsi sa pensée :

> Dans mon ouvrage (...), j'ai dû me borner à donner les résultats de mon expérience dans la science physiologique que j'ai le plus étudiée. J'ai la pensée d'être utile à la médecine scientifique en publiant ce simple essai sur la médecine expérimentale. En effet, la médecine est si vaste, que jamais on ne peut espérer trouver un homme qui puisse en cultiver avec fruit toutes les parties à la fois. *Seulement il faut que chaque médecin, dans la partie où il s'est cantonné, comprenne bien la connexion scientifique*

de toutes les sciences médicales, afin de donner à ses recherches une direction utile pour l'ensemble et d'éviter ainsi l'anarchie scientifique.

Ibid.

Il y a dans ce texte un aspect visionnaire : cette conscience qu'un seul homme ne peut embrasser dans le détail toutes les sciences et tout le savoir ayant trait à la médecine (conscience tout à fait nouvelle pour l'époque) débouche naturellement sur la nécessité, ressentie aujourd'hui, d'une collaboration entre ces différentes disciplines, et d'une *mise en commun de l'essentiel du travail de chacune.* La question est à présent de savoir quelles sont ces disciplines qui ont trait à la médecine et auxquelles les médecins n'ont pas le droit, aujourd'hui, de rester étrangers (cf. 282).

J'ai dit plus haut que les médecins scientifiques d'aujourd'hui se réfèrent volontiers à Claude Bernard, mais pour n'en citer que les textes qui n'étaient plus d'actualité. En voici un, que je commenterai après :

> Il y a une *force atavique, vitale* [c'est C. B. qui souligne] comme on voudra l'appeler, en vertu de laquelle les organismes se succèdent et se répètent, vivent sans que nous puissions saisir l'origine de cette force première. (...)
>
> On ne peut échapper à l'idée que cette force atavique vitale inconnue est la cause cachée de tous les phénomènes de la vie. Mais c'est là une cause d'*ordre métaphysique* qui n'a aucune action par elle-même. Elle pourrait à la rigueur être regardée comme une résultante ; mais elle ne possède aucun effet rétroactif sur l'organisme qui l'aurait engendrée.
>
> Toutes les causes ou toutes les conditions actives sur l'organisme sont d'*ordre physique* ; sans ces conditions physiques, la condition atavique d'ordre métaphysique

reste inerte, cachée et comme si elle n'existait pas. Dans la médecine, il y a une foule d'entités métaphysiques, et on ne peut pas agir sur ces entités ; on ne peut agir que sur le physique et par le physique.

On peut dire, en un mot, qu'il y a dans les organismes deux forces : la force *législative, métaphysique,* la force *exécutive, physico-chimique.*

Or, nous ne pouvons saisir dans nos études que les forces *exécutives* physiques, les autres étant purement subjectives et en dehors de notre portée, et sans effet rétroactif.

On peut dire comme conséquence de la proposition précédente : *le physique agit sur le métaphysique* (l'engendre-t-il ? ou le modifie-t-il ?) mais *jamais le métaphysique n'agit sur le physique.*

Ibid.

Cette opposition entre le physique et le métaphysique, comme si le problème de la santé humaine pouvait se réduire à cette alternative, est encore fréquemment alléguée aujourd'hui par les tenants du discours officiel. Et il n'est pas rare, lorsque l'on pose à l'un de ses défenseurs la question de savoir *pourquoi* on a attrapé un virus (et lorsqu'il a fini d'énumérer les « causes physiques » que la biologie lui a apprises), de se voir finalement répondre : la question que vous posez n'est pas de mon ressort, je ne suis pas métaphysicien.

Or, que signifie cette opposition, pourquoi Claude Bernard la soutient-il, et en quoi est-elle aujourd'hui erronée ?

Avant de se poser des questions sur lui-même, l'homme s'est posé des questions sur le monde. Il fallait survivre. Et aux phénomènes auxquels il était confronté, dont parfois il avait peur, il cherchait des explications ; soit pour les maîtriser (physique), soit pour se rassurer (métaphysique, religion). A la matière inerte, il découvrait des lois. Et pour tout ce qui ne concernait pas cette matière inerte, palpable, il inventait des systèmes métaphysiques, trouvait des explications religieuses qui donnaient au monde un sens dont il avait besoin.

Puis il s'est mis à s'observer, à se décrire. A tenter, en mots, de se réduire. En lui-même, comme dans le monde, il distingua deux aspects : l'un, physique, le corps ; l'autre, immatériel, l'âme. Le premier pouvait s'observer et s'analyser par les mêmes méthodes utilisées pour le reste de l'univers. L'âme, elle, restait inaccessible, comme les dieux ou les principes métaphysiques.

Le point de vue de Claude Bernard est donc le suivant : sur le métaphysique, on ne peut agir (ce qui bien entendu est vrai), on ne peut donc agir que sur le physique (ce qui est également vrai), dont l'homme de science a à découvrir les lois. Mais sur ce physique, ne peut-on agir « que par le physique » ? Et peut-on dire encore que « toutes les causes ou toutes les conditions actives sur l'organisme sont d'ordre physique » ?

Avant de répondre, approfondissons encore la question : car il n'est pas question de schématiser et de faire dire à Claude Bernard que l'homme n'est qu'un corps, dénué de pensée. Mais voyons sur ce point quelle est son opinion :

> Les manifestations de l'intelligence ne constituent pas une exception aux autres fonctions de la vie ; il n'y a aucune contradiction entre les sciences physiologiques et métaphysiques ; seulement elles abordent le même problème de l'homme intellectuel par des côtés opposés. Les sciences physiologiques rattachent l'étude des facultés intellectuelles aux conditions organiques et physiques qui les expriment, tandis que les sciences métaphysiques négligent ces relations pour ne considérer les manifestations de l'âme que dans la marche progressive de l'humanité ou dans les aspirations éternelles de notre sentiment.
>
> Nous croyons donc pouvoir conclure qu'il n'y a pas de ligne de séparation à établir entre la physiologie et la psychologie.
>
> *Ibid.*

Autrement dit, l'intelligence dépend du cerveau, sans lequel elle n'existerait pas, et puisque nous ne pouvons agir que sur le physique, nous sommes ramenés à l'alternative précédente.

Mais l'homme est-il seulement un corps intelligent et — éventuellement — une âme issue d'un principe divin ?

Claude Bernard est né en 1813 et mort en 1878. Sigmund Freud est né en 1856 et mort en 1939. Ces seules dates expliquent ce qui divise les médecins.

Oublions encore une fois, s'il vous plaît, les étiquettes, qui ne sont que des préjugés entravant le libre exercice de la pensée. Freud est médecin. Il n'est pas (quoi qu'on ait voulu en faire par la suite) philosophe — même si ses découvertes, comme toutes celles concernant l'homme et la nature, ont passionné les philosophes. Or, médecin, donc attaché avant tout à guérir ses malades, il s'est intéressé comme on sait au fonctionnement psychique de l'homme et a montré, dès ses *Études sur l'hystérie,* que la parole, exprimant des émotions refoulées, pouvait guérir certains malades de leurs symptômes. La question n'est pas ici d'entrer dans le détail des théories psychanalytiques, qui sont au psychisme ce que les détails du discours biologique sont au physique. Mais ce qui est fondamental, c'est de *prendre acte de ce fait d'observation qui dément l'assertion de Claude Bernard selon laquelle on ne peut agir sur le physique que par le physique.* Car les expériences de Freud (et de ses nombreux successeurs) établissent qu'on peut agir sur le physique en faisant exprimer au malade ses émotions, et que *cette seule parole peut faire disparaître définitivement des symptômes physiques parfois alarmants.*

Or, actuellement, les médecins institutionnels s'en tiennent à la position de Claude Bernard, et refusent — tout au moins dans leur discours « scientifique » — d'admettre cette interaction du psychisme et du corps. Toutes les recherches médicales portent sur le fonctionnement corporel, autrement dit la biologie. Tout ce qui est psychique est ignoré, ou plutôt laissé aux « spécialistes », renvoyé dans le domaine flou des sciences inexactes et contesté comme « non scientifique », donc ne concernant pas les médecins. Je cite un de nos professeurs :

> Depuis plus d'un siècle, la médecine expérimentale, introduite par Claude Bernard, inspire toutes les recherches qui ont le système nerveux de l'homme et des animaux pour objet. Certes, l'objet est plus étendu. Les travaux de Claude Bernard concernaient surtout les nerfs périphériques et la base du cerveau. Il a fallu ensuite passer (non sans difficulté) aux hémisphères cérébraux, au nouveau cerveau. Certes aussi les techniques ont changé, du curare au laser et aux molécules de la chimie moderne. *Mais ce sont toujours les principes, la méthode proposés par Claude Bernard qui gouvernent les recherches : la nécessité d'une analyse rigoureuse des phénomènes, la constante nécessité de la vérification. Le vrai est ce qui est vérifiable.*

Pourquoi soutiennent-ils encore cette position ? Ce faisant, sont-ils véritablement fidèles à Claude Bernard et à sa méthode ? Enfin, quels problèmes soulèverait l'abandon de cette position ?

Pour répondre à ces questions, je rappellerai en premier les principes de Claude Bernard, puis montrerai à quels problèmes éthiques non résolus (et même non formulés comme tels) se heurte finalement la position scientiste des médecins actuels.

1) *Les préceptes et la méthode de Claude Bernard.*

Je voudrais d'abord rappeler deux phrases, déjà citées : « L'observation seule peut nous faire connaître les phénomènes dont nous voulons découvrir les lois », et : « Même quand on vérifie son induction par une expérience ou une observation, *il faut rester l'esclave de l'observation et de l'expérimentation »*. L'essentiel de la problématique réside, nous le verrons, dans ce dernier terme.

Mais auparavant, relisons ce qu'il dit de la méthode que doit suivre le médecin : ce texte extraordinairement moderne devrait servir de leçon à tous nos médecins qui, semble-t-il, l'ont oublié (s'ils en ont jamais eu connaissance) :

> Dans diverses publications récentes de médecine dont j'approuve et loue d'ailleurs les tendances physiologiques, j'ai vu, par exemple, qu'on commençait par faire, avant l'exposé des observations médicales, un résumé de tout ce que la physiologie expérimentale avait appris sur les phénomènes relatifs à la maladie dont on devait s'occuper. Ensuite on apportait des observations de malades parfois sans but scientifique précis, d'autres fois pour montrer que la physiologie et la pathologie concordaient. Mais, outre que la concordance n'est pas toujours facile à établir, parce que la physiologie expérimentale offre souvent des points encore à l'étude, *je trouve une semblable façon de procéder essentiellement funeste pour la science médicale,* en ce qu'elle subordonne la pathologie, science plus complexe, à la physiologie, science plus simple. En effet, *c'est l'inverse de ce qui a été dit précédemment qu'il faut faire :* il faut d'abord poser le problème médical tel qu'il est donné, par l'observation de la maladie, puis analyser expérimentalement les phénomènes pathologiques en cherchant à en donner l'explication physiologique. Mais dans cette analyse, l'observation médicale ne doit jamais disparaître ni être perdue de vue ; elle reste comme la base constante sur le terrain commun de toutes les études et de toutes les explications.
>
> *Introduction à l'étude de la médecine expérimentale.*

Or, comment sont formés les médecins à l'heure actuelle ? Ils commencent (je l'ai raconté dans la première partie de ce livre) par apprendre tout de l'anatomie et de la physiologie, puis, à partir de cette norme, ils étudient la pathologie. A cela, on me répondra que pour établir qu'il y a pathologie, encore faut-il connaître le fonctionnement physiologique normal comme, pour déceler une panne automobile, il faut savoir comment fonctionne normalement un moteur. Et c'est probablement ce raisonnement simple (mais peut-être simpliste, s'agissant du corps *humain*) qui a déterminé le programme des études médicales. L'inconvénient, c'est qu'en formant ainsi les médecins, on leur apprend en même temps une démarche, qu'ils ne quitteront plus. Et ils partiront toujours, en examinant leurs malades, du plus simple, qui est la physiologie normale, au plus compliqué, qui est la pathologie, les troubles que présente ce malade. *Ce qui les empêchera de progresser.*

En effet, pourquoi Claude Bernard préconise-t-il de subordonner la physiologie à la pathologie, et non l'inverse ?

Reprenons le raisonnement rigoureusement :

a) « La médecine scientifique n'est au fond que la physiologie » *(Introduction à l'étude de la méd. exp.).*

b) La science physiologique n'est qu'une partie de la médecine, domaine beaucoup plus vaste qui fait intervenir d'autres sciences (p. 152-3, texte cité).

c) « Le problème, en définitive, c'est le malade » (p. 152, texte cité), donc l'observation d'un être qui ne peut être réduit à son fonctionnement physiologique (puisque la médecine est reconnue comme un domaine beaucoup plus vaste que la physiologie). La pathologie, qui concerne le malade, est donc une science beaucoup plus complexe que la seule physiologie, d'autant plus que le médecin a affaire à un individu donné :

> Sans doute la science consiste à ramener le particulier au général et à comprendre toutes les variétés dans une

> unité typique. (...) Cependant par cette recherche on arrive à une conception *idéale* typique qui n'est rien moins que pratique. (...) Et si l'on peut dire que la *vérité* est dans le *type,* la réalité est toujours en dehors de ce type et elle en diffère constamment. Or, pour le médecin, c'est là une chose très importante. C'est à l'individu qu'il a toujours affaire. Il n'est point le médecin du type humain, de l'espèce humaine ; *il est le médecin d'un individu et d'un individu même qui est placé dans des conditions particulières.*
>
> *Principes de médecine expérimentale,* chap. XIV

Point de vue visionnaire s'il en fut.

Prenons à présent un exemple concret, dans un autre domaine où interviennent une science simple et une science plus complexe : l'électricité et l'électronique. Vous connaissez le fonctionnement normal de l'électricité. A présent, vous avez affaire à une machine électronique tombée en panne. La seule chose que vous pourrez faire, si vous partez de votre savoir, c'est de vérifier si les circuits électriques fonctionnent normalement. Or il se peut :

1) que ceux-ci fonctionnent normalement, mais que la panne néanmoins demeure. *Si vous partez du principe que tout dépend de l'électricité, vous vous trouvez alors dans une impasse ;*

2) que ceux-ci soient effectivement sérieusement endommagés, et que leur réparation résolve la panne.

En revanche, si vous partez de l'observation de la machine électronique en panne, autrement dit si vous partez du plus compliqué, les observations et les expérimentations que vous ferez (en tenant compte de ce que vous savez dans le domaine de l'électricité) vous permettront de faire des découvertes ; et cela, dans la mesure où votre esprit s'appliquera, dès le départ, à comprendre un domaine plus vaste que celui que vous dominez déjà. Vous ne chercherez donc pas à réduire la machine à son fonctionnement électrique, mais *vous serez conscient que le bon fonctionnement de la machine dépend d'autres paramètres que vous ignorez et que vous cherchez à découvrir.*

En demandant de subordonner la physiologie à la pathologie et non l'inverse, Claude Bernard suit le même raisonnement ; car il est conscient qu'il entre dans la pathologie des paramètres qu'il ignore, et s'il est important de découvrir l'explication physiologique (de localiser le mal, de définir la maladie), il est plus important encore de chercher à découvrir, par l'observation et l'expérimentation, la façon dont l'ensemble de l'individu fonctionne.

Or, notre médecine institutionnelle raisonne précisément comme Claude Bernard le condamnait, puisqu'elle fait tout dépendre de l'anatomie (normale), de la biochimie, de la physiologie, et, partant de cette normalité *idéale* (cf. p. 160, le texte de Claude Bernard relatif au *type* et à l'*individu*), en vient ensuite, et en dernier, au malade, pour tenter de le ramener à cette normalité qui, par rapport à lui, n'est qu'une entité abstraite.

Tout ce que nous apprenons en faculté le prouve : nous partons de l'organe sain ; nous passons ensuite aux pathologies qui peuvent atteindre cet organe ; et enfin, après, mais sans trop savoir que faire de cette information, nous parlons de l'individu. Tous les traités de médecine « scientifique » procèdent de la sorte.

A l'appui de ce que j'avance, je voudrais citer un texte signé, une fois de plus, d'un de nos « grands professeurs ». Son intérêt est double : car il montre d'une part que la médecine officielle se réduit à la physiologie et à tous les aspects techniques physiques, et témoigne également, par son ton (déplaisant et méprisant), de l'agacement du scientifique qui craint pour sa tour d'ivoire.

> Vulgariser la médecine est à peu près impossible. (...) Discuter de son cas propre avec un malade, même remarquablement intelligent, cultivé, désireux de

comprendre, est à peu près impossible. On en est contraint à un « toi Tarzan, moi Jane », qui s'énonce cette fois : « Toi malade, moi docteur » ; « toi bobo ventre, moi trouver gros foie », « toi figure toute jaune, moi penser caillou parti vésicule ». Il n'y a d'ailleurs rien d'étonnant à cela : parler de médecine nécessite de connaître :

1) l'anatomie, qui ne s'imagine en rien du dehors ;
2) la biochimie, avec laquelle rien ne vous familiarise dans la vie quotidienne ;
3) la physiologie, c'est-à-dire le fonctionnement normal des organes, qui est aussi facile à apprendre que les horaires réunis de la S.N.C.F., de la R.A.T.P. et d'Air Inter ;
4) quantité d'autres choses encore, en particulier les maladies.

Le savoureux « quantité d'autres choses encore » ne saurait nous abuser sur la démarche. Mais ne voilà-t-il pas un garagiste qui nous explique, le plus sérieusement du monde, que nous ne saurions conduire une voiture si nous ignorons toutes les finesses de la mécanique ? Or, ce que veut le malade, c'est qu'on lui apprenne à conduire correctement son véhicule, pour ne pas endommager le moteur ; ou, éventuellement, quelle fausse manœuvre il a faite, qui a engendré des dégâts mécaniques. Mais en ce qui concerne le détail de ces dégâts, le nombre de durits ou de boulons à réparer ou à remplacer, il laisse cela au spécialiste, au technicien, au « scientifique ».

Je reviens à mon raisonnement. Étant établi que la médecine officielle actuelle ne respecte pas, contrairement à ce qu'elle voudrait faire croire, la méthode prônée par Claude Bernard, voyons à présent ce qui se passerait aujourd'hui, après les découvertes faites sur le psychisme humain, si nous la respections, et à quelles limites éthiques, imprévisibles pour Claude Bernard, nous nous heurterions.

2) *Les limites éthiques auxquelles se heurte la méthode scientifique.*

Observation et expérimentation. J'ai dit que l'essentiel de la problématique résidait dans ce dernier terme. En effet, dans tous les cas que j'ai rapportés dans la première partie de cet ouvrage (ainsi que dans ceux que je raconterai dans la troisième partie), j'ai *observé* qu'une parole chargée d'émotion, relatant une expérience difficile et mal vécue (que j'ai appelée « fracture de l'âme ») de l'histoire du malade, faisait disparaître des symptômes que les médicaments avaient été impuissants à enrayer.

Or, même si je publie cent ou mille cas de ce type, dans la mesure où chaque fois, par définition, il sera question d'une histoire individuelle et particulière, le scientifique me répondra : ce que vous me dites ne constitue pas une preuve ; pour prouver scientifiquement ce que vous dites, vous devez me fournir des expérimentations en série. A quoi je répondrai :

1) que l'observation, si elle remet en question la théorie scientifique en vigueur (qu'on ne peut agir sur le physique que par le physique), est intéressante en soi et ouvre à la recherche de nouvelles voies, qu'on ne peut négliger ; et qu'il faut abandonner cette théorie en vigueur qui n'est visiblement qu'un rossignol mort (et cesser de la servir aux malades) ;

2) que je ne puis traiter un malade, autrement dit une personne, comme un microbe, autrement dit le mettre plusieurs fois dans une situation traumatisante « pour voir » et vérifier si c'est bien cette situation traumatisante qui engendre les symptômes pour lesquels il vient me consulter ; et que je puis encore moins, par définition, le replacer dans la situation initiale où s'est constituée cette fracture, puisqu'il s'agit d'un événement passé.

En d'autres termes, respecter les critères scientifiques admis jusqu'ici supposerait ce qu'interdit l'éthique médicale, à savoir expérimenter l'impact physique de traumatismes psychiques (qu'il faudrait alors créer artificiellement) sur des êtres humains.

Ces expériences, nous pouvons les faire, diront certains, sur des animaux. Certes, on peut soumettre des souris à des stress majeurs, et observer les conséquences physiques de ces stress. Dupond et Humbert rapportent d'ailleurs de telles expériences pratiquées aux États-Unis (cf. p. 352 sqq), dont les résultats sont assez significatifs. Mais dans la mesure où nous ne connaissons pas grand-chose du fonctionnement psychique des souris et où, de toute façon, nous le considérons comme quantité négligeable, nous ne pourrons jamais (à moins de déroger à une éthique trop souvent remise en question) mener l'expérimentation à son terme et prouver que la parole, permettant d'évacuer l'émotion qui a déclenché les troubles physiques, est capable de restituer, chez l'homme, l'équilibre compromis. Nous ne pourrons que juxtaposer des milliers de cas, qui seront comme autant de confirmations de cette thèse. Faudra-t-il pour autant les récuser et préférer les « critères scientifiques » à une réalité qui crève les yeux ?

D'autres expériences ont d'ailleurs été pratiquées sur les animaux, pour tenter d'établir l'importance de l'affectivité, de l'émotion, dans la force vitale, par rapport à d'autres notions comme l'instinct de conservation. Ainsi, on a placé des bébés singes devant deux cages. Dans l'une, on avait mis seulement de quoi manger ; dans l'autre, une fourrure animale, sans rien à manger. Qu'ont-ils fait ? Ils ont choisi la seconde, se sont blottis dans la fourrure et se sont laissés mourir de faim. Expérience terrible, certes, mais combien éloquente : car n'est-ce pas dire que l'animal préfère la mort à un manque affectif fondamental ?

La seule différence qui nous sépare de ces animaux — mais dont apparemment les médecins n'ont que faire — et qui peut nous sauver (cf. p. 226 sqq, sur le cancer), c'est que nous, nous pouvons le *dire,* l'*exprimer*. Et que cette expression a, comme le stress, un impact direct sur le corps. Sachant cela, les médecins ont-ils le droit de l'ignorer ?

J'ai dit qu'il faudrait relire tout Claude Bernard. J'irai plus loin : avant même d'acquérir ce savoir de spécialistes qui a fait de nos médecins des experts en sciences exactes, tous les étudiants en médecine devraient méditer ces textes et n'entreprendre leurs études qu'après les avoir compris en profondeur. Ainsi la médecine retrouverait son sens et la confiance du public — à qui on ne peut guère reprocher d'hésiter à remettre son sort entre les mains de techniciens aveugles. Attention, je ne dis pas que les médecins doivent devenir philosophes ; mais simplement qu'ils doivent apprendre à penser *aussi rigoureusement* qu'ils comptent. Cela leur permettrait de comprendre — et d'affiner — leur position, et d'éviter d'accumuler les contradictions.

L'une d'entre elles, notamment, est particulièrement intéressante à analyser pour comprendre l'évolution de la médecine au XXe siècle et la façon dont elle s'est laissé gagner par ce scientisme que je conteste aujourd'hui : c'est le fait qu'elle se réclame à la fois — et *indistinctement* — de Pasteur et de Claude Bernard.

Que les découvertes de Pasteur — qui était *chimiste,* et non médecin — aient eu des conséquences sans précédent dans cette partie de la médecine qu'est l'étude des mécanismes physiques, je n'irai pas le contester. Et le principe pasteurien, révolutionnaire, qui consiste à appliquer à l'homme ce qui vaut pour l'animal et à faire tomber les frontières entre la médecine vétérinaire et la médecine humaine (ce qu'explique Charles Mérieux, pasteurien convaincu — mais il travaille, lui, dans le domaine de la biologie, dont l'éthique est bien différente de celle de la profession médicale, qu'il n'exerce pas) a fait faire aux recherches en matière de mécanismes biochimiques et pathologiques des progrès considérables. Mais le médecin (qui doit connaître la connexion entre toutes les sciences qui interviennent dans son domaine) peut-il en rester là ? Et, surtout, peut-il à la fois se réclamer de la méthode pasteurienne et de celle de Claude Bernard ?

Les deux hommes se sont connus. Et reconnus. Or, Claude Bernard explique bien en quoi leurs démarches se distinguent et même s'opposent :

> En résumé, l'observation ne doit jamais être abandonnée, car dès qu'on s'en sépare, on est livré à toutes les erreurs que peut enfanter l'esprit de système.
>
> Ainsi Pasteur suit ses idées et il veut y soumettre les faits, moi, je suis les faits et je cherche à en faire sortir des idées sans violence et d'elles-mêmes.
>
> Pasteur veut diriger la nature ; moi, je me laisse diriger par elle ; je la suis. Cuvier dit : l'*observateur* écoute la nature ; l'*expérimentateur* l'interroge. Il faut faire les deux. Il faut interroger la nature, lui poser une question, mais il ne faut pas vouloir qu'elle réponde à votre question, il faut l'*écouter* quoi qu'elle dise. Ainsi l'observateur et l'expérimentateur doivent *écouter* la nature et se taire devant elle. Seulement, pour l'observateur la nature parle d'elle-même, tandis que pour l'expérimentateur, elle est *provoquée* à parler : *expériences pour voir,* pour voir n'importe quoi ; *expériences pour faire parler la nature* et lui faire dire n'importe quoi. Il faut tâcher de la comprendre, voilà tout. Le savant n'est que son *secrétaire* et ne lui dicte pas ses idées.
>
> Moi, je suis le *secrétaire* de la nature. Pasteur et les aprioristes veulent lui dicter ses réponses selon leurs idées.
>
> *Introduction à l'étude de la médecine expérimentale.*

Est-ce à dire que ces deux démarches s'excluent ? Non, bien sûr : car l'éthique pasteurienne s'applique à la biologie, alors que la démarche de Claude Bernard vaut pour la médecine. On se trouve ici au cœur de la problématique posée par la médecine « scientifique » contemporaine : car, aveuglés par les découvertes pasteuriennes, les médecins ont assimilé médecine et biologie au point de les confondre, jusqu'à leur éthique.

Partant de l'affirmation de Claude Bernard (mais sans la replacer dans le contexte de sa pensée, qui l'éclaire tout autrement) : « la médecine expérimentale est la *science analytique* des phénomènes de la vie à l'état pathologique en s'appuyant exclusivement sur l'état normal. C'est donc la physique et la chimie animales, normale et pathologique », et la rapprochant des expériences et des conclusions de Pasteur, la Faculté a identifié médecine et biologie au profit de cette dernière, en ne voyant plus dans l'homme que l'animal et en rejetant tout ce qui a trait à sa pensée, autrement dit à son psychisme, du côté de la philosophie.

En d'autres termes, tout en ne cessant de se réclamer de Claude Bernard, elle n'a cessé de le trahir.

Pour clore ce chapitre, je voudrais revenir sur ce dernier point : la pensée. J'ai déjà cité (p. 155) un texte où Claude Bernard explique la façon dont le physiologiste conçoit l'intelligence. En voici un plus complet, toujours tiré de l'*Introduction,* qui développe son point de vue :

> Quelle idée le physiologiste se fera-t-il sur la nature de la conscience ?
>
> Il est porté à la regarder comme l'expression suprême et finale d'un certain ensemble de phénomènes nerveux et intellectuels, car l'intelligence consciente supérieure apparaît toujours la dernière, soit dans le développement de la série animale, soit dans le développement de l'homme. Mais, dans cette évolution, comment concevoir la formation du sens intime et du passage, si gradué qu'il soit, de l'intelligence inconsciente à l'intelligence consciente ? Est-ce un développement organique naturel et une intensité croissante des fonctions cérébrales qui fait jaillir

> l'étincelle de la conscience restée à l'état latent, jusqu'à ce qu'une organisation assez perfectionnée puisse permettre sa manifestation et est-ce pour cette raison que nous voyons la conscience se montrer d'autant plus lumineuse, plus active et plus libre qu'elle appartient à un organisme plus élevé, plus complexe, c'est-à-dire qu'*elle coexiste avec des appareils intellectuels inconscients plus nombreux et plus variés* ? En admettant que la science vienne confirmer ces opinions, nous n'en comprendrions pas mieux pour cela, au point de vue physiologique, l'essence de la conscience que nous ne pouvons comprendre, au point de vue chimique, l'essence du feu ou de la flamme. Le physiologiste ne doit donc pas trop s'arrêter *pour le moment* à ces interprétations ; il lui suffit de savoir que les phénomènes de l'intelligence et de la conscience, quelque inconnus qu'ils soient dans leur essence, quelque extraordinaires qu'ils nous apparaissent exigent, pour se manifester, des conditions *organiques* ou *anatomiques,* des conditions *physiques* et *chimiques* qui sont accessibles à ses investigations, et c'est dans ces limites exactes qu'il circonscrit son domaine.

Notons d'abord que Claude Bernard parle du physiologiste, et non du médecin. Ensuite, que le domaine du savant est circonscrit en fonction de ce qui est *accessible à ses investigations.* Autrement dit, si Claude Bernard avait eu connaissance des travaux de Freud et de ses successeurs, qui démontrent que *la parole constitue un accès au psychisme, qui lui-même a des retentissements sur le physique,* il y a tout lieu de penser qu'il aurait considéré ce fait comme fondamental pour les médecins.

En effet ce qui compte, pour le médecin, ce n'est pas tant de savoir si, dans l'histoire de l'évolution, le psychique est arrivé après l'organique que, au stade actuel de cette évolution, comment fonctionne l'être humain, et quelles sont les interactions entre son psychisme et son organisme.

Or les scientistes, se fondant sur les théories de l'évolution et calquant leur raisonnement sur celui des historiens de la royauté (ou sur le Code Napoléon), se débarrassent du psychisme — qui intervient dans leur domaine comme un chien dans un jeu de quilles — en en faisant une espèce de cadet dépendant (puisque arrivé après) de l'organisme. Ce qui bien entendu les conforte dans leur position et leur permet de faire ce qu'ils voulaient : à savoir ne s'occuper que de l'organique.

Mais le rossignol est mort. Qu'on n'en fasse pas le deuil en un jour est humain : son chant était si beau, le « miracle antibiotique » et chimique si séduisant. Pas question de l'oublier, bien sûr, ni de nier les progrès accomplis. Mais lui trouver, dans notre mémoire, sa juste place ; comprendre que les miracles, même scientifiques, n'existent pas, et trouver à ces progrès leur juste place, aussi, à côté des découvertes nouvelles, qui éclairent si différemment — mais de façon passionnante — le paysage de la médecine.

Freud disait que l'homme avait vécu dans l'histoire de sa pensée trois grandes blessures narcissiques : Copernic, qui démontrait que la Terre n'était pas au centre du monde ; Darwin, qui faisait descendre l'homme du singe ; et lui-même, Freud, qui prouvait qu'il n'était pas maître absolu de sa pensée et de son destin. Est-ce de cette dernière blessure que notre Faculté ne s'est pas encore remise ?

LA NOTION DE CAUSE
ET L'ARGUMENT STATISTIQUE

> (...) les causes naissent indéfiniment les unes des autres, chaque cause étant l'effet d'une autre cause, et chaque effet, la cause d'autres effets.
>
> Roger Martin du GARD, *Les Thibault*, t. IV.

> La statistique ne nous dit absolument rien sur la cause prochaine des phénomènes.
>
> Claude BERNARD, *Principes de médecine expérimentale,* chap. VII.

> *Le médecin :* Je suis navré, les résultats sont nets : vous avez une maladie très grave, dont on meurt neuf fois sur dix.
> *Le malade :* ...
> *Le médecin :* Remarquez, dans votre malheur, vous avez plutôt de la chance. Car les neuf précédents malades que j'ai eu à soigner en sont morts.
>
> Anonyme.

Et d'abord, de quelle cause parle-t-on ?

Pour rendre compte d'un phénomène, on répondra successivement à deux questions : comment et pourquoi. La réponse à la première question ne sera qu'un exposé de la façon dont les choses se sont produites, et seule la réponse à la seconde question donnera ce que rigoureusement on peut appeler la cause de ce phénomène.

Ainsi, si j'explique la façon dont est construit un immeuble, je répondrai d'abord à la question *comment* en expliquant les principes fondamentaux de physique qui permettent qu'il tienne debout, la constitution des matériaux, leur résistance, etc. A présent, s'il y a une fissure dans l'une des façades, l'architecte sera amené à se poser des questions sur les raisons de cette fissure, autrement dit sur ses causes. Et parmi ces causes, il cherchera la cause déclenchante, à savoir celle sur laquelle il pourra agir le plus efficacement pour réparer cette fissure et éviter qu'elle se reproduise. *Car c'est cela qu'on lui demande.*

Or, à la question *pourquoi* cette fissure, il y a une première réponse, évidente : parce que les murs se sont écartés. Réponse tautologique puisqu'elle n'apporte aucun élément nouveau et ne fait que décrire ce qui a eu lieu. En fait, il y a ici confusion entre le comment et le pourquoi, puisque au lieu de donner la cause, on se borne, par cette réponse, à décrire le phénomène. Et il ne viendrait à l'idée d'aucun architecte de tenter, simplement, de rapprocher les murs avec deux bulldozers.

Les questions vont donc s'enchaîner, pour remonter à la cause déclenchante, sur laquelle on pourra agir : pourquoi les murs se sont-ils écartés ? parce que (par exemple) les fondations ont bougé. Pourquoi les fondations ont-elles bougé ? parce que le sol est meuble. Pourquoi le sol est-il meuble ? parce que dans cette région, les couches géologiques sont réparties de telle et telle façon. Pourquoi dans cette région ?... etc. Ainsi, de cause en cause, on traversera différents domaines de savoir — physique, géologie, histoire, ... — pour en finir, toujours, à la métaphysique : pourquoi le monde est-il ainsi fait ? pourquoi le big bang ?

Or, comme le dit Claude Bernard, sur le métaphysique, on ne peut agir. Et l'on aurait piètre estime pour un architecte qui, à la question pourquoi cette fissure, répondrait : parce que Dieu l'a voulu ainsi. Car ce qu'on lui demande, c'est de trouver, dans la chaîne des causes, celle sur laquelle il a un pouvoir et qui se trouve, en même temps, le plus en amont de cette chaîne. Entre la réponse « parce que les murs se sont écartés » et celle qui consiste à dire « parce que Dieu l'a voulu ainsi », il se trouve une réponse, une cause, qui sera la limite au-delà de laquelle il n'aura plus de pouvoir d'action. Ainsi, il pourra éventuellement couler du béton dans les fondations pour qu'elles ne bougent plus — mais ne pourra changer la nature du sol. (Et cela dit, on pourra lui reprocher d'avoir construit un immeuble sur un sol meuble car, dans la mesure où cette donnée a une incidence sur son travail, il n'avait pas le droit de l'ignorer ; il ne pourra donc se réfugier derrière l'argument, évidemment fallacieux, que la nature du sol est du domaine du géologue.)

De même, en médecine. Lorsqu'on est malade, on demande au médecin de guérir, autrement dit de trouver *la cause déclenchante* de la maladie. Une maladie qui atteint un *individu,* qui est une entité composée d'un organisme et d'un psychisme, d'un corps et d'une « âme ». Claude Bernard ne dit pas autre chose (p. 160). Il doit donc chercher à connaître les relations actives entre cet organisme et ce psychisme, et ne peut se réfugier derrière l'argument que ce psychisme est l'affaire de spécialistes qui, de leur côté, ne s'occupent pas du corps. Car il est bien évident qu'*à partir du moment où on a mis en évidence qu'il existait entre le corps et ce que vit l'individu des relations actives* (cf. p.128 sqq), on ne peut soigner l'un sans s'occuper également de l'autre. Et j'attribue pour ma part tous les échecs de la médecine à ce clivage déplorable et périmé.

Or, comment raisonne le médecin sorti de la faculté, et qu'appelle-t-on *cause* dans le discours officiel ?

Tous les traités de médecine en vogue à l'heure actuelle suivent la démarche que condamnait Claude Bernard. Je donnerai ici le plan approximatif respecté pour chaque maladie répertoriée :

1) description du trouble ;

2) épidémiologie (statistiques exprimant la proportion de personnes atteintes de cette maladie) ;

3) biologie (les dérèglements biologiques constatés à l'occasion de cette maladie : présence de microbes, de virus, échanges chimiques anormaux, etc.) ;

4) étiologie (étude des causes, où l'on retrouve les mêmes données que dans la précédente partie) ;

5) traitement (agissant sur ces dérèglements, pour rétablir chimiquement l'équilibre).

Autrement dit, on nomme « cause » les changements organiques constatés. Mais n'est-ce pas une pure et simple tautologie ?

Lorsqu'un de nos académiciens écrit :

> Les douleurs, les malaises qui tourmentent les malades, les hypertrophies que constatent les médecins sont toutes, tous, *dus* [c'est moi qui souligne] à des changements de l'arrangement moléculaire de nos cellules. Ce concept, très fort, oriente actuellement l'action des médecins,

ne dit-il pas, comme l'architecte dont je parlais plus haut, que le mur s'est fissuré parce que les molécules qui composent les pierres du mur se sont dissociées ? Et la véritable question n'est-elle pas : pourquoi, alors que dans les années précédentes l'arrangement moléculaire des cellules de tel malade était parfait, *pourquoi cet arrangement s'est-il modifié* ?

Il n'est pas inintéressant d'examiner sur quelle position fondamentale s'appuie ce « raisonnement » tautologique. En effet, dans la page qui précède ce passage, cet académicien s'est (comme tout un chacun) référé à Claude Bernard :

> Au temps certes lointain, mais pas tout à fait préhistorique, de mes études de médecine, certains événements physiologiques étaient encore attribués à la *« vis a tergo »*, la force qui s'exerce de l'arrière.
>
> La *« vis a tergo »* était probablement le dernier avatar du vitalisme, le dernier avatar de ces forces qui ont dominé la médecine du passé. L'action de Claude Bernard est, pour une large part, un combat contre le vitalisme, une victoire sur le vitalisme. *Les phénomènes de la vie ne sont pas différents des phénomènes de la nature non vivante. La même physique, la même chimie expliquent les uns et les autres.*

C'est moi qui ai souligné cette dernière phrase, directement issue de Claude Bernard. Autrement dit, Freud, connais pas. Le psychisme, connais pas. Le stress, les émotions, les traumatismes n'expliquent rien. Et il poursuit :

> Cette victoire sur le vitalisme implique nécessairement, ou au moins paraît impliquer, un déterminisme absolu. Tous les phénomènes de la vie sont *déterminés* par la physique et la chimie. Ceci est vrai pour l'algue bleue comme pour l'homme.
>
> Et les progrès de la connaissance ont, pendant un siècle, confirmé, paru confirmer, ce déterminisme absolu.
>
> Ceci au moins dans trois directions. Évolution, pathologie moléculaire, génétique.

On voit bien comment, à partir d'un postulat qui a les apparences de la vérité (mais qui en réalité est faux), on parvient à une absurdité. Sans me lancer dans des explications logiques compliquées, je rappellerai le fameux syllogisme que tout le monde connaît : Tout ce qui est rare est cher ; un cheval bon marché est rare, donc un cheval bon marché est cher.

Pour qu'un raisonnement logique tienne, il faut que le point de départ soit absolument vrai, et qu'il n'y ait pas contradiction dans les termes.

Or, ici, d'où part-on ? De l'affirmation : « Tous les phénomènes de la vie sont *déterminés* par la physique et la chimie. Ceci est vrai pour l'algue bleue comme pour l'homme. » On part donc d'une absurdité qui est : algue bleue = homme. On ne peut donc aboutir qu'à une conclusion fausse.

Pourquoi absurdité ? Écoutons Darwin, décrivant les *symptômes physiologiques* de la fureur (*in* Bergson, *Essai sur les données immédiates de la conscience*) :

> Les battements du cœur s'accélèrent : la face rougit ou prend une pâleur cadavérique ; la respiration est laborieuse ; la poitrine se soulève ; les narines frémissantes se dilatent. Souvent le corps entier tremble. La voix s'altère ; les dents se serrent ou se frottent les unes contre les autres, et le système musculaire est généralement excité à quelque acte violent, presque frénétique...

Il est évident que si j'observe cet homme comme j'observerais une algue bleue, je trouverai dans son organisme un certain nombre de dérèglements physiques et chimiques. Et sur ces dérèglements, je pourrai agir, en lui donnant par exemple des calmants. Mais il n'en reste pas moins vrai que la *cause* de son état (qui n'a rien de métaphysique) est d'ordre psychique : il est en fureur. Et pourquoi est-il en fureur ? Sans doute peut-il me l'expliquer. Ce qui est certain, c'est que s'il peut exprimer verbalement cette fureur, s'il peut s'en débarrasser, son corps va se calmer et retrouver son équilibre naturel.

Ce raisonnement — qui est évident — prouve qu'il est absurde de considérer un homme comme une algue bleue.

Pourtant il y a, dans l'affirmation que « tous les phénomènes de la vie sont déterminés par la physique et la chimie », une apparence de vérité (comme, d'ailleurs, dans celle de notre syllogisme : tout ce qui est rare est cher). Où donc est l'erreur ? Dans le lien de cause à effet qu'implique le terme *déterminé.* Pour être rigoureux, il faudrait dire : tous les phénomènes de la vie se traduisent par des phénomènes physiques et chimiques ; telle maladie *se traduit* par tels symptômes. Car, en examinant ce qui se passe dans l'organisme, *on ne fait que décrire.* Pour trouver la cause — l'exemple de Darwin le montre — *on est obligé de sortir de l'organique.*

Cette question est beaucoup plus grave qu'il n'y paraît tout d'abord car elle pose, si l'on y réfléchit bien, tout le problème de l'éthique médicale et, au-delà, celui de la liberté individuelle qui, pour être une question sous un certain angle philosophique, n'en est pas moins, aussi, une question éthique. Et cela non plus, le médecin n'a pas le droit de l'ignorer.

En effet, nier l'action du psychisme sur l'organisme (ce qui, je l'ai prouvé, est une position fausse) et se borner à décrire mécaniquement les phénomènes en faisant prendre les effets (de l'histoire de l'individu) pour des causes, c'est effectivement *s'autoriser à* considérer l'homme comme un animal ou une algue bleue.

Lorsque notre académicien affirme — ce qui constitue un argument très fort pour les scientistes :

> Point de pensée, point d'intelligence sans chimie du cerveau. Cette donnée très forte est bien loin (...) d'apporter la solution des problèmes posés. Mais elle fournit une excellente base de départ, une base beaucoup plus solide que les bases d'où s'envolèrent les philosophes du passé,

il y a de quoi frémir. Car si ce qu'il dit est vrai — qu'il n'y a point de pensée sans chimie du cerveau, ce qui est une évidence au même titre qu'il faut des jambes pour marcher — que signifie le fait qu'il considère cette « découverte » comme une *base de départ* ? Base de départ *pour quoi* ? S'autorisera-t-on à intervenir chimiquement sur la pensée, sur la mémoire, sur les émotions d'un individu ? Autrement dit la médecine, sous couvert de « science », aura-t-elle le droit de faire ce que la société condamne, à savoir droguer les individus ? La contradiction est de taille.

J'en finirai, avec la notion de « cause » telle que l'utilise le discours officiel, par un exemple qui montre à quelles absurdités on s'expose lorsqu'on refuse de sortir du domaine organique.

J'ai cité (pp. 86 et suivantes) ce que le *Traité de Médecine* publié par Pierre Godeau (ouvrage, je l'ai dit, extrêmement sérieux) dit de l'hypertension artérielle. Au chapitre des causes, il est noté que, dans la plupart des cas, on ignore cette cause (il s'agit alors d'hypertension artérielle dite « essentielle »), mais qu'il y a tout de même un certain nombre de maladies, notamment rénales, qui peuvent être *causes* d'hypertension. Et, parmi celles-ci, la néphroangiosclérose. Or, si je regarde à l'article consacré à la néphroangiosclérose (rédigé il est vrai par un autre auteur, puisqu'il s'agit d'un ouvrage collectif), je lis :

> La néphroangiosclérose dite bénigne correspond au *retentissement* rénal d'une hypertension artérielle, quelle qu'en soit la cause, le plus souvent essentielle.

De même, à l'article périartérite noueuse (maladie signalée comme cause d'hypertension), je lis que les manifestations cardiaques de cette maladie (qui peut prendre d'autres formes) sont « liées à l'hypertension artérielle ».

On pourrait multiplier les exemples. Ce que disent clairement ceux que je viens de noter, c'est que la notion de cause, dans le raisonnement mécaniste, est plus que floue et revient au raisonnement de Sganarelle qui explique le mutisme de Lucinde par l'empêchement de l'action de sa langue. Ce qui est vrai, certes, mais un peu court. Entendons-nous bien : mon propos n'est pas de dire que tout notre savoir biologique et physiologique ne sert à rien. Ce que je tente ici, c'est de trouver sa juste place, de comprendre *à quoi il correspond.* Or, toute mon expérience médicale me prouve qu'il constitue, en fait, une admirable description, extrêmement fine, de ce qui se passe à un moment donné dans le corps, pour une raison que le corps seul ne peut expliquer.

Plutôt que d'appliquer à l'homme le même raisonnement qu'à l'algue bleue — démarche pour le moins réductionniste —, essayons de raisonner en fonction de la particularité de l'espèce à laquelle il appartient, ce qui nous permettra de nous approcher davantage de l'individu auquel le médecin a affaire (car c'est toujours de lui que je m'occupe).

Le raisonnement scientiste, pour appuyer sa démarche, dit : sans vie organique, point de vie psychique, et s'arrête là pour justifier son intervention directe sur l'organique. Mais — puisque nous parlons de l'homme et de sa spécificité —, il faudrait retourner la question : sans vie psychique, peut-on concevoir une *vie* organique ? Non, bien sûr. Que toute vie organique est dépendante d'une activité psychique, si rudimentaire soit-elle, me paraît une évidence. Mais il est vrai que sur ce plan nous savons peu de choses, la barrière psychique entre les espèces paraissant pour le moment impossible à franchir, faute de moyens de communication.

Arrêtons-nous donc à l'homme, qui est tout de même ce que nous connaissons le mieux. Si on lui enlève sa vie psychique, son âme, que reste-t-il ? Pas un homme vivant, cela, c'est sûr. Souvenons-nous de la façon dont Groddeck (médecin généraliste) commençait sa première conférence, le 16 août 1916 :

> Le rapport du médecin au malade est un rapport exceptionnel : il a pour condition non un dévouement du médecin, mais le dévouement du malade. Le malade doit suivre, c'est ce qui est difficile. Il y faut une confiance exceptionnellement grande du malade : l'acquérir est la première tâche du médecin. Mais même alors, des dissensions entre médecin et malade surviennent sans cesse ; elles se rattachent à la notion d' « âme ». En fait, c'est grave que l'expression « corps » et « âme » se soit répandue dans l'humanité. C'est une erreur de croire qu'un corps vivant puisse exister qui soit autre chose que l'âme. C'est l'humanité moderne qui a eu cette curieuse idée. On devrait, devant cette affirmation, poser abruptement à quelqu'un la question : peut-on se représenter un corps sans âme, ou l'inverse ? Une âme sans corps irait à la rigueur, mais un corps sans âme, on ne peut pas se le représenter ; du moins, pas un corps vivant. *Il n'y a pas d'être humain comme corps sans âme; sans âme, il est mort.*
>
> (...) Corps et âme, c'est un tout ; l'être humain n'a pas deux fonctions.
>
> *Conférences psychanalytiques à l'usage des malades,* t. I.

A cela, que répond notre scientifique Faculté ?

> Deux aspects d'une unité indivisible, comme les mots sont simples, comme l'image est élémentaire, comme le concept est creux.

Voilà qui n'est ni une réponse ni une démonstration du contraire, mais un jugement a priori qui s'épargne ainsi d'examiner véritablement la question.

Or, s'il y a deux aspects d'une unité *indivisible,* il faut convenir (ce que refuse la Faculté) que *si l'on prétend s'occuper de l'homme* (ce qui est de moins en moins sûr), on ne peut s'occuper d'un aspect sans s'occuper aussi et simultanément de l'autre.

M'occupant de l'homme, je suis donc obligé d'aller

plus loin et de dire : sans vie psychique, il n'est pas de vie humaine. Si je ne pense pas, je ne suis pas (un homme). Or c'est là que réside, si je puis dire, l'écueil éthique : dans la *pensée.* Car personne (ou presque) ne sera choqué d'expérimentations pratiquées sur des objets inertes ou sur des animaux « qui ne pensent pas » (assertion qui ne repose en vérité que sur le fait que le contraire ne nous a pas été prouvé). Mais la pensée, par laquelle se définit l'homme, impose le respect, les limites, définies par les philosophes. Je pense à la liberté, à la responsabilité, au libre arbitre, à toutes ces valeurs sur lesquelles repose — dit-on — notre *humanité.*

Or le scientifique, pour contourner cet obstacle gênant, ramène la pensée à l'organe et à sa chimie, semblable dit-il à celle des êtres inertes. Ce faisant, il s'arroge le droit de ne plus considérer l'homme comme un être humain.

Avant d'apporter quelques éléments de réponse à cette question difficile et plus que jamais d'actualité, je voudrais en terminer avec la question des causes. Si j'admets que sans vie psychique, il n'y a pas de vie humaine, je dois admettre que la vie humaine dépend de cette vie psychique. Sans mon âme, sans ce que je vis, sans mes émotions, sans mon histoire, mon corps serait-il ce qu'il est ? Non, bien sûr. Mes rides naissantes, la façon dont je ris ou pince les lèvres, ma manière de marcher, tout mon aspect physique *dit* ce que je vis intérieurement. Autrement dit, mon corps *dépend* de ce que je vis. Pourquoi, tout d'un coup, en irait-il autrement ? Pourquoi ce qui, dans un cas (quand tout va bien), est reconnu comme cause efficiente, dans le second cas (quand on est malade) est-il nié ? oublié ? combattu avec la dernière énergie ?

Pourquoi sinon parce que cela dérange, remet en cause les théories établies, tue le rossignol qui chantait si bien ? et qu'on n'est pas sûr que l'autre, celui qui est dans l'œuf et brise déjà sa coquille, aura une aussi belle voix ?

Moi je dis : et s'il avait une *plus belle* voix ? L'homme

est un. Et quitte à enfoncer des portes ouvertes (qu'un certain nombre de gens s'obstinent à obstruer d'obstacles imaginaires), je rappellerai cette évidence : que *la vie humaine obéit à un certain nombre de lois que nous essayons de découvrir, et que ces lois ne changent pas, qu'il s'agisse d'un individu malade ou en bonne santé.* En effet, « malade » ou « en bonne santé » ne sont que des qualificatifs, au même titre que joyeux, triste, dépressif, surexcité. Et si je fais un traité sur la joie, la tristesse, la dépression ou la maladie, je ne parlerai jamais que d'un *état donné,* particulier, et non de l'homme ainsi qualifié. Si vous avez une voiture noire ou rose avec des étoiles vertes, et si elle est en panne, ce n'est pas d'un traité sur les couleurs ou sur les pannes que vous aurez besoin, mais d'une connaissance du fonctionnement général des voitures.

Donc, nous recherchons la façon dont l'homme fonctionne. Or, si j'admets que, dans la vie courante, mon corps exprime ce que je vis (ce qui est une évidence), je dois continuer d'admettre cette relation de cause à effet quand je suis malade, *même si cette idée va à l'encontre des théories admises* et de ce que j'ai appris, et même si cette idée m'entraîne sur un terrain nouveau, inexploré, et soulève des questions qui n'ont pas encore de réponse.

Or, le médecin scientiste actuel, qui trahit l'éthique scientifique de Claude Bernard, cherche dans la réalité les preuves de la validité de sa théorie, les exhibe, et camoufle sans les expliquer les faits qui pourraient la remettre en cause. Là encore, je citerai Claude Bernard, auquel on ne se réfèrera jamais assez, si l'on veut *vraiment* lui être fidèle :

> La théorie dure tant qu'elle résiste à l'expérience ; elle se modifie et change le jour où elle est vaincue par les faits de l'expérience. Il en résulte donc que les théories ne sont que des idées provisoires que nous nous faisons des

> choses dans un état donné de nos connaissances. Il suit de là aussi que les théories doivent, à mesure que nos connaissances avancent, non pas disparaître, mais s'étendre et se modifier dans l'expression de l'idée elle-même, de sorte que les faits ne changent pas, mais l'idée change. *En science expérimentale, il faut donc changer d'idées et c'est le signe du progrès;* plus la science est jeune, plus les idées changent souvent et cela indique une vitalité plus grande que la science, car la vie est en raison de la rapidité du mouvement des idées ou de leur action. Quand la science vieillit, les théories sont plus stables et changent moins, et il arrive que certaines théories sont presque immuables. *Le progrès consiste donc à chercher à détruire la théorie.* Le systématique, au contraire, cherche à tout ramener à son système, se croit déshonoré s'il change d'opinion, tandis que l'expérimentateur s'en réjouit. D'ailleurs, une théorie qui est changée meurt au champ d'honneur; *elle a sollicité des faits nouveaux qui l'ont tuée, mais qui ont fait avancer la science.*
>
> *Principes de médecine expérimentale,* chap. XIII.

On me demandera, bien sûr, sur quoi je me fonde pour accuser de la sorte notre Faculté ? Je mentionnerai simplement l'argument *statistique,* sur lequel se fonde toute la pratique médicale contemporaine.

En effet, lorsqu'on vous prescrit un médicament, comment justifie-t-on cette prescription ? Par le nombre. Vous avez telle maladie, vous présentez tel trouble ? Eh bien, dans 60, 65, 70, 75 % des cas — c'est selon —, ce médicament vient à bout du mal dont vous souffrez. *Donc,* prenez ce médicament. En raisonnant ainsi, au lieu de « chercher à détruire la théorie », comme le préconise Claude Bernard, le médecin la raffermit : on ne peut agir sur le physique que par le physique (telle est la théorie), et le fait que tel médicament marche dans tant de % des cas le prouve.

Or, la démarche scientifique rigoureuse consisterait à

dire : tel médicament *ne marche pas* dans 20, 25, 30 % des cas, donc ma théorie est fausse (puisqu'elle n'est pas absolument vraie). Je dois donc modifier mon approche des phénomènes, en tenant compte des données que me fournit l'expérience. En outre, je m'aperçois que pour cette maladie, que tel médicament « guérit » dans 70 % des cas, il existe aussi d'autres remèdes : certains malades, par exemple, en guérissent par l'homéopathie, d'autres par l'acupuncture, d'autres même sans prendre quelque remède que ce soit. Ainsi, une « même » angine (je mets des guillemets, car c'est ainsi que parle la Faculté ; quant à moi, j'estime qu'il n'y a pas deux angines semblables, pas plus qu'il n'y a deux individus semblables, car la gorge de Dupont n'est pas la gorge de Durand), une même angine, donc, avec les mêmes symptômes, sera « guérie » par certains avec des antibiotiques, par d'autres avec des granules, et chez le troisième par cinq jours de lit et de bouillon de légumes. De cette observation, je suis obligé de conclure que la guérison n'est pas *due* au médicament, aux granules ou au bouillon de légumes, mais à autre chose, *la même chose,* qui se passe dans les trois cas. En effet, en tant que scientifique, je dois rechercher la loi commune aux phénomènes particuliers, autrement dit le dénominateur commun de la guérison, qui me permettra de comprendre comment l'homme fonctionne. Or, ce que me disent tous les cas que j'ai observés, c'est que ce dénominateur commun, qui permet de retrouver l'équilibre général, c'est la réduction d'une fracture de l'âme, celle-ci étant particulière à chaque individu et fonction de son histoire personnelle.

Reprenons brièvement le raisonnement scientiste :

1) homme = algue bleue ;

2) je ne peux agir sur l'algue bleue que par le physique ;

3) donc je ne peux agir sur l'homme que par le physique.

L'erreur résidant dans l'équation de départ, il est naturel que je la retrouve à l'arrivée et aboutisse à une conclusion erronée. Si on met une fausse information dans un ordinateur, l'erreur se retrouvera à la sortie. Mais, affirmant cela, le scientiste raisonne (au sens péjoratif). Il ne pense pas.

De même, lorsqu'il « additionne » des maladies (au lieu de considérer des malades) et lorsque, de ces résultats, il tire des conclusions pratiques. Il part d'une fausse démarche — l'addition — et ne peut donc aboutir qu'à une conclusion fausse.

Je rappelle, une fois de plus, Claude Bernard :

> Cependant, avant tout, le médecin est médecin d'un malade en particulier, et ce malade veut savoir si lui en particulier guérira, et s'il ne doit pas guérir, il veut qu'on le traite de façon à ce qu'il guérisse ; peu lui importe d'ailleurs qu'un autre meure à sa place pour que la loi statistique reste constante.
>
> *Principes de médecine expérimentale,* chap. VII.

A quoi il ajoute, en note, et non sans humour :

> Beaucoup soutiennent qu'on ne change pas par la médecine la loi des naissances et la loi de la mortalité d'un peuple. Mais on peut changer celle des individus, et il est certain qu'on guérit des individus qui seraient morts ; la compensation se trouve peut-être dans ceux qui sont tués par le médecin.

En quoi la démarche qui consiste à additionner des maladies est-elle fausse ?

1) En ce que le médecin n'a pas affaire à des maladies, mais à des malades.

2) On ne peut additionner des malades, puisqu'il s'agit

d'individus, et qu'on ne peut additionner que ce qui est semblable.

Rappelons ce que Bergson, fervent admirateur de Claude Bernard, dit à ce sujet :

> Il ne suffit pas de dire que le nombre est une collection d'unités ; il faut ajouter que *ces unités sont identiques entre elles,* ou du moins qu'on les suppose identiques dès qu'on les compte. Sans doute on comptera les moutons d'un troupeau et l'on dira qu'il y en a cinquante, bien qu'ils se distinguent les uns des autres et que le berger les reconnaisse sans peine ; mais *c'est que l'on convient alors de négliger leurs différences individuelles pour ne tenir compte que de leur fonction commune.* Au contraire, dès qu'on fixe son attention sur les traits particuliers des objets ou des individus, on peut bien en faire l'*énumération,* mais non plus la somme. C'est à ces deux points de vue bien différents qu'on se place quand on compte les soldats d'un bataillon, et quand on fait l'appel. Nous dirons donc que l'idée de nombre implique l'intuition simple d'une multiplicité de parties ou d'unités, absolument semblables les unes aux autres.
>
> *Essai sur les données immédiates de la conscience,* in *Œuvres,* p. 52.

Or, comment le médecin peut-il :

1) s'occuper d'un malade en particulier ;

2) additionner des maladies (donc négliger les différences individuelles) ;

3) des résultats de cette addition, conclure à un traitement valable pour cet individu ?

On voit bien que la démarche ne tient pas. D'ailleurs, une fois de plus, Claude Bernard a tout dit sur la question :

> ... la statistique ne nous dit absolument rien sur la cause prochaine des phénomènes. (...) Elle ne dit rien pour les cas individuels. Elle donne la loi générale, mais non la loi

du *déterminisme* en particulier. Elle est vraie en général et *fausse en particulier.* [C'est Claude Bernard qui souligne.]

Principes de médecine expérimentale, chap. VII.

Comment expliquer ce paradoxe, et qu'en résulte-t-il pour la valeur de la statistique dans le domaine médical ?

Pour le comprendre, il faut savoir que la statistique n'est pas autre chose que l'addition de faits isolés, considérés comme semblables. Or, de même que d'un fait, je ne puis déduire une loi (sur ce point, aucun scientifique ne me contredira), de même, d'une addition de faits, je ne puis obtenir qu'une certaine idée de l'état de choses, mais qui ne peut me servir à tirer des conclusions pratiques. Ainsi, si à la suite d'une enquête à laquelle les gens auraient répondu de façon anonyme je m'apercevais que, dans tel village, il y a un criminel sur dix (donc 10 % de criminels), je ne pourrais pour autant savoir de qui il s'agit ni, a fortiori, mettre qui que ce soit en prison. Cette loi générale que me donne la statistique ne fait donc que décrire un certain état de fait mais ne me permet pas de déduire quoi que ce soit concernant les individus. En effet, je pourrais me promener des semaines dans ce village sans croiser aucun criminel.

Claude Bernard résume ainsi la question :

> ... la statistique (...) ne donne, comme l'empirisme, que l'*état des choses, status rerum,* tandis que la science ou le rationalisme donne la *raison des choses* (...), c'est-à-dire l'explication des faits avec le rapport rationnel qui les relie à leur cause prochaine. La statistique n'est en définitive qu'un dénombrement qui fournit l'expression empirique des faits et jamais elle ne pourra enfanter une science définitive et précise, ni *une science d'observation qui consiste à prévoir juste* dans un cas donné, ni *une science expérimentale qui consiste à prévoir et à agir juste dans un cas donné.* [C'est Claude Bernard qui souligne.]

Principes de médecine expérimentale, ch. VI.

Il ne faudrait pas pour autant en conclure que la statistique n'a aucun intérêt. Elle indique une tendance et peut en ce sens guider les recherches. Mais en aucun cas elle ne doit servir d'argument pour justifier une action portant sur un individu. Or, lorsque les médecins prescrivent tel médicament *parce qu'*il marche deux fois sur trois, ils adoptent en réalité, sous couvert de science (car, dans l'esprit de la plupart des gens, chiffres = science), une attitude parfaitement *antiscientifique* et purement empirique. Car, sans connaître la raison des échecs, ils ne peuvent (quoi qu'ils prétendent à cet égard) connaître non plus la véritable raison des réussites et se bornent à agir de façon uniquement empirique, comme n'importe quel sorcier de village (et cela, il faut le souligner, avec des produits qui sont loin d'être inoffensifs).

On comprendra mieux encore ce paradoxe — que la statistique est vraie en général et fausse en particulier — si l'on analyse à quelle opération de l'esprit correspond le fait d'additionner. Comme le démontre Bergson (in *Essai sur les données immédiates de la conscience,* « Multiplicité numérique et espace », *Œuvres,* pp. 59 sqq), compter, additionner, c'est raisonner dans l'espace, et non dans la durée.

Que l'une des erreurs fondamentales de la démarche médicale contemporaine est de raisonner dans l'espace sans tenir compte du temps en tant que durée, c'est ce qu'il convient à présent d'analyser et de démontrer.

L'ESPACE ET LE TEMPS DANS LE DISCOURS MÉDICAL

Biologie et médecine

> Un mobile plus lent ne peut être rejoint par un plus rapide ; car celui qui poursuit doit toujours arriver au point qu'occupait celui qui est poursuivi, et où celui-ci n'est plus [quand le second arrive] ; en sorte que le premier garde toujours une avance sur le second.
>
> D'après ARISTOTE, *Physique,* VI, 9.

L'homme existe à la fois dans l'espace et dans le temps. Sa vie est soumise *simultanément* à ces deux paramètres, si bien qu'il est impossible d'énoncer sur lui quoi que ce soit qui soit absolument vrai et qui ne tienne compte, en même temps, de ces deux données. Je ne puis en effet me penser ni en dehors du temps, de la *durée* — ce que je suis maintenant n'est pas exactement ce que j'étais il y a quelques secondes, les biologistes là-dessus ne me contredironts pas, puisqu'ils ont eux-mêmes constaté notamment qu'à partir de l'âge de vingt-cinq ans *x* cellules nerveuses meurent par seconde —, ni en dehors de l'espace, puisque mon corps se situe dans cette dimension.

Néanmoins, penser la réalité simultanément en termes de temps et d'espace est aussi difficile pour notre esprit que de penser l'infini ou l'éternité et l'homme, pour la commodité de ses études et de son raisonnement, a été amené à les dissocier. Pour étudier l'espace qui l'entourait, le monde, lui-même, il a dû d'abord faire abstraction du temps. Pour comprendre comment l'homme était fait, le physiologiste a d'abord disséqué des morts. Puis il a examiné des vivants. Mais a-t-il pour autant réintégré le temps dans son raisonnement, dans sa démarche ?

Je prendrai un exemple simple : je fais une photographie de Gérard. Le cliché que j'obtiens, par une opération technique, l'extrait du temps, l'immobilise, car cette image ne saisit de lui que sa dimension spatiale et fait abstraction de toutes les modifications temporelles qu'il subit. En effet, au moment où la photo sera tirée, le Gérard réel aura déjà changé et ne sera déjà plus conforme à cette image. Ce qui apparaîtrait de façon patente si le temps passait soudain beaucoup plus vite et si Gérard, par exemple, avait vieilli de cinq ans en cinq jours.

Ce fait est capital pour comprendre la valeur des examens complémentaires que l'on pratique en médecine : car lorsqu'on examine un malade, que l'on prend sa tension artérielle, que l'on fait des radiographies, des électroencéphalogrammes, etc., on ne fait jamais que saisir la dimension spatiale du malade, à un moment donné ; on n'obtient jamais (comme de Gérard) qu'une *image* de lui, en dehors du temps.

Admettons à présent que je prenne des photos de Gérard tous les centièmes de seconde pendant une heure. J'obtiendrai une série de clichés fixes, immobiles, que je pourrai disposer les uns à côté des autres. Mais je n'aurai pas pour autant une image du temps, de la *durée.* Pour l'obtenir, je devrais créer le *mouvement* (ce que fait le cinéma).

De même, si je fais des radiographies ou des électroencéphalogrammes en série.

Or, je l'ai dit en commençant ce chapitre, on ne peut rien dire de l'individu qui soit vrai et qui ne prenne en compte, simultanément, sa dimension spatiale *et* sa dimension temporelle. Et qu'est-ce que sa dimension temporelle ? son histoire. Comment accéder à cette dimension ? par son psychisme.

Je reprends : le médecin scientiste, qui part du principe aujourd'hui périmé qu'on ne peut agir sur le physique que par le physique, et qui ne s'occupe que du corps, se borne à raisonner dans l'espace et extrait le malade du temps. Or, depuis l'Antiquité grecque, il a été prouvé, notamment par les fameux sophismes de Zénon d'Élée, que raisonner dans l'espace en faisant abstraction du temps ne pouvait aboutir qu'à une absurdité. La démonstration est amusante, car elle montre comment on peut raisonner « apparemment » bien, et aboutir à une conclusion évidemment fausse.

Achille et la tortue font la course. Si la tortue part avant Achille, dit Zénon, jamais Achille ne pourra la rattraper. Et je vais vous le démontrer : en effet, si la tortue est au point B alors qu'Achille n'est qu'au point A, pendant qu'Achille franchira la distance AB qui le sépare de la tortue, celle-ci aura avancé et se trouvera en C. De même, tandis qu'Achille franchira la distance BC, la tortue aura encore avancé et se trouvera en D. Certes, la distance qui les sépare diminuera, jusqu'à devenir infinitésimale, mais en suivant ce raisonnement, il y aura toujours une infime distance qui séparera Achille de la tortue et qui fera qu'il ne pourra ni la rattraper ni, a fortiori, la dépasser.

Le raisonnement est parfait. Infaillible. Sauf qu'il est faux. Parce qu'il ne tient pas compte du mouvement, de cette synthèse de l'espace et du temps qui est notre *milieu.*

Or, le temps comme le mouvement sont homogènes et, contrairement à l'espace, sont indivisibles. Appliquer au temps ou au mouvement un raisonnement qui n'est valable que pour l'espace aboutit donc à une absurdité. Écoutons Bergson :

> Pourquoi Achille dépasse-t-il la tortue ? Parce que chacun des pas d'Achille et chacun des pas de la tortue sont des indivisibles en tant que mouvements, et des

> grandeurs différentes en tant qu'espaces : de sorte que l'addition ne tardera pas à donner, pour l'espace parcouru par Achille, une longueur supérieure à l'espace parcouru par la tortue et de l'avance qu'elle avait sur lui. C'est de quoi Zénon ne tient nul compte quand il recompose le mouvement d'Achille selon la même loi que le mouvement de la tortue, oubliant que l'espace seul se prête à un mode de décomposition et de recomposition arbitraire, et confondant ainsi espace et mouvement.
>
> *Essai sur les données immédiates de la conscience,* in *Œuvres,* p. 75.

Or la médecine scientifique mécaniste élimine du temps l'essentiel, à savoir la *durée,* et ne raisonne que dans l'espace. Sur ce plan, l'interrogatoire sur les antécédents médicaux du malade ne doit pas faire illusion : car le médecin se fonde là, une fois encore, sur des photos prises à différents moments de la vie de l'individu, qui ne lui disent rien sur ce qui s'est produit dans l'intervalle (autrement dit dans la durée). En effet, si je prends deux photos de Pierre à une heure d'intervalle, je n'ai jamais que deux instants de la vie de Pierre, et j'ignore tout des mouvements qu'il a pu effectuer entre les deux clichés. De même, lorsqu'un médecin fait passer à un malade deux électrocardiogrammes à deux mois de distance, *il ne peut rien savoir de ce qui s'est passé entre ces deux examens,* à moins qu'un accident ait eu lieu qui ait laissé des traces (comme Pierre aurait pu, entre les deux prises, se casser la jambe). Mais si les deux examens, par exemple, sont normaux, il ne peut en déduire pour autant, sinon par une extrapolation abusive, que pendant les deux mois en question, le cœur du malade a battu exactement de la même façon, ni qu'il continuera dans les heures et les semaines qui suivent.

Cette question est fondamentale car, en se « scientifisant » à outrance, notre Faculté a promu l'usage — avec des moyens de plus en plus perfectionnés — des examens complémentaires, en leur accordant une valeur qu'ils n'ont pas et en faisant croire aux malades qu'à partir de ces résultats, on peut déduire un diagnostic. Mais ce n'est pas là le rôle des examens complémentaires.

Nous avons tous en mémoire des anecdotes — jugées « étonnantes » — rapportant des cas de personnes s'étant fait faire un électrocardiogramme dont le résultat était parfait, et qui sont mortes trois jours plus tard d'un accident cardiaque. « C'est incroyable, il sortait juste de chez son cardiologue ! » entend-on alors. Mais non, cela n'a rien d'étonnant, car l'examen ne donne jamais que l'état du cœur *au moment de l'examen.* J'ai moi-même connu une femme qui, tous les mois, se rendait chez son cardiologue et se promenait toujours avec son dernier électrocardiogramme dans son sac. Comme les résultats étaient normaux, elle continuait de mener une existence extrêmement fatigante, et chaque fois que je la mettais en garde et lui conseillais de se ménager davantage, elle répondait :

— Ne vous en faites pas, j'ai mon électrocardiogramme dans mon sac, tout est normal.

Eh bien, un jour, elle a eu un accident cardiaque dans la rue. Une semaine plus tôt, son examen était parfaitement normal.

Enfin, je rappellerai une anecdote qui a en son temps défrayé la chronique, car elle concernait un personnage parisien assez célèbre. Celui-ci sortait à peine de chez son cardiologue — qui lui avait assuré : « Vous avez un cœur de vingt ans » — qu'il mourut d'un infarctus. Bien entendu, les journalistes s'émurent et questionnèrent le médecin :

— Ne lui aviez-vous pas dit qu'il avait un cœur de vingt ans ?

Le médecin, sans perdre son sang-froid, eut cette réponse admirable :

— Oui, mais on peut mourir d'un infarctus à vingt ans.

Ce qui bien entendu est vrai.

Quel est donc le rôle de ces examens complémentaires ?

Uniquement de confirmer ou d'infirmer un diagnostic, posé au préalable. Si j'ausculte quelqu'un et que je pressens, à l'examen clinique, une anomalie, je prescrirai un examen complémentaire. Et cet examen me dira si, oui ou non, je me suis trompé. Quant à faire des examens pour « rassurer » les malades (et parfois les médecins), c'est absurde ; car, une fois de plus, ce n'est pas parce que je prendrai une photo de Pierre aujourd'hui que je saurai comment il ira demain.

On m'objectera qu'il existe aujourd'hui des techniques perfectionnées qui prennent le temps en compte : ainsi, le holter, cet appareil que l'on fait porter au malade pendant vingt-quatre heures, pour mesurer sa tension. A quoi je répondrai qu'on n'obtient jamais, avec cet appareil, que la tension du malade pendant ces vingt-quatre heures-là, et que cela ne me permet en aucun cas de prévoir une crise d'hypertension qui se produirait trois jours plus tard. Le problème, en fait, reste le même. Comment, d'un court métrage que je ferai de Pierre aujourd'hui, puis-je déduire ce qu'il sera demain ? Bien sûr, on observera ainsi une tension qui se maintient à un niveau trop élevé, on obtiendra donc une image plus intéressante que celle que fournit une prise unique de tension, mais *que pourra-t-on raisonnablement en déduire ?* La médecine scientiste, ignorant qu'une fois de plus elle ne raisonne que dans l'espace en faisant abstraction de la durée (autrement dit, de la *vie* du malade), dit : la tension est trop élevée pendant vingt-quatre heures, *cela veut dire que,* si vous ne prenez pas de médicaments pour la faire baisser, elle va rester trop élevée. Autrement dit, de la connaissance de ce qui se passe à un moment donné, elle infère ce qui va se passer durant des mois. Et le traitement qu'elle va prescrire, qui sera peut-être justifié dans l'instant mais qu'elle va ordonner pour plusieurs semaines, sera fondé sur cette extrapolation.

Pour bien comprendre de quoi il retourne, il est indispensable de s'arrêter sur ce raisonnement. Pour mettre en évidence ses limites et la problématique qu'il soulève, je prendrai un autre exemple : observez un moulin à eau pendant une heure. Sa roue tourne. En déduirez-vous qu'elle tournera *toujours* ? Non, bien sûr. Vous savez notamment que si, durant l'été, la rivière s'assèche, ou encore si le cours d'eau est détourné, ou la source tarie, elle cessera de tourner.

Admettons à présent qu'après une heure de contemplation, vous décidiez d'arrêter la roue, parce que par exemple son axe est faussé. Que ferez-vous ? Vous pourrez mettre une grosse pierre, bien placée, mais vous savez aussi que ce n'est qu'une solution provisoire et que si, *à long terme,* l'eau continue de pousser sur les battants, elle risque de les endommager. Si, par conséquent, vous voulez l'arrêter assez longtemps sans abîmer votre moulin, vous allez chercher soit à détourner le cours d'eau, soit à tarir sa source. Autrement dit, vous agirez sur la *cause.*

Revenons à présent à l'hypertension. Lorsque le médecin prescrit un anti-hypertenseur, il agit, dans l'instant, comme celui qui place une pierre pour bloquer la roue du moulin (ce qui peut être indispensable si quelqu'un est en train de se noyer à cet endroit). Autrement dit, il n'agit pas sur la cause mais sur les effets, qu'il a constatés, à un moment donné, dans le corps. Le moulin dont la roue ne tourne plus ne produira plus de farine. De même, l'hypertendu qui prend des médicaments verra disparaître ses rougeurs, ses maux de tête, ses vertiges. Soit. Cela peut être *momentanément* indispensable, lorsque la tension atteint un seuil critique qui fait courir des risques vitaux au malade. Mais ce n'est qu'une action *à court terme,* une action qui s'exerce dans l'*instant* et ne se justifie que dans cet instant ; et qui ne dispense pas de chercher les causes qui, elles, se situent dans la durée, dans l'histoire de l'individu. Son histoire, qui est son temps, et s'imprime dans l'espace du corps.

J'ai évoqué plus haut ce que disent les biologistes, à

savoir que nous perdons, à partir de l'âge de vingt-cinq ans, tant de cellules nerveuses par seconde. Dans cette affirmation, on opère la jonction entre l'espace et le temps, on traduit un fait complet puisqu'on le situe à la fois dans l'espace (le cerveau) et dans le temps (toutes les secondes). Si l'on analyse ce fait de plus près, on est contraint d'admettre que *c'est le temps qui agit sur l'espace* et non l'inverse (du moins, que c'est ainsi que nous, humains, ancrés dans l'espace et le temps, nous pouvons le concevoir, et que c'est ainsi que nous le *vivons*) ; que si l'espace nous donne la mesure du temps (on peut dire que c'est la mort de tant de cellules qui nous fait prendre conscience que du temps a passé), que si c'est dans l'espace, autrement dit, que nous pouvons saisir la marque concrète du temps, c'est le temps passé qui a marqué cet espace et l'a modifié. Car, une fois de plus, si nous faisons abstraction de la durée — ce que nous pouvons faire arbitrairement en prenant une photo —, nous sommes forcés de convenir que le corps de la photo (qui n'est qu'un espace) ne se modifie pas (à moins d'avoir affaire au portrait de Dorian Gray !).

Cette question du rapport qu'entretient la science avec l'espace et le temps est essentielle à comprendre pour le médecin, non pour se donner un vernis humaniste, mais parce qu'elle a bel et bien des *conséquences pratiques.* Et c'est pour cette raison que Claude Bernard souligne que, sans la philosophie, la science « tombe, s'arrête, ou vogue à l'aventure ». Le scientifique, pour ne pas prôner des pratiques erronées et inadéquates, doit savoir que son discours se situe uniquement dans l'espace et que, *même lorsqu'il parle de temps* (comme, par exemple, en mécanique), il ne parle que de *simultanéités,* d'instants, et jamais de *durée.* Rappelons sur ce point ce que dit Einstein :

> Si nous voulons décrire le *mouvement* d'un point matériel, nous exprimons les valeurs de ses coordonnées en

> fonction du temps. Il ne faut pas perdre de vue qu'une telle description mathématique n'a de sens physique qu'à condition de se rendre préalablement compte de ce qu'il faut entendre ici par « temps ». Il convient en effet de noter que tous nos jugements dans lesquels le temps joue un rôle sont toujours des jugements sur des *événements simultanés.* Quand je dis, par exemple, « le train arrive ici à 7 heures », cela veut dire que « le passage de la petite aiguille de ma montre par l'endroit marqué 7 et l'arrivée du train sont des événements simultanés ».
>
> *Réflexions sur l'électrodynamique, l'éther, la géométrie et la relativité.*

Et l'analyse qu'en fait Bergson :

> ... la science n'opère sur le temps et le mouvement qu'à la condition d'en éliminer d'abord l'élément essentiel et qualitatif — du temps la durée, et du mouvement la mobilité. (...)
>
> Les traités de mécanique ont soin d'annoncer qu'ils ne définiront pas la durée elle-même, mais l'égalité de deux durées : « Deux intervalles de temps sont égaux, disent-ils, lorsque deux corps identiques, placés dans des circonstances identiques au commencement de chacun de ces intervalles, et soumis aux mêmes actions et influences de toute espèce, auront parcouru le même espace à la fin de ces intervalles. » En d'autres termes, nous noterons l'instant précis où le mouvement commence, c'est-à-dire la simultanéité d'un changement extérieur avec un de nos états psychiques ; nous noterons le moment où le mouvement finit, c'est-à-dire une simultanéité encore ; enfin nous mesurerons l'espace parcouru, la seule chose qui soit en effet mesurable. Il n'est donc pas question ici de durée, mais seulement d'espace et de simultanéités.
>
> BERGSON, *ibid.*

De même, lorsque le médecin interroge un malade sur ses antécédents médicaux, il ne considère que des simultanéités successives, ce qui, pas plus qu'une série d'images fixes ne traduisent le mouvement, ne lui permet de percevoir l'individu dans sa durée. En disant : vous avez telle maladie à tel moment, tel autre trouble à tel autre moment, il reste, quelque illusion qu'il se fasse, dans l'espace, le mesurable. Pour accéder au temps, à la durée, il doit s'interroger sur ce qui s'est passé dans l'*intervalle* de ces deux simultanéités, et cela, il ne peut le faire qu'à condition d'interroger l'âme, le psychisme, l'*histoire.*

> Ce qui prouve bien que l'intervalle de durée lui-même ne compte pas au point de vue de la science, c'est que, si tous les mouvements de l'univers se produisaient deux ou trois fois plus vite, il n'y aurait rien à modifier ni à nos formules, ni aux nombres que nous y faisons entrer. La conscience aurait une impression indéfinissable et en quelque sorte qualitative de ce changement, mais il n'y paraîtrait pas en dehors d'elle, puisque le nombre de simultanéités se produirait encore dans l'espace.
>
> BERGSON, *ibid.*

De la même façon, le médecin scientiste, qui ne s'occupe que du corps, autrement dit de la dimension spatiale de l'individu, ne change rien à son raisonnement ni à ses équations chimiques concernant les phénomènes physiologiques qu'il observe, que ces phénomènes se reproduisent à trois ans, à cinq ans, ou à dix ans d'intervalle dans la vie du malade.

Pourtant, Claude Bernard lui-même ne disait-il pas que l'affaire du médecin, c'était l'individu et, plus encore, un individu *placé dans des circonstances particulières* ?

En ne considérant de l'homme que sa dimension spatiale, autrement dit son corps, et en évacuant sa dimension temporelle, autrement dit son psychisme, son *histoire,* le médecin scientiste confond en réalité biologie et médecine. Or c'est là, dans cette confusion, dans ce passage à l'acte médical à partir d'une observation biologique, que se pose la véritable question *éthique.* (Cf.

p. 203.) Car si la première a beaucoup à apporter à la seconde, ces deux disciplines ont des objets (et des éthiques) bien différents : le propos de la biologie est en effet de décrire des mécanismes, alors que celui du médecin est de soigner un individu, soumis à bien d'autres paramètres.

Pour bien comprendre cette question fondamentale — qui est aujourd'hui systématiquement éludée —, il convient d'examiner rigoureusement le discours du biologiste, et cela concernant l'objet même de la controverse, à savoir le cerveau. Je me fonderai pour cela sur l'ouvrage de Jean-Pierre Changeux, *L'Homme neuronal,* qui fait autorité en la matière et présente l'avantage d'avoir été lu par des milliers de personnes.

Après un historique fort intéressant de la notion d'*âme* (auquel je renvoie le lecteur) où l'auteur montre comment, depuis l'Égypte ancienne jusqu'à la Belle Époque en passant par la Grèce antique, elle a subi tous les avatars possibles, de la matérialité (trouvant alors les localisations les plus diverses) à l'immatérialité et à l'immortalité, il passe à la description de l'organe :

> Aucune catégorie cellulaire, aucun type de circuit particulier n'est propre au cortex cérébral de l'homme. Les pièces et les vis de la machine cérébrale humaine sont puisées dans un répertoire très semblable, sinon identique à celui de la souris. (...) Tant au niveau de l'anatomie macroscopique du cortex qu'à celui de son architecture microscopique, aucune réorganisation « qualitative » brutale ne fait passer du cerveau « animal » au cerveau « humain ». Il y a au contraire évolution *quantitative* et continue du nombre total des neurones, de la diversité des aires, du nombre de possibilités connexionnelles entre neurones, et donc de la complexité des réseaux de neurones qui composent la machine cérébrale.

Soit. Pour le profane, il est tout à fait intéressant de savoir que, non seulement nous descendons du singe, mais qu'en outre, à considérer notre cerveau en pièces détachées, rien ne nous distingue de lui si ce n'est la *quantité* de nos neurones. La quantité... Pas de quoi flatter beaucoup le narcissisme de notre espèce.

Une fois définies ces pièces détachées, il importe de préciser la façon dont elles s'articulent et fonctionnent ensemble : électricité et chimie, tels sont les deux vecteurs qui les relient, et d'où naît l'activité cérébrale. Écoutons la façon dont Changeux expose les choses, car c'est là que, déjà, s'opère un glissement qui justifiera, plus tard, l'acte médical :

> La variation d'un paramètre physique de l'environnement se trouve donc *traduite* en variation d'impulsions nerveuses. Cela vaut quel que soit le paramètre : gravitationnel, lumineux, chimique..., auquel l'organe sensoriel est sensible. Une chaîne de réactions successives, *explicables* en termes strictement physico-chimiques, *assure,* de la surface sensible à l'oscillateur, *le réglage d'une activité spontanée qui préexiste à toute interaction avec le monde extérieur.* [C'est moi qui souligne.] Les impulsions produites sont donc de nature indépendante du paramètre physique auquel l'organe est sensible. Les organes des sens se comportent comme des « commutateurs » d'horloges moléculaires. Les stimuli physiques qu'ils reçoivent du monde extérieur les avancent, les retardent, ou les remettent à l'heure.

Ce qui signifie, pour parler en termes plus simples, que la machine cérébrale fonctionne avant même de recevoir des stimuli extérieurs, que sa vie, son fonctionnement, préexiste au rapport avec le monde extérieur. Mais, si l'on y réfléchit, est-ce vraiment étonnant ? Ne faut-il pas que la machine soit, en quelque sorte, adaptée à sa fonction ? Pour vivre, il faut bien que j'aie un cœur qui batte, un estomac qui fonctionne, des poumons qui me permettent de respirer. Et que toutes ces fonctions préexistent est en quelque sorte une évidence, puisque l'enfant qui naît, avant même d'entrer en rapport avec le monde extérieur, dispose de toutes ces fonctions qui vont lui permettre, justement, d'entrer en rapport avec ce monde. Faut-il pour cela raisonner comme le Code Napoléon et dire que, sous prétexte que la machine était là *avant,* elle peut, à elle seule, tout « expliquer » ?

Relisons la dernière phrase, qui me paraît la plus intéressante : « Les stimuli physiques qu'ils [les organes des sens] reçoivent de l'extérieur les avancent, les retardent, ou les remettent à l'heure. » C'est donc bien le monde extérieur qui agit sur la machine. C'est donc bien dans le monde extérieur qu'il faut rechercher la *cause* qui a provoqué le « retard » ou l'« avance ».

Que le biologiste ait découvert que la substance P était le transmetteur de la douleur n'explique pas *pourquoi* il y a douleur. Si je me brûle avec un fer à repasser, la substance P va sûrement faire des siennes, mais il n'empêche que la cause de la douleur, c'est ma maladresse. De même, lorsque Changeux écrit :

> La faculté de jouir, comme celle de souffrir, est inscrite dans nos neurones et dans nos synapses. Là encore, l'hypothalamus joue un rôle capital...

cela n'explique pas pourquoi Untel éprouve un plaisir fou à voyager alors que moi, je souffre le martyre à la seule idée de prendre l'avion ou de quitter mon pays.

Or, Changeux poursuit et commente ainsi ses observations :

> A la recherche « behavioriste » des règles phénoménologiques pouvant exister entre un stimulus du monde extérieur et une réponse comportementale succède désormais, plus en profondeur, une entreprise de décodage d'impulsions électriques ou de signaux chimiques et de débrouillage de réseaux de neurones et de leurs connexions. Les données déjà obtenues, bien que fragmentaires, suffisent pour nous permettre de conclure avec

> sécurité que tout comportement, toute sensation *s'expliquent* par la mobilisation interne d'un ensemble typologiquement défini de cellules nerveuses, un graphe qui lui est propre.

Ce qui fausse tout cet exposé (mais ce sont aussi de tels glissements qui justifient, plus tard, l'intervention médicale), c'est le terme « s'expliquent », que j'ai souligné. Car dire qu'une sensation s'*explique* par la mobilisation interne d'un ensemble de cellules nerveuses, c'est dire que sans ces cellules nerveuses, il n'est point de sensation (ce qui est vrai), et par conséquent (là réside le glissement) que ces cellules nerveuses sont *cause* de cette sensation. Nous retrouvons notre architecte (p. 172) qui « explique » la fissure par le fait que les deux murs se sont écartés. Pour être rigoureux, le biologiste devrait se contenter de décrire, et se borner à dire que toute sensation *passe par* la mobilisation de ces cellules nerveuses, mais rester conscient que le biologiste est impuissant, à lui seul, à expliquer toute la vie humaine. Car toutes les « causes » biologiques ne sont que des causes prochaines, en amont desquelles le médecin est obligé de remonter.

A partir de ces observations (passionnantes), Changeux conclut :

> Cet ensemble d'observations et de réflexions conduit non seulement à prendre en compte les mécanismes internes du comportement, mais à adopter vis-à-vis d'eux un point de vue déterministe. Rien ne s'oppose plus, désormais, sur le plan théorique, à ce que les conduites de l'homme soient décrites en termes d'activités neuronales. Il est grand temps que l'homme neuronal entre en scène.

C.Q.F.D.

Mais le texte est fin, habile. Car Changeux emploie bien le terme, parfaitement juste, de *décrire.* Le saut idéologique s'opère en fait dans la décision d'adopter, *théoriquement* (on quitte donc le domaine concret, pratique), un point de vue déterministe. En effet, on peut parfaitement admettre (ce qui, pour ma part, me paraît évident) que toutes les conduites humaines *se traduisent* par une activité neuronale donnée sans pour autant adopter un point de vue déterministe et affirmer que c'est cette activité neuronale qui détermine les conduites humaines.

Il ne s'agit pas d'une querelle d'école, et le danger de ce point de vue quant aux implications pratiques qu'il autorise ne doit pas nous échapper ; car c'est ici, précisément, que se joue toute l'éthique médicale.

En effet, si je dis que ma conduite se traduit par une activité neuronale donnée, je me borne à constater un lien de dépendance qui équivaut à celui que j'établis lorsque je dis que, si je mange trop de chocolat, j'ai mal au ventre — la question de la *cause* restant ouverte et se trouvant dans la réponse à la question : pourquoi est-ce que je mange trop de chocolat ? Cette question en entraînera une autre, qui m'amènera à réfléchir sur ma conduite, sur cette gourmandise à laquelle je cède bien qu'elle me fasse du mal, et me conduira à faire un certain travail sur moi-même — autrement dit à exploiter cette capacité spécifiquement humaine qui fait la part de la liberté individuelle.

En revanche, si j'affirme que mon activité neuronale *détermine* ma conduite, je ne suis pas loin d'admettre :

1) que je ne suis pas responsable de cette conduite (mon Dieu, débarrassez-moi de ces neurones qui me font faire n'importe quoi !) ;

2) que si des individus adoptent des conduites non conformes à une certaine normalité préalablement définie (et qui peut varier, par exemple, avec les régimes politiques, ce qui montre à quel point une telle perspective est dangereuse), on aura le droit d'intervenir directement sur cette activité neuronale.

Que le biologiste observe et décrive l'homme comme un

animal est naturel puisque son domaine est, précisément, ce que l'homme et l'animal ont en commun, à savoir un corps ; et que, se limitant à son champ d'étude, il n'aperçoive que les causes prochaines des phénomènes, c'est encore naturel. En revanche, que le médecin adopte sans sourciller ni se poser de questions le même point de vue que le biologiste est indéfendable. Car, comme le dit Claude Bernard, il a affaire à un individu, et cet individu, il doit le considérer dans sa spécificité, qui le distingue de l'animal ; et non seulement de l'animal, mais des autres hommes.

Toute la différence entre l'éthique pasteurienne et l'éthique bernardienne est là : car l'éthique, comme ensemble des lois et principes moraux régissant une activité, *doit être conforme à son objet.* L'objet du biologiste étant de décrire les mécanismes biologiques peut considérer l'homme comme un animal. Mais le médecin, dont l'objet est d'aider un individu à guérir, est contraint de considérer en lui l'être humain, doué non seulement d'un corps mais d'une âme, d'un psychisme ; un être responsable, libre.

Changeux — qui pour une part connaît les objections qu'on peut lui faire — évoque « le fossé qui, pour beaucoup, sépare encore le mental du biologique » et ajoute, un peu plus loin :

> Ces enchaînements et emboîtements, ces « toiles d'araignée », ce système de régulations fonctionneront *comme un tout.* Doit-on dire que la conscience « émerge » de tout cela ? Oui, si l'on prend le mot « émerger » au pied de la lettre, comme lorsqu'on dit que l'iceberg émerge de l'eau. Mais il nous suffit de dire que la conscience *est* ce système de régulations en fonctionnement. L'homme n'a dès lors plus rien à faire de l'« Esprit », il lui suffit d'être un homme neuronal.

Ainsi, au-dessus du fossé justement dénoncé, chacun tire à soi la couverture, sans aborder la question éthique, qui se trouve au cœur même du débat. En effet, en admettant que l'on parvienne (et l'on y parviendra, j'en suis certain) à rendre complètement compte du mental par le biologique et à définir, par exemple, par quel mécanisme neuronal tel individu a quitté sa femme — ce qui théoriquement n'a rien d'impossible —, aura-t-on pour autant réglé la question ? Non, bien sûr, car le problème restera, pour l'individu, de supporter le choc de cette séparation, de faire ce travail intime de réflexion qui lui permettra d'avancer librement dans l'existence.

Or, si l'on admet que le mécanisme neuronal est premier, on admettra également d'agir (chimiquement) sur ce mécanisme et de permettre ainsi à l'individu de faire l'économie de ce travail personnel et même, pourquoi pas, d'oublier ce qui le perturbe.

En revanche, si l'on estime — ce qui est précisément un point de vue *éthique* — que ce qui légitime l'existence humaine et en fait la dignité, c'est le progrès que l'on peut faire dans la connaissance de soi et l'acquisition d'une certaine sagesse, on ne saurait admettre ce point de vue mécaniste qui prétend légitimer sans plus d'examen l'intervention physique.

Le système de pensée en vigueur à l'heure actuelle étant parfaitement cohérent, il faut bien voir que la définition que la Faculté donne aujourd'hui de la santé (et qui est admise de tous, comme une évidence) légitime également cette intervention : car ne voir dans la santé qu'un « état de bien-être » justifie tout acte médical tendant à rendre à l'individu ce bien-être perdu. Or, si tout produit chimique apportant cet état de bien-être peut être prescrit par le médecin, sans qu'aucune autre considération éthique entre en ligne de compte (mais alors, pourquoi ne pas porter les drogués au pinacle ? ne les poursuivrait-on *que* parce qu'ils occasionnent une gêne sociale, et non au nom d'une liberté individuelle perdue ? d'une dignité humaine à retrouver ?), nous admettrons bientôt que l'homme neuronal est manipulable à merci.

C'est bien ainsi que l'on risque d'interpréter le discours de Changeux : car dire que « l'homme n'a plus rien à faire de l'esprit », c'est non seulement évacuer en fait l'irrationnel (car c'est une façon d'affirmer que rien n'échappe à la raison scientifique ; dans l'histoire de la pensée, on appelle ce type de démarche intellectuelle du dogmatisme), mais nier la question éthique sous-jacente, ce qui est beaucoup plus grave.

En définissant le biologique comme « premier », Changeux le place implicitement comme le champ de toutes les causes et nie — ce qui a été prouvé par d'autres démarches — l'impact biologique d'une démarche psychique librement consentie. Or, d'un point de vue éthique, cette dernière démarche me paraît *fondamentale* (même si elle ne suffit pas toujours et s'il faut parfois, pour des raisons d'urgence, intervenir physiquement), car elle est la seule qui considère l'homme en tant qu'individu à part entière, libre et responsable de lui-même. Les médecins auraient-ils le droit de rester étrangers à ces valeurs et de les rejeter avec dédain dans le domaine des élucubrations philosophiques ?

Toutes ces critiques sont bien jolies, me dira-t-on. Mais sur toutes ces questions, quelle est votre opinion ? Mon expérience, ma lecture critique des textes et mes réflexions m'amènent aux conclusions suivantes :

1) la santé n'est pas un état de « bien-être » (éventuellement béat) mais un état d'*équilibre* entre l'organisme et le psychisme, une synthèse que l'homme réeffectue constamment ;

2) ce qui définit l'individu en tant qu'individu, c'est son *histoire* particulière, qui s'inscrit dans son corps, tout au long de sa vie, essentiellement par le biais des émotions ;

3) les émotions mal vécues, mal supportées, peuvent

engendrer un déséquilibre momentané, une « fracture de l'âme » (ou une foulure) qui va s'inscrire dans le corps sous la forme d'une maladie, *qui constitue elle-même non un désordre, mais une tentative naturelle de l'organisme pour rétablir l'équilibre préalablement compromis par cette émotion* ;

4) les conflits qui divisent les médecins scientistes et les autres viennent de ce que les premiers, ne s'occupant que du corps, autrement dit de la dimension spatiale de l'individu, n'agissent que sur les effets, alors que le médecin bernardien devrait considérer non seulement le corps mais le psychisme, qui constitue la dimension temporelle de l'individu, autrement dit son histoire, où résident les causes. Pour être plus clair, je proposerai le petit tableau suivant :

Temps	Espace
Ame, émotions	Corps
Cause	Effet
Philosophie	Science
Histoire	Biologie

La médecine scientifique ne s'occupe que de la colonne de droite et vogue ainsi à l'aventure, comme disait Claude Bernard, alors que le devoir du médecin est de parvenir à la synthèse de ce tableau ;

5) la maladie exprimant une difficulté à vivre ou à supporter quelque chose qui a trait à l'histoire individuelle du malade (puisque c'est le temps, je l'ai dit — p. 196 —, qui agit sur l'espace et non l'inverse), le devoir du médecin est, après avoir éventuellement répondu aux urgences d'ordre physique, d'aider le malade à retrouver cette cause et de lui permettre ainsi de se libérer, autre-

ment dit d'admettre son histoire, sa vie, et de ne plus en être victime. C'est la seule position éthique justifiable.

Enfin, il est très intéressant de constater que même le biologiste, qui défendait un point de vue déterministe, est si je puis dire rattrapé par ce qu'il a essayé de nier, à savoir l'histoire particulière des individus. Écoutons-le plutôt :

> La complexité du cerveau de l'homme n'est pas un vain mot, et Atlan a raison de souligner que l'emploi de ce terme révèle le plus souvent notre ignorance. Le développement de nouvelles techniques d'exploration anatomique et fonctionnelle devrait conduire à de rapides progrès dans ce domaine et combler le vide trop criant de nos connaissances. De telles mesures, toutefois, se heurteront rapidement à une importante difficulté de principe. *On ne peut décrire une organisation que dans la mesure où elle se reproduit d'un individu à l'autre* [c'est moi qui souligne]. Le pouvoir des gènes, nous le savons, assure la perpétuation des *grands traits* [c'est l'auteur qui souligne] de cette organisation, la forme du cerveau et de ses circonvolutions, la disposition de ses aires, l'architecture générale du tissu cérébral.

Jusque-là, l'auteur se borne à évoquer ce qui, selon la terminologie de Claude Bernard, correspond au type général. Mais dès que l'on considère l'individu, même le biologiste est contraint de faire appel à d'autres concepts :

> *Mais une importante variabilité, mise en évidence chez les vrais jumeaux, échappe à ce pouvoir.* [C'est moi qui souligne.] Elle apparaît dès que la résolution de l'analyse atteint le niveau cellulaire ou synaptique. (...) Cette variabilité de phénotype est intrinsèque. Elle résulte de l'*histoire* [souligné par l'auteur] précise des divisions et migrations cellulaires, de la navigation du cône de croissance et de sa scission, des phénomènes régressifs et de stabilisation sélective, *qui ne peuvent être exactement les mêmes*

> *d'un individu à l'autre, ceux-ci fussent-ils génétiquement identiques.* [C'est moi qui souligne.] La manière dont se construit l'encéphale des vertébrés supérieurs, et plus particulièrement de l'homme, introduit une variabilité essentielle.

Que le biologiste soit finalement contraint de faire appel à la notion d'*histoire* pour expliquer les particularités biologiques introduit une contradiction intéressante, car elle dénonce la position déterministe préalablement soutenue : en effet, le déterminisme n'est évidemment plus biologique, mais historique ; ce qui est bien mon avis.

Le débat se déplace donc et la question reste à présent de savoir si l'homme est prisonnier de sa propre histoire, autrement dit s'il la subit, ou s'il peut agir au moins partiellement sur elle et se découvrir une liberté. Dans ce domaine, les récentes et nouvelles approches du cancer nous fourniront des éléments de réponse. Je les examinerai dans le chapitre suivant, non sans avoir au préalable mis en évidence la conception du monde tapie sous le discours médical officiel et qui n'est en aucune façon (et contrairement à ce que voudrait nous faire croire une certaine « langue de bois ») un « fait scientifique ».

UNE CERTAINE CONCEPTION DE L'HOMME DANS LE MONDE

Le cancer : la grande remise en question

Le biologiste décrit. Parfois, emporté par son enthousiasme, aveuglé par ses découvertes (toujours qualifiées de « prodigieuses »), il quitte son domaine propre, qui est celui de la description des mécanismes pour, happé par l'esprit de système qui guette à tout instant l'homme de science, s'envoler vers des explications théoriques qui, se limitant à sa discipline (comme si une discipline pouvait à elle seule rendre compte de la réalité), ne sont en fait que tautologies présentées sous forme de lois universelles.

Cela ne serait rien, je l'ai dit, si ces prétendues explications n'avaient des implications pratiques. Mais le médecin, qui suit aujourd'hui pas à pas le biologiste, s'appuie sur ses théories pour agir. Voici un texte (je pourrais en citer des centaines analogues), signé d'un de nos médecins institutionnels, qui montre à quel point, de la biologie à la médecine, le pas est vite franchi, sans même que la question de la légitimité de ce passage à l'acte soit posée :

> L'anémie, dont un symptôme essentiel est l'essoufflement, a longtemps été grossièrement imputée à l'altération non précisée du globule rouge. On sait maintenant reconnaître le maillon altéré de ce système complexe. Et

tantôt c'est le fer qui est insuffisant, tantôt les autres éléments de l'hème, tantôt toute une chaîne de globine, tantôt tel de ses acides aminés. La prévention, le traitement des anémies peuvent se fonder sur ces analyses rigoureuses.

Or, sur ce passage à l'acte, on peut se poser des questions :

1) parce que — comme l'a dit et répété Claude Bernard — la médecine se trouve au carrefour de plusieurs disciplines et que, sur le plan méthodologique, il y a tout lieu de penser que ne tenir compte des conclusions que d'une seule de ces disciplines constitue une erreur ;

2) parce que décrire et agir constituent deux attitudes bien différentes à l'égard de la réalité et que si l'acte se fonde, il est vrai, sur une certaine constatation des faits, il est en réalité la conséquence d'une *interprétation* de ces mêmes faits et par conséquent met en jeu une éthique.

Lorsque je décris, je me borne à constater des faits et à en rendre compte : il pleut ; Pierre a une jambe cassée. Cette description, je puis la développer et dire, par exemple : il pleut parce qu'il y a des nuages, amenés par le vent d'ouest, et que le changement de pression atmosphérique a déclenché une averse ; ou : Pierre s'est cassé la jambe dans un accident de ski, parce qu'il a reçu un choc. D'une certaine façon, tant que l'on décrit, on garde le point de vue de Sirius : on se place en dehors de la réalité, que l'on observe sans s'y engager. L'engagement viendra avec l'acte, qui résulte d'un *jugement,* d'une certaine estimation de cette situation préalablement observée.

Ainsi, si je prends comme exemple le cas du pompier qui intervient pour éteindre un incendie et si j'analyse ce qui s'est passé dans son esprit avant qu'il intervienne, je verrai bien qu'il a :

1) *constaté* qu'il y avait le feu ;

2) *estimé* qu'il était dangereux de laisser les choses en

l'état. Autrement dit, dans un second temps, il a émis un jugement, pesé le pour et contre et, ce faisant, tenté de prévoir, avec les connaissances dont il dispose, ce qui se produirait s'il n'intervenait pas. En effet, peser le pour et le contre revient toujours à examiner les deux termes de l'alternative agir/ne pas agir, donc comparer les conséquences de deux options et choisir, parmi ces conséquences, les meilleures (ou les moins mauvaises).

Or, si le pompier décide d'intervenir, c'est parce qu'il sait que le feu ne s'éteindra pas tout seul ou bien qu'avant de s'éteindre, il fera des ravages que son intervention va pouvoir limiter.

Le médecin qui agit, prescrit des médicaments, ne fait pas autre chose : dans un premier temps il constate, dans un second temps il estime. D'ailleurs, il faut convenir que c'est bien là ce qu'on lui demande car, comme le dit Claude Bernard dans son *Introduction à l'étude de la médecine expérimentale* :

> ... la médecine d'observation pure ne peut pas être acceptée par les praticiens, car elle conclut à l'expectation. Or, l'expectation en pratique n'a jamais eu de succès ; les malades veulent être traités. Il n'y a pas un seul hippocratiste pur, même parmi ceux qui préconisent le plus Hippocrate, parce qu'aucun d'eux ne se résout à faire de l'expectation.

Cependant, une grande partie de l'ambiguïté du discours médical officiel consiste à faire passer le jugement (qui est une interprétation des faits, reposant sur une certaine conception du monde et de la nature) pour un fait, l'estimation de la situation pour la description. Et il faut bien se rendre compte que *si cette ambiguïté existe, c'est parce qu'elle est utile à celui qui l'exprime* ; car affirmer qu'il s'agit d'un *fait* interdit à l'interlocuteur de le remettre en question, alors que si l'on avouait d'emblée qu'il s'agit d'une interprétation des faits, l'interlocuteur (le malade) serait facilement porté à la contester (toute interprétation étant, par définition, contestable). Ainsi, lorsque l'un de nos académiciens écrit :

> Toutes les recherches contemporaines mettent en évidence l'importance du rôle des peptides (...) et leur diversité. Le nombre de ces molécules peptidiques reconnues ne cesse de croître. Les peptides gouvernent les grandes fonctions du système nerveux, la soif, l'amour...

et, plus loin :

> Une peptide, qui porte le joli nom de lulibérine, est responsable de l'amour, du moins du comportement amoureux ; une endorphine inspire, après l'amour, la satiété. La soif dépend de l'angiotensine ; l'amour maternel de l'ocytocine,

il est clair, si l'on examine le vocabulaire employé, que faits scientifiquement constatés et interprétation s'entremêlent joyeusement, pour la plus grande confusion du lecteur.

En effet, pour être rigoureux, il faudrait dire :

1) je *constate* que l'amour s'accompagne de telle peptide, la soif de telle autre, etc. ;

2) j'*estime* que la soif, l'amour sont gouvernés par telle ou telle peptide puisque, sans ces peptides, il n'y a ni soif ni amour.

En effet, les mots « gouvernent », « est responsable de », « inspire » ou « dépend de » traduisent non des faits, mais une interprétation de ceux-ci. Ce qui apparaît clairement puisque je peux, à partir de ces mêmes faits scientifiquement constatés et sans les remettre en question, fournir une interprétation différente voire opposée comme : lorsque je tombe amoureux de ma voisine (parce que je la trouve ravissante et qu'elle correspond en tout point à mon idéal), je réveille ma lulibérine, j'exploite la possibilité qu'elle m'offre, effectivement, d'aimer (comme mes jambes me permettent de marcher, ce qui ne veut pas dire pour autant que c'est à cause de mes jambes que je vais aller à tel endroit).

Tout le discours médical officiel est ainsi truffé de « faits » qui sont en réalité des interprétations conformes à une certaine conception du monde qui, elle, n'a rien de scientifique et pose véritablement un problème philosophique.

En effet, lorsque je lis, sous la plume une fois de plus d'un de nos plus éminents professeurs :

> L'homme, comme tout être vivant, est constamment exposé à des agressions. Les agresseurs tantôt menacent la vie de l'homme, tantôt tentent d'altérer son unité en introduisant des éléments étrangers,

ce n'est pas là, quelque allure qu'il cherche à se donner, un discours scientifique, mais bien une interprétation subjective (et légèrement paranoïaque, si j'ose me permettre) de la réalité ; car poser l'homme comme « agressé » par le monde, c'est recourir à un vocabulaire psychologique qui traduit l'impression qu'éprouve cet homme devant le monde. Il n'existe pas en effet d'agression objective, je veux dire que pour qu'il y ait agression, pour que l'emploi de ce terme se justifie, il faut que quelqu'un vive, ressente tel ou tel fait comme une agression.

Un exemple très simple démontrera ce que j'avance : celui, bien connu, de ce que Freud a appelé la « scène primitive ». Un enfant surprend deux adultes en train de faire l'amour. Non seulement il ne comprend pas ce qu'ils font, mais voyant — par exemple — l'homme couché sur la femme et entendant celle-ci pousser des cris ou des gémissements dont la véritable signification lui échappe, il va interpréter cette scène comme une agression de la femme par l'homme. Car c'est ainsi que lui, l'enfant, va vivre, percevoir ce spectacle (alors que la femme, elle, et pour son plus grand bonheur, aura très probablement vécu cette « agression » bien différemment). De même, si je dis qu'à l'heure actuelle, les passants sont à Paris continuellement agressés par la vue d'affiches pornographiques, je n'énonce pas un fait objectif mais exprime, sous la forme d'une loi générale, une impression personnelle que je prête abusivement à tous ceux qui m'entourent. En effet, ce n'est pas parce que j'aime le chocolat que je me permettrai de dire : tout le monde aime le chocolat. Pourtant, c'est exactement ce que fait le savant qui définit l'homme comme « constamment exposé à des agressions ».

Ah non, me dira-t-on, là vous exagérez : vous savez très bien que l'homme doit continuellement se défendre contre les microbes et les virus qui l'assaillent. C'est donc bien un fait que l'homme est perpétuellement agressé.

A quoi je répondrai simplement ceci : l'homme fait partie de la nature, il respire quotidiennement — je l'ai dit et répété — des millions de microbes et de virus avec lesquels il vit très bien, sans que ceux-ci compromettent son équilibre, car son organisme est fait pour s'adapter à cette nature. Mais il arrive aussi que cet équilibre naturel soit rompu et que l'homme, qui vivait bien jusque-là avec ses microbes et ses virus, leur offre soudain la possibilité de proliférer de façon anormale. On dit alors, très justement, qu'il a « attrapé » une maladie. Attrapé. Le mot mérite réflexion. En effet, ce n'est pas l'homme qui a été attrapé par elle, c'est bien lui qui est allé la chercher, qui lui a ouvert la porte. Dans ce contexte, il n'y a plus ni agresseurs ni agressé, mais simplement rupture d'un équilibre naturel entre des éléments qui jusque-là vivaient en harmonie. Et la véritable question, c'est, bien entendu : pourquoi cet équilibre s'est-il rompu ?

J'ai dit que poser l'homme comme agressé, c'est induire une conception du monde qui n'a rien de scientifique et pose en réalité un problème philosophique. Cela apparaîtra si j'analyse l'attitude du généraliste classique, formé sur les bancs de notre faculté.

Admettons que vous l'ayez appelé parce que vous avez 40° de fièvre et que vous avez mal à la gorge. D'abord, il faut savoir que si vous l'avez fait venir, c'est :

1) parce que vous souffrez, que vous n'aimez pas souffrir, et que vous souhaiteriez qu'on vous débarrasse de cette souffrance ;

2) parce que 40° de fièvre, c'est beaucoup, que cela vous inquiète (si la fièvre est montée jusque-là, pourquoi ne monterait-elle pas davantage et, qui sait, jusqu'à faire sauter le thermomètre — et le cœur ?) et que vous désirez être rassuré.

Or, comment va réagir le médecin qui estime que vous avez été « agressé » par un microbe ? Comment réagit-on naturellement à une agression ? En contre-attaquant immédiatement. Autrement dit, estimant qu'il n'y a rien à attendre de la nature (jugée mauvaise a priori puisqu'elle agresse), il va sur-le-champ vous prescrire des antibiotiques et des antipyrétiques (fébrifuges) pour faire tomber la fièvre et combattre le mal. *Parce que de la nature, ce médecin-là attend (et prévoit) toujours le pire.* (Si d'aucuns en doutaient, il leur suffirait de lire les traités de médecine qui peuplent les rayons de librairies scientifiques.)

Il est vrai que Claude Bernard a dit : « La vraie médecine est celle qui agit pour arrêter le mal. » Encore faut-il savoir comment agir judicieusement. Aussi rappellerai-je, à côté de cette phrase qu'il faudrait se garder d'interpréter trop hâtivement, deux autres passages autrement importants, et que chaque médecin devrait méditer :

> ... la tendance irrésistible de l'esprit humain à expliquer tout ce qu'il voit est l'origine même de la science ; mais d'un autre côté, ainsi que nous l'avons déjà dit, la précipi-

> tation que l'esprit met dans les explications est la source des plus grandes illusions et des plus grandes erreurs scientifiques.
>
> *Principes de médecine expérimentale,* chap. V.

Et :

> En effet, quelle que soit la cause première du monde, ne voyons-nous pas à sa surface que tout se passe suivant certaines conditions matérielles déterminées qui, si elles ne sont pas la cause du phénomène en lui-même, sont certainement les conditions de sa manifestation. Or, c'est tout ce qu'il nous en faut, dès que nous avons le pouvoir de régler le phénomène, sinon en l'atteignant dans sa cause première, immatérielle, au moins en agissant sur les conditions matérielles de sa manifestation. Les phénomènes de la vie, aussi bien que tous les autres, sont enchaînés à des conditions matérielles que nous devons chercher à connaître et sur lesquelles nous devons chercher à agir.
>
> En un mot, tout se réduit, dans toute science, à connaître expérimentalement les conditions matérielles de manifestation des phénomènes. Ce sont ces conditions seules qu'il faut étudier. Ce sont les lois d'action de ces causes qu'il faut rechercher parce qu'elles nous donnent le rapport ou la loi qui existe entre la cause et l'effet.
>
> *Principes de médecine expérimentale,* chap. XIV.

Donc, ne pas se hâter d'expliquer.

Quant au second texte, si je l'ai cité, c'est parce que je sais qu'il peut donner lieu à contresens et que certains scientistes, le lisant, n'y verront que la confirmation de leurs opinions, comme on voit midi à sa porte. Il me paraît donc essentiel de l'expliquer en profondeur.

En fait, Claude Bernard ne fait ici que reprendre la distinction qu'il a déjà développée (et que j'ai examinée,

p. 153-154) entre le physique et le métaphysique. Et, se fondant comme toujours sur l'état des sciences à son époque (et ignorant que l'on peut agir sur le physique par le psychique), il conseille d'agir sur les « conditions matérielles de manifestation des phénomènes ». Or, si j'actualise ce principe, autrement dit si je tiens compte du fait expérimental aujourd'hui acquis que l'histoire de l'individu, les émotions qu'elle suscite en lui *font partie de ces conditions matérielles,* je comprendrai que c'est sur cette histoire, comme contexte et condition d'apparition de la maladie, qu'il me faudra agir (ou, plutôt, aider le malade à agir) et non plus seulement sur les effets physiques.

Non, décidément, dire que l'homme est agressé n'est pas un énoncé scientifique. Rigoureusement, *objectivement,* il faudrait se contenter de dire : l'homme est, les microbes et les virus sont, tout cela, dans la nature, vit. Parfois, en équilibre. Parfois, l'équilibre se rompt, bascule. Tout le reste est littérature.

Mais quel roman se cache derrière cette conception de l'homme agressé ? Il n'est pas inintéressant d'aller voir. Qui dit agressé dit victime. Et, bien sûr, victime innocente. Et qui va venir au secours de la pauvre victime aux prises avec ses agresseurs, les mauvais microbes et les mauvais virus ? Le bon médecin. Il eût été étonnant que le mythe ne serve pas la cause de quelqu'un. Et de celui, précisément, qui affirmait que l'homme est perpétuellement agressé... Je ne vois rien là de bien scientifique et propose donc de revenir à des considérations plus sérieuses.

La conception de la nature qui se cache derrière le discours (et justifie les actes) de nos médecins institutionnels est donc bien qu'il n'y a de cette nature rien à attendre que de mauvais et que l'homme, perpétuellement agressé par elle, doit constamment vivre sur la défensive. Dans ce contexte, le médecin est celui qui vole à son secours, prend en main son destin et peut le sauver.

Autrement dit, l'homme, seul contre cette nature et sans le secours du médecin, ne peut rien. Victime, il est aussi l'enfant qui ne sait rien et doit attendre que le père, qui sait, lui dicte sa conduite. Comment s'étonner, dès lors, que nous soyons tous des « assistés » ? L'institution elle-même nous place dans cette position.

En réalité, le scientifique est ici pris au piège. Car ce qu'il veut, ce qui le passionne, c'est savoir. Et pour savoir, il est obligé d'agir, d'expérimenter, de vérifier. Et pour agir, il doit justifier cette action. Et pour justifier cette action, il opère un tour de passe-passe qui consiste à contourner la question éthique et philosophique sous-jacente et s'appuie, dit-il, sur une vérité scientifique qu'il ne viendrait à l'idée de personne de remettre en cause puisque aujourd'hui, la science opère dans l'esprit des gens comme autrefois le sacré. Nous n'avons pas perdu notre esprit religieux, il a simplement changé d'objet : aujourd'hui, l'objet du culte s'appelle cellule, atome, synapse, et ce langage-là parle aussi bien, ma foi, que notre bon vieux latin.

Le tour de passe-passe est simple : il suffit de mettre la cause dans l'effet et d'affirmer que c'est scientifique. Ainsi, la question de l'interprétation se trouve tout simplement, et comme par enchantement, niée, évacuée.

En effet, si je dis : vous avez mal à la gorge parce que vos amygdales sont enflammées, ceci est une vérité scientifique :

1) je m'autorise d'une valeur incontestable (l'adjectif « scientifique » me garantissant contre toute critique) ;

2) je m'autorise à agir sur cette « cause », que j'ai nommée comme telle en me réclamant de la science, alors qu'il ne s'agit que d'un effet ;

3) la science comme valeur de vérité justifiant mon action, j'évite ainsi la question éthique sous-jacente à toute action.

En revanche, si le médecin admettait qu'il s'agit non

d'une « vérité scientifique » (présentée par là même comme immuable et incontestable) mais d'une interprétation de faits scientifiquement constatés, on pourrait lui demander :

1) sur quoi il se fonde pour justifier cette interprétation ;

2) éventuellement, de s'abstenir d'agir s'il s'avérait que son interprétation est contestable et ne tient pas compte, par exemple, d'autres données également déterminantes. Or, toute interprétation étant par définition contestable, le scientifique se trouverait alors freiné dans ses recherches et contraint de reconnaître une autre autorité que la sienne.

Par exemple, celle du philosophe.

En affirmant que « le vrai est ce qui est vérifiable », le scientifique escamote la question, philosophique elle, de cette « vérité » non vérifiable sur laquelle repose toute conception du monde. Sachant que cette vérité-là, qui sous-tend son discours, il ne peut la démontrer, il la pose d'emblée comme une vérité « scientifique », espérant que ce seul adjectif le garantira contre toute objection : l'homme est perpétuellement agressé. Puisque c'est un homme de science qui parle et, qui plus est, un homme qui vient d'affirmer que le vrai était ce qui est vérifiable, c'est que cette vérité, il a dû la vérifier. Or il s'agit là, en réalité, d'une interprétation des faits qui n'est pas plus vraie que la mienne à savoir, par exemple, que la nature fait bien les choses et que notre organisme est conçu de façon à vivre en harmonie avec cette nature.

Ce dont il faut toujours rester conscient, c'est qu'aucune conception du monde n'a jamais été prouvée. Ou plutôt, que toutes les conceptions du monde (religieuses, métaphysiques) ont toutes trouvé des justifications multiples et diverses, ce qui revient au même. A partir de là, la véritable question, celle qui en tant que médecin praticien me préoccupe, c'est : à quoi sert cette conception du monde et de la nature ? Quelles sont ses implications ? Que justifie-t-elle ?

A qui profite-t-elle ?

Si j'affirme que la nature est mauvaise, que nous n'avons rien de bon à attendre d'elle, j'ai contre elle tous les droits et personne ne me les contestera. Si je dis en revanche que la nature est bonne et qu'il n'y a qu'à la laisser faire, je n'ai plus qu'à changer de métier. Entre ces deux positions extrêmes, n'en existe-t-il pas une troisième ? Et d'abord, en quoi ces deux points de vue sont-ils également insoutenables ?

Dire que la nature est « bonne » ou « mauvaise », c'est émettre un jugement moral, c'est opérer un glissement du registre scientifique (dont la caractéristique devrait rester l'objectivité) au registre psychologique et subjectif. La question n'est pas plus, pour le médecin, de juger si elle est bonne ou mauvaise que de savoir si Dieu existe et s'il aime ou non ses créatures. Ce qui le préoccupe uniquement, c'est de connaître les lois de cette nature, et suivant quelles lois l'homme, dans cette nature, fonctionne.

En outre, poser la nature comme mauvaise, c'est :

1) soit affirmer également que l'homme est mauvais, puisque faisant partie de cette nature ;

2) soit poser l'homme comme bon, par opposition à cette nature qui l'agresse, mais alors, à quelle place marginale impensable ?

On voit bien que tous ces jugements sont sans fondements et hors de propos.

Si je me contente d'observer, sans porter de jugement moral (mais de nombreux médecins, ne sachant plus aujourd'hui ce qu'est l'éthique, ont souvent tendance à la confondre avec de vagues règles morales qui soutiennent leur code de déontologie), je dirai : de la même façon que, dans le monde, l'espace nous donne la mesure du temps qui passe (cf. p. 196), lorsque nous observons l'homme inscrit dans l'espace et le temps (autrement dit en ne cessant de tenir compte de ces deux paramètres), nous pouvons comprendre son fonctionnement de la façon suivante (que je n'ai cessé de vérifier) : son corps exprime son histoire, ce qu'il ressent, et en tant que médecin je dois l'aider :

1) à comprendre la façon dont il fonctionne, ce qui lui permettra d'accéder à une certaine liberté et de cesser d'être victime non de la nature ou des autres (qui le contamineraient) mais de lui-même ;

2) à guérir, en prenant conscience des émotions qu'ont fait naître en lui des événements difficiles de son histoire qui l'ont amené, à un moment donné, à tomber malade alors que jusque-là, tout allait bien. Je viens d'évoquer ici un point fondamental qui a dominé toute la médecine pasteurienne du XXe siècle, et qui est celui de la contagion.

En effet, non contents de considérer la nature comme mauvaise, nous avons établi que ces microbes et ces virus que nous « attrapons » ne nous viennent pas simplement de l'air que nous respirons, mais des autres, que nous côtoyons. Ainsi, ce n'est plus seulement le monde qui nous rend malades, mais nos congénères ; nos congénères qui peuvent, aussi (et malgré eux bien entendu), nous tuer. Dans cette vision — qui est bien une *vision* — l'individu est menacé de toutes parts.

Il ne faudrait pas croire en effet qu'il y ait là quoi que ce soit de « scientifique » ; car si la loi de contagion était immuable et universelle, personne n'aurait réchappé aux grandes épidémies. Et il ne suffit pas de dire que certains avaient de meilleurs terrains que d'autres ou se défendaient mieux. Encore faudrait-il expliquer pourquoi. [Sur la notion de *terrain*, cf. p. 270.] En fait, la théorie de la contagion n'est qu'une *hypothèse,* qui repose sur l'observation empirique et résulte de la déduction (probablement trop rapide) suivante : Untel a la grippe, j'ai vu Untel, j'ai la grippe, *donc* c'est Untel qui me l'a « passée ». J'estime pour ma part qu'il s'agit là d'un raisonnement plus primaire que scientifique, et que rien ne fonde véritablement, sinon une « évidence de bon sens » qui n'a jamais eu de valeur scientifique et qui a toutes chances de masquer notre ignorance. Pour les Anciens, n'était-ce pas une « évidence de bon sens » que la Terre était plate comme une assiette ? La véritable question, ce serait : pourquoi ai-je *attrapé* la grippe d'Untel *aujourd'hui* alors qu'il y a trois semaines, lorsque j'ai vu Dupont, qui lui aussi avait la grippe, je ne l'ai pas attrapée ?

Or, dire que la nature est mauvaise ou que les autres nous menacent (puisqu'ils ont le pouvoir de nous rendre malades) est un discours lourd de conséquences, dont nous commençons à mesurer les effets. Les scientifiques eux-mêmes en prennent conscience, Jean-Pierre Changeux le premier, sans trop savoir pourtant à quoi attribuer ces effets :

> Une dysharmonie profonde n'est-elle pas en train de se creuser entre le cerveau de l'homme et le monde qui l'entoure ? On peut se le demander. Les architectures dans lesquelles il se parque, les conditions de travail auxquelles il est soumis, les menaces de destruction totale qu'il fait peser sur ses congénères, sans parler de la sous-alimentation à laquelle il soumet la majorité de ses représentants, sont-elles favorables à un développement et à un fonctionnement équilibré de son encéphale ? On peut en douter. Après avoir dévasté la nature qui l'entoure, l'homme n'est-il pas en train de dévaster son propre cerveau ? Un seul chiffre montre l'urgence du problème, celui de la consommation d'un des médicaments les plus vendus dans le monde : les benzodiazépines.

Ici, l'auteur a quitté le domaine descriptif de la biologie pour s'interroger sur ses applications médicales, qui posent effectivement une autre question éthique. C'est d'ailleurs dans ce sens qu'il poursuit :

> Ces tranquillisants mineurs agissent au niveau du récepteur cérébral d'un neurotransmetteur inhibiteur (...), calment l'angoisse et aident le sommeil. Sept millions de boîtes sont vendues par mois en France et des chiffres semblables se retrouvent dans la plupart des pays industrialisés. Un adulte sur quatre se « tranquillise » chimiquement. L'homme moderne doit-il s'endormir pour supporter les effets d'un environnement qu'il a produit ? Il est temps de considérer le problème avec sérieux. Encore faut-il construire dans notre encéphale une image de « l'homme, une idée qui soit comme un *modèle* que nous puissions contempler » [Spinoza] et qui convienne à son avenir !

Comment, en effet, une pensée aussi négative que le déterminisme engendrerait-elle un monde vivable ? Ce monde, c'est bien nous qui l'avons fait. Et nous l'avons fait ainsi, non parce qu'il est mauvais (il n'est, au départ, ni bon ni mauvais), mais *parce que nous le pensons mal.* Il n'est pas inintéressant que Jean-Pierre Changeux, qui a tout de même affirmé (cf. p. 204-205) que nous pouvions évacuer l'Esprit, revienne finalement à Spinoza et à la nécessité d'élaborer une idée, un modèle positif. Et la question est bien là : si nous ne voulons pas sombrer dans une inhumanité qui progresse chaque jour et dont la plupart des gens fuient le spectacle en absorbant quotidiennement (et impunément) des drogues, il est temps de penser autrement. [Au passage, on peut s'interroger sur le rôle des médecins qui prescrivent ces tranquillisants, et se font ainsi les complices de cet aveuglement volontaire que nous réclamons pour ne pas voir ce que nous avons nous-mêmes produit. Car c'est là une question *éthique* fondamentale.]

Seriez-vous donc adepte d'une pensée positive ? me demandera-t-on. Je vois déjà se dessiner sur les visages des sourires narquois, condescendants ou arrogants. Mais je ne me laisserai pas intimider. Oui, je défendrai une pensée positive si cette pensée me permet de mieux vivre, de guérir, de trouver une certaine paix en ce monde.

Le mépris qu'il est de bon ton d'afficher chez nous (sur le mépris, voir plus loin, p. 254 sqq) pour tous les avatars de la méthode Coué ne nous a guère menés bien loin. Nous avons fait des découvertes « prodigieuses » ? La science a avancé à pas de géant ? Oui. Mais nous n'avons pas amélioré d'un iota notre façon de vivre. Et, endormis dans notre prétendu confort (qui ferait fuir n'importe quel sage) et abrutis par la télévision, nous pensons moins bien qu'il y a un siècle. Alors, le progrès ? Qu'est-il s'il n'engendre, humainement, que régression ?

Il suffit de lire Claude Bernard aujourd'hui et de le comparer ses textes à ceux qui se font passer pour nos maîtres actuels et encombrent les médias pour voir à quel point nous avons régressé. L'éthique a été remplacée par une vague morale, la pensée créatrice par des chiffres. S'est-on jamais demandé pourquoi, avec les fameux progrès que nous avons accomplis dans le domaine scientifique (et qui sont réels), nous ne sommes pas tous centenaires dans une civilisation florissante ? Or, il suffit de regarder autour de soi pour n'observer que décadence. Décadence dorée, mais décadence.

Jean-Pierre Changeux a raison, cette fois. Mais pourquoi s'étonne-t-il ? Qu'attendre d'autre d'un demi-siècle de pensée déterministe et négative ? Quel goût de vivre peuvent nous donner de tels systèmes ? Qu'engendre le fatalisme sinon la peur, l'angoisse et, à terme, le désintérêt et la résignation ? La voilà, notre mort. Elle est dans notre pensée. Et si nous voulons continuer, c'est facile : la pente est naturelle, savonneuse même.

Penser, penser vraiment, « suivre sa pente en la remontant », comme disait Gide, est plus difficile. Guérir est difficile. Il faut le vouloir. On se laisse mourir. Mais on ne se laisse pas vivre. Ce rêve-là, personne ne l'a jamais réalisé, même s'il nous hante, comme le paradis perdu. Et cette fameuse civilisation des loisirs, qui a empoisonné les esprits en les paralysant, en leur offrant mille compensations, n'est qu'un leurre et prend l'allure, aujourd'hui, d'un pacte avec le diable. Car elle nous tue. Notre rêve est-il vraiment de vivre suralimentés, devant un poste de télévision qui passe d'histoires qui n'arriveront jamais à personne à des actualités sanglantes qui occupent l'autre côté du monde, nous maintenant dans l'illusion que nous sommes protégés ?

Oui. Notre civilisation, elle aussi, comme les individus, est malade de son histoire. Le cancer a réveillé quelques individus, mais la pensée institutionnelle est restée la même, a persévéré dans son système, et aujourd'hui, nous avons le sida, comme une dernière chance de comprendre : grâce à lui, grâce à la réflexion à laquelle il va nous contraindre, nous allons nous réveiller. Il le faut. Mais combien fera-t-il, avant, de milliers de morts.

Le cancer, il est temps d'en parler ; d'évoquer cette maladie qui, la première, a donné le coup de grâce au rossignol de notre institution médicale. Parce que, pour la première fois — et bien qu'il y ait « épidémie » —, on n'a plus pu parler de contagion. De plus en plus de gens en étaient atteints, et pourtant, on ne pouvait parler de contagion. Visiblement, la maladie venait de l'intérieur. L'homme la fabriquait.

On a dépensé des millions de francs et de dollars pour chercher un virus ou un microbe qui aurait réduit le mystère, fait entrer la maladie dans les cadres préétablis. Mais les cadres ont sauté. Plus moyen de ressusciter le rossignol. Alors, on a baptisé le mal autrement. Maladie de civilisation, mal du siècle. Nommer, toujours, pour circonscrire le mystère, l'enfermer, l'apprivoiser et, finalement, le nier. Et puis, on a empaillé le rossignol, on lui a mis un magnétophone dans le ventre (avec la technique,

que ne peut-on), et tout le monde a continué à croire qu'il chantait comme autrefois.

Mais il était mort depuis longtemps. Pour bien comprendre où nous en sommes et dans quelle impasse se trouve actuellement le discours officiel qui se limite au point de vue organiciste, il convient, ici encore, de prendre un exemple. J'examinerai donc ce que dit le *Traité de médecine* déjà cité (p. 86) sur le cancer du sein :

> Le cancer du sein est le cancer le plus fréquent chez la femme. C'est aussi encore, malheureusement, le plus meurtrier. Reconnu tôt et correctement traité, ce cancer peut pourtant guérir. Le traitement, classiquement du seul recours de la chirurgie et de la radiothérapie, doit maintenant s'inscrire dans une stratégie générale coordonnée et multidisciplinaire.

Cette dernière phrase, bien sûr, devrait me réjouir, car elle témoigne semble-t-il d'un progrès, d'une prise de conscience des carences de la position mécaniste. Néanmoins, on ne dit rien des autres disciplines qui entrent en ligne de compte, ni de leur importance respective. Et l'on passe à l'épidémiologie de la maladie :

> Exceptionnel avant vingt ans, rare avant trente, ce cancer est de fréquence croissante avec l'âge. Exprimée en histogramme, la variation de fréquence est en fait d'aspect bimodal, *le premier pic correspondant à la périménopause, le second à la postménopause.* Cette bimodalité extérioriserait deux entités de la maladie ou deux états de l'hôte, *induits par les changements hormonaux de la ménopause.* [C'est moi qui souligne.]

Tout en restant prudent (puisqu'il utilise le conditionnel), l'auteur, suivant le raisonnement habituellement tenu en médecine, suppose que, puisque ce cancer intervient surtout avant et après la ménopause, et puisque la ménopause est marquée par des changements hormonaux, ce cancer serait favorisé (et en partie causé) par ces changements hormonaux. Puis il continue :

> Chaque année, 80 femmes sur 100 000 sont atteintes par ce cancer, ce qui représente en France 20 000 nouveaux cas par an. L'homme est rarement concerné. Sur 100 cancers, moins de 2 sont masculins. A l'inverse, c'est le cancer le plus fréquent de la femme, et *cette fréquence aurait augmenté durant ces vingt dernières années.*
>
> (...) Avec un taux de mortalité standardisé de 27,3 pour 100 000, le cancer du sein représente toujours, en 1976, la première cause de mortalité par cancer chez la femme. De 1954 à 1976, c'est-à-dire avant que les progrès de la chimiothérapie et de l'hormonothérapie n'aient pu se manifester, cette mortalité n'a fait que croître. *L'accroissement a été de 24 % en vingt ans.* [C'est toujours moi qui souligne.]

Si je compare ce qui vient d'être dit avec le passage qui précède, on est contraint d'admettre qu'il existe, entre ces deux textes, une contradiction flagrante. En effet :

1) soit l'hypothèse que les changements hormonaux peuvent induire la maladie est valable, mais alors il n'y a aucune raison pour qu'il y ait accroissement de ce mal (et dans une proportion de 24 %, qui est énorme !), puisque, que je sache, la ménopause n'est pas un fait nouveau mais un phénomène naturel, et que la femme a connu de tels changements hormonaux depuis qu'elle existe ;

2) soit, constatant effectivement que le mal a progressé dans des proportions inexplicables, on admet que *les changements hormonaux n'ont rien à y voir* (et on s'abstient par conséquent d'émettre une hypothèse aussi manifestement fausse). Car, de toute évidence, la cause est ailleurs — dans l'évolution du mode de vie, dans notre histoire, l'histoire collective ayant un lourd impact sur les histoires individuelles.

Cette contradiction est très symptomatique du discours médical contemporain, qui passe d'hypothèses déduites d'une théorie erronée à l'exposé de faits qui, manifestement, remettent en cause cette théorie. Cependant, on s'abstient de faire la synthèse des deux discours, car elle imposerait de faire sauter nos cadres de pensée. Dans ces conditions, la question que nous devons nous poser, nous, médecins, et que nous devons poser à notre institution (car c'est bien la question éthique par excellence), est : allons-nous continuer à laisser mourir des gens (et à les y aider) plutôt que de changer de système ? Préférerions-nous mourir plutôt que d'abandonner nos repères ? Avons-nous si peur que cela ? et de quoi ? de la mort ou de la vie ?

Ce clivage entre les discours contradictoires se retrouve dans de nombreux ouvrages sur le cancer (car, bien sûr, ce mal a fait couler beaucoup d'encre, à la fois parce que nous étions incapables de l'expliquer et parce que les malades atteints, eux, cherchaient une réponse, des pistes au moins, pour guérir). En effet, d'un côté on admet que le cancer surgit la plupart du temps sur un terrain psychologique favorable (mais quel terrain ?) et, d'un autre côté, on expose ce qui se passe dans le corps, la façon dont les cellules deviennent cancéreuses et se reproduisent, mais sans faire le lien avec le discours précédent ; comme si, ne sachant que faire du premier, le médecin se réfugiait naturellement dans le second, quantifiable donc rassurant (si le médecin ne sait que faire du premier, comment le lecteur, ou le malade, en tirerait-il des conclusions utiles pour lui-même ?). Ainsi, lorsqu'on lit :

> Depuis une décennie environ, les travaux des chercheurs du monde entier convergent vers une conception globale du « cancer-maladie », c'est-à-dire d'un ensemble de réactions complexes ou d'« accidents » conduisant une première cellule à devenir anormale puis cancéreuse, puis

> à se développer au sein d'un organisme dont les dispositions permettent ce développement,

la véritable question qu'il faut se poser (et dont on trouverait des éléments de réponse dans le premier discours, qui parle du terrain psychologique du malade, autrement dit de son âme, de son histoire ; mais *en l'évoquant sans la traiter, on s'est en fait débarrassé de cette question*), c'est : pourquoi tel organisme, sain au départ, permet-il, à un moment donné, à ces cellules cancéreuses de se développer ? De même, lorsqu'on lit :

> Dans un langage scientifique moderne et complexe, ce modèle [moléculaire du développement du cancer] décrit l'évolution de la cancérisation cellulaire à partir de la pénétration, ou intégration, d'un virus dit cancérogène dans le noyau de la cellule. Dans certaines conditions de la vie cellulaire et en particulier de la différenciation cellulaire (...), ce virus se trouve en position de pouvoir « léguer » une partie de son patrimoine génétique à la cellule,

on se borne à décrire (ce que l'histoire imprime dans l'espace du corps), mais la véritable question qui intéresse le malade, et à laquelle, par conséquent, doit s'atteler le médecin, c'est : pourquoi, à un moment donné, ses cellules à lui se laissent-elles pénétrer par ce virus cancérogène et acceptent-elles de recevoir ce patrimoine génétique ? Et quelles sont ces « certaines conditions de vie cellulaire » et pourquoi s'instaurent-elles ?

A cette question, les scientistes honnêtes admettent qu'ils n'ont pas de réponse. Or, je souhaiterais — si ce que j'ai dit jusqu'ici ne les a pas exaspérés au point qu'ils aient déjà refermé ce livre — leur dire sur ce point mon opinion.

La question à laquelle ils se heurtent est méthodologique : en effet, chaque discipline scientifique s'exerce dans un champ donné et *sous un angle donné* qu'il faut déterminer, tout en restant conscient :

1) que, de même que les découvertes que l'on fait dans un domaine éclairent les disciplines voisines, de même chaque champ a ses limites, et le savant peut ainsi se heurter à ces limites en posant des questions qui ne trouveront pas de réponse tant qu'il ne cherchera pas *ailleurs,* dans les disciplines voisines ;

2) qu'un champ scientifique (comme la biologie) a un objet d'étude (qui est le corps) ; or, cet objet, il ne l'observe jamais que sous un certain angle, et d'autres disciplines, qui auront le même objet d'étude, l'observeront sous un autre.

Je sais tout cela, répondra le savant, et vous ne m'apprenez rien. Soit. Allons plus loin.

J'ai volontairement parlé de « disciplines scientifiques ». A présent, qu'est-ce que *la* science, dont on attend toutes les réponses ? On peut admettre qu'il s'agit de la synthèse de toutes ces disciplines, qui offrent des résultats exacts, quantifiables et vérifiables.

Enfin, quel est l'objet de la médecine ? L'être humain. Être complexe, inscrit dans l'espace et le temps — le temps étant entendu ici comme *durée,* qui ne peut donc se résoudre en équations (cf. p. 197). Si l'on définit la science comme ce qui quantifie, il faut admettre qu'elle ne s'applique qu'à une partie de l'être humain et que les questions auxquelles elle se heurte aujourd'hui — et auxquelles, avec ses moyens, elle ne peut répondre — ont probablement des réponses dans cet autre aspect de l'homme (temporel) qui lui échappe.

Maintenant, on peut aussi donner de la science une définition plus large (qui est celle que sous-entend mon affirmation « toute guérison est scientifique ») et la présenter comme « savoir », autrement dit comme ce qui peut expliquer non seulement le quantifiable, mais également la nature des relations de cause à effet qui existent entre ce qui est quantifiable (et spatial) et ce qui ne l'est pas (et qui est de l'ordre de la durée). Dans cette dernière acception, la médecine pourrait effectivement être définie comme une science mais aurait, alors, beaucoup à emprunter à la réflexion philosophique.

Quant à penser que la science (dans la première acception, restreinte, du terme) aura finalement réponse à toutes les questions qui restent aujourd'hui en suspens, comme beaucoup de médecins paraissent le penser, c'est une erreur qui vient de n'avoir pas pensé la réalité en termes d'espace et de temps, ni compris par conséquent que la durée — déterminante pour l'existence humaine — échapperait toujours au quantifiable. C'est penser, encore, qu'Achille ne rattrapera jamais la tortue (cf. p. 191).

Mais revenons au cancer. Ici encore, la question est méthodologique : ce que nous devons chercher à déterminer, c'est à quel domaine précis s'applique tel savoir, et connaître, dans chaque cas, ses limites. Ainsi, détecter ce qui se passe dans le corps d'un malade atteint d'un cancer est essentiel (et, en ce sens, nous avons effectivement accompli des progrès remarquables), ne serait-ce que pour établir l'état d'urgence dans lequel on se trouve. Mais il ne faut cesser d'être conscient que, si on mesure par là l'ampleur des effets (de l'histoire), on ne sait encore rien de la cause, et que cette cause, cette fracture, seul le malade la connaît.

Pour agir le plus efficacement possible (car c'est ce qu'on lui demande), le médecin va donc devoir affronter deux questions en même temps :

1) celle des effets, autrement dit du corps ; c'est-à-dire trouver une thérapeutique adaptée, *qui donne au malade le temps de se guérir* car la maladie, une fois enclenchée, suit effectivement un certain cours, que l'on va essayer de ralentir *artificiellement* de façon à donner au malade le *temps* de reprendre les rênes, autrement dit de savoir s'il veut véritablement mourir ou si, « tous comptes faits »

(mais il faut les faire, les exprimer, les régler, ces comptes avec soi-même), il préfère vivre ;

2) celle de la cause, qui réside dans l'histoire du malade et qui, si elle n'est ni évoquée ni combattue par le malade lui-même, rendra caducs tous les efforts thérapeutiques, si sophistiqués et si « scientifiques » soient-ils. Car si cette cause (qui est, à un moment donné, et pour une raison que le malade doit chercher à retrouver et à comprendre, un désir de mourir, de lâcher prise, d'abandonner cette vie dont la saveur n'a plus assez de force pour le retenir) demeure, elle produira — et cela très scientifiquement — les mêmes effets, à savoir qu'elle entraînera le malade dans la mort.

C'est ici, bien sûr, qu'intervient l'inconscient. Beaucoup de malades diront en effet, le plus sincèrement du monde :

— Mais non, vous avez tort, je vous jure : j'ai très envie de vivre !

A quoi je répondrai :

— Oui, j'en suis sûr : maintenant que votre corps exprime votre désir de mourir (que vous avez ressenti dans les mois ou les années qui ont précédé le déclenchement de la maladie, mais en le refoulant), votre tête est libre, et vous croyez que vous avez envie de vivre. Mais ce que vous devez entendre, c'est ce message que vous donne votre corps, et qui vous parle de cette fracture. Si vous ne l'entendez pas, c'est lui qui risque de prendre le dessus.

Cette position, je ne suis ni le premier ni le seul à la soutenir : les travaux effectués et les résultats obtenus aux États-Unis par Lawrence Leshan, qui a travaillé plus de vingt ans avec des cancéreux condamnés, puis les Simonton, enfin, en France, par Anne Ancelin Schützenberger sont convaincants et décisifs.

Ayant tous décidé, au départ, de soigner des cancéreux au stade dit (de façon terrible) « terminal », autrement dit des malades abandonnés et condamnés par la médecine scientifique en vigueur, les Simonton obtinrent, dans la première année de leurs travaux (et sur 159 malades traités) : 19 % de guérisons et 22 % d'améliorations notables. Quant à ceux qui moururent, ils avaient doublé en moyenne le temps de survie pronostiqué par leur médecin traitant.

Le lieu n'est pas, ici, de développer en détail leur méthode : ceux qu'elle intéresse la trouveront dans leurs ouvrages. Il suffit de savoir qu'elle consiste (en marge d'une thérapeutique adaptée, mais insuffisante à elle seule) à aider le malade à prendre conscience des conflits intérieurs dont il est le théâtre et la victime (et qui lui pèsent à tel point qu'à un moment donné, inconsciemment, il préfère mourir plutôt que de les résoudre, ce qui le contraindrait à remettre en cause son mode de vie) et à valoriser en lui les désirs positifs, à « se visualiser » vivant et en bonne santé. En effet, alors que la psychanalyse et les psychothérapies s'attachent généralement à rechercher « ce qui ne va pas » (pour le comprendre, le résoudre, puis l'évacuer, ou au moins « faire avec »), la thérapie du cancéreux consiste avant tout — à cause de l'urgence vitale dans laquelle se trouve le malade — à lui faire exprimer des désirs positifs, à lui faire retrouver, au fond de lui, ce qu'il aime, ce à quoi il tient, ce qu'il voudrait (ou aurait voulu) faire, absolument. Parce qu'il est nécessaire, avant tout, de le raccrocher à la vie. Une fois qu'il aura retrouvé, par le biais d'un désir positif, le désir de vivre, la moitié de la partie sera gagnée, car désormais, il mettra à profit le temps pour lutter et réaliser sa guérison, ce « travail de création » comme la qualifie Bernie Siegel.

Alors, pensée positive ? Oui, mille fois oui. Puisque c'est cette pensée qui peut nous sauver, nous permettre de vivre. Ce n'est pas de la magie mais simplement ainsi que nous, êtres humains, fonctionnons. Machines pensantes ou pensée incarnée, comme on voudra. L'essentiel est de ne jamais dissocier ces deux notions. Et, même si ce n'est pas quantifiable, c'est scientifique. Le vrai est ce qui est vérifiable, n'est-ce pas ? Eh bien, cette vérité-là, nous la vérifions tous les jours. Pourquoi s'arrêterait-on au fait qu'on ne peut la réduire en équation ? Nous ne sommes pas des concepts mathématiques ni des formules chimiques, nous sommes des êtres vivants. Et, comme le dit le Dr Frank Alexander :

> Le fait que l'esprit régisse le corps, bien que négligé par la biologie et la médecine, est la connaissance la plus fondamentale que nous ayons du processus vital.

Enfin, le cancer, par son fonctionnement même, nous contraint à dépasser le discours mécaniste et à poser les vraies questions, car les contradictions abondent, et tous les arguments classiquement utilisés par la Faculté se trouvent détrônés :

1) *Le cancer n'est pas contagieux* et vient de l'intérieur. Cette vérité est aujourd'hui admise par tous. On ne peut donc plus incriminer la mauvaise nature, ni le monde extérieur, ni ces « autres » qui nous contaminent. (Faut-il en déduire que le mal est en nous ?)

2) *Le cancer n'est pas héréditaire* et ne fait pas non plus partie du capital génétique strict à la naissance, car on connaît plusieurs cas de vrais jumeaux (donc génétiquement semblables) dont l'un est mort du cancer alors que l'autre a survécu. Bernie Siegel [1] rapporte notamment le cas de deux jumelles dont l'une est morte d'un cancer à l'âge de trente ans, et l'autre est venue le consulter lorsqu'elle en avait soixante.

3) *Le cancer n'est pas nécessairement fatal,* tous les chercheurs s'accordent aujourd'hui à dire que de nombreux individus vivent très bien avec des cellules cancéreuses qu'ils tiennent en quelque sorte en respect, et que

1. Dans un ouvrage à paraître aux éditions Robert Laffont, 1er trimestre 1989.

présence de cellules cancéreuses ne signifie pas nécessairement cancer. Sur ce point, Anne Ancelin Schützenberger donne une information très intéressante :

> Le cancer ne se déclare pas chaque fois qu'il y a des cellules malignes. L'homme en bonne santé s'en débarrasse chaque jour. (...) On a même trouvé chez des yogis morts depuis des siècles des cancers enkystés et donc des personnes ayant vécu avec le cancer et s'en étant protégées.
>
> *Vouloir guérir.*

Ce fait soulève d'ailleurs une question délicate et fondamentale, à laquelle nous devrions réfléchir dès aujourd'hui : dans la mesure où, actuellement, nous affinons chaque jour davantage nos moyens d'investigation, au point d'espérer détecter bientôt un cancer à l'état naissant sinon larvaire, quel usage sera-t-on autorisé à faire de ces résultats ? Il y a tout lieu de craindre, vu l'état d'esprit qui règne dans notre institution médicale, que, sans même se poser la question, on intervienne directement — chimiquement ou chirurgicalement — sur ces cancers débutants. Or, la véritable sagesse — sachant, précisément, qu'il existe de nombreuses guérisons spontanées et de nombreux cas de gens vivant très bien avec de telles cellules — consisterait d'abord à avertir le malade de ce qui se passe dans son corps et à examiner avec lui — puisqu'il en a encore le temps, le mal n'étant qu'à ses débuts — les raisons de ce symptôme. Autrement dit, il faudrait au départ n'utiliser cette information que pour ce qu'elle dit (à savoir que le malade est en train, pour une raison *x*, à détecter, d'exprimer un désir de mort qui risque de se réaliser s'il n'en prend conscience et ne lutte contre lui) sans nécessairement utiliser « la grosse artillerie » chimique qui présente de gros inconvénients. En outre, intervenir mécaniquement, c'est aussi prendre le malade en charge, le désintéresser d'une certaine façon de la question, alors qu'il aurait besoin, précisément, de rassembler toutes ses forces pour lutter. N'est-ce pas pour *sa* vie qu'il lutte ? Et sa vie lui appartient. Elle n'appartient pas au médecin. Et si le malade n'est pas convaincu (ce qui est fréquent), c'est la première chose dont il faudrait lui faire prendre conscience.

4) Enfin, alors que le cancer n'est ni contagieux, ni héréditaire, ni génétique, et qu'il a existé de tout temps, on constate, statistiquement, qu'il est beaucoup plus fréquent au XXe siècle et dans nos pays « civilisés » qu'ailleurs. S'est-on demandé pourquoi ?

A cette question, j'aimerais répondre par une hypothèse. Lawrence Leshan, travaillant avec ses malades (et en ayant sauvé plus d'un, tous « condamnés » par notre médecine), fait l'analyse et le constat suivants :

> La structure émotionnelle fondamentale du cancéreux semble, d'après ce que j'ai pu observer, pouvoir se diviser en trois phases majeures. La première phase implique une enfance ou une adolescence marquée par un sentiment de solitude et par la conviction que les relations intenses qui ont une signification profonde sont dangereuses, source de souffrance et de rejet par les autres. La seconde phase est centrée sur la période au cours de laquelle une relation importante est découverte, permettant à l'individu de se sentir accepté par les autres (du moins dans un certain rôle) et de trouver un sens à sa vie. La troisième phase fait son apparition lors de la rupture de la relation essentielle. S'installe alors un sentiment de désespoir absolu qui est lié au sentiment de solitude éprouvé au cours de l'enfance mais qui va bien au-delà. Dans cette phase, la conviction que la vie ne réserve plus aucune possibilité de bonheur l'emporte sur tout autre sentiment. Les premiers symptômes du cancer sont parfois décelés au début de cette troisième phase.
>
> *Le dénominateur commun à ces trois phases, c'est la perception particulière de l'univers qu'a le cancéreux. La vision qu'il a du fonctionnement de son monde et qu'il a*

> *toujours eue depuis l'enfance est caractéristique. Elle est fondamentalement mécaniste :* pour lui, ce monde ne peut être que « l'univers froid de l'horloger » décrit au XVIIe siècle par Descartes. Mais Descartes, considéré aujourd'hui comme le père de la pensée « moderne », était au moins réconforté dans sa vision du monde mécaniste par sa croyance en la présence chaleureuse et aimante de Dieu. Ce qui n'est pas le cas pour le cancéreux type. Au contraire, celui-là se sent soumis au bon plaisir des *Parques* [incarnation du destin dans la mythologie romaine], à ce destin qui ne semble être tracé que pour lui.
>
> *Vous pouvez lutter pour votre vie,* p. 73.

Cette vision mécaniste n'est-elle pas précisément celle dans laquelle est tombée notre médecine et dont nous abreuvent continuellement les médias ? Et le fait que cette vision nous est imposée avec de plus en plus d'énergie par une institution puissante ne pourrait-il expliquer en partie la croissance du cancer dans notre société ?

Qu'on m'entende bien : je n'accuse pas ici les médecins, qui pour beaucoup sont de bonne foi, croient sincèrement à cette vision et en sont probablement les premières victimes. Comme dit Molière dans *Le Malade imaginaire* :

> C'est qu'il y en a parmi eux [les médecins] qui sont eux-mêmes dans l'erreur populaire (...). Votre Monsieur Purgon, par exemple (...). Il ne lui faut point vouloir de mal de tout ce qu'il pourra vous faire ; c'est de la meilleure foi du monde qu'il vous expédiera, et il ne fera, en vous tuant, que ce qu'il fait à sa femme et à ses enfants, et ce qu'en un besoin il ferait à lui-même.
>
> Acte III, scène III.

Ce qui me paraît certain, c'est que le cancer, battant en brèche nos anciennes théories, constitue pour nous une chance, que nous devons saisir : une chance qui nous est donnée de réfléchir, de comprendre que notre système de pensée (reposant sur l'angoisse et la peur de la mort, car comment vivre sereinement dans une nature perçue comme « mauvaise », au milieu de semblables qui sont aussi des agresseurs puisqu'ils nous contaminent ?) est fondé sur des valeurs négatives qui ne peuvent nous mener qu'à plus de morts et plus de catastrophes ; une chance, donc, de réformer notre système de pensée.

La réaction, d'ailleurs, s'amorce déjà. Ici, lentement. Aux États-Unis, avec plus de force et de conviction. Je n'en veux pour preuve que le livre de Bernie Siegel[1], chirurgien, professeur à l'université de Yale (donc faisant partie d'une institution respectée dans le monde entier), où l'on peut lire notamment :

> Les recherches d'autres médecins et mon expérience quotidienne en milieu hospitalier m'ont convaincu que l'état d'esprit du malade modifie l'état de son corps, par l'intermédiaire du système nerveux central, du système endocrinien et du système immunitaire. La sérénité de l'esprit diffuse dans le corps un message de vie, alors que la dépression, la peur et les conflits non résolus envoient des messages de mort. C'est pourquoi toute guérison est scientifique, même si la science est encore incapable d'expliquer comment se produisent certains « miracles ».

Ce qui est vrai pour un individu l'est aussi, à titre collectif, pour une société. Irai-je jusqu'à dire que notre institution nous délivre (en toute bonne foi) des messages de mort ? J'ai dit que je ne voulais pas tomber dans la polémique, où l'on se bat trop souvent en surface pour éviter les vraies questions. Or, la vraie question, pour moi, n'est pas de « battre » qui que ce soit, mais de vivre, et d'aider à vivre.

Cette question des messages de vie et des messages de

1. *Op. cit.*

mort (les stress faisant bien entendu partie des seconds) en soulève une autre, longtemps débattue : celle de savoir s'il faut ou non « dire la vérité » au malade. A partir de cette réflexion, on voit bien que la véritable question, c'est de savoir *comment* on va annoncer cette vérité au malade. Car le médecin qui *assène* la vérité, autrement dit qui condamne à mort son malade (parce que lui-même *ne croit pas* à la survie), l'enfonce encore davantage, alors que celui qui espère et sait, avec la vérité, transmettre cet espoir, qui est un message de vie, peut l'aider profondément. Mais combien de médecins, aujourd'hui, croient à la vie et n'exercent pas leur métier pour conjurer leur propre mort ? Or, si l'on est *éthiquement* rigoureux, si l'on admet que le rôle du médecin est de guérir et d'aider à guérir, jamais on ne devrait dire à un malade : « Vous en avez pour trois mois », ou : « Vous êtes perdu, je ne peux rien pour vous. » J'irai plus loin : la notion même de pronostic devrait être bannie et jamais un médecin ne devrait penser en ces termes ; car s'il pense de la sorte, même s'il ne le dit pas, le malade l'entend. Encore faudrait-il qu'on ait appris aux médecins à penser...

J'ajouterai que cette carence dans la formation des médecins ne date pas d'hier. Renan, commentant l'échec de Claude Bernard à l'agrégation de médecine, ne disait-il pas :

> Il n'a pas les qualités superficielles qui font réussir dans des épreuves où c'est un défaut d'avoir des idées et où l'on est perdu si un moment on se laisse aller à suivre sa propre pensée.

Généraliste sans autre étiquette que mon diplôme émanant de la faculté de médecine et refusant de me marginaliser par rapport à cette institution qui m'a formé, ma première tâche a donc été d'examiner le discours de cette institution, ses fondements, ses contradictions. Je pense les avoir assez mis en lumière pour que ces éléments servent de base à des échanges constructifs et à des réformes prochaines (je formulerai quelques propositions dans la conclusion de cet ouvrage). En effet, il est évident que l'institution, en tant que telle, est indispensable, pour garantir l'exercice de notre métier. Mais il est également vrai qu'elle possède un pouvoir tel que nous devons rester vigilants, et qu'étant nous-mêmes gardiens de cette institution qui nous protège, notre devoir consiste à la réformer régulièrement et à éviter qu'elle se laisse gagner et ronger par l'esprit de système.

Au-delà de cette tâche, une seconde m'attendait : examiner le discours des médecines dites parallèles qui, elles, avaient choisi de se marginaliser. Je savais qu'elles aussi se fondaient sur les échecs de la médecine officielle, et qu'elles guérissaient. Mais je savais aussi que, comme celle que l'on m'avait enseignée, elles ne guérissaient pas toujours. Comment envisageaient-elles la guérison ? Quelle était leur démarche ? leur discours ? En quoi se distinguaient-elles de l'institution ? Je devais comprendre tout cela si je voulais, enfin, comprendre ce qu'est *la* médecine et, surtout, la santé.

AUTRES MÉDECINES, AUTRES MŒURS

Avant de poursuivre et de comparer les différentes pratiques médicales et leurs discours, je voudrais préciser ceci : nous vivons à une époque où, chaque année, des dizaines de livres sont publiés sur la santé, où médecins de tous bords prennent la parole dans des débats publics ou télévisés, mais où personne, semble-t-il, ne cherche à véritablement comprendre son interlocuteur ni à élaborer une théorie générale qui rendrait compte, au fond, de *toutes* les pratiques.

Pourtant, en médecine, je ne vois pas qu'il y ait d'autre but ; car tout médecin a à répondre à la même question : « Comment puis-je guérir ? être en bonne santé ? » et à cette question, un esprit rigoureux sait bien qu'au-delà des milles réponses de détail il doit en exister *une,* qui englobe toutes les autres dans une synthèse qui rendrait compte de la façon dont l'être humain fonctionne. Car, de même qu'il existe des lois physiques générales qui expliquent pourquoi un planeur comme un Concorde peuvent voler (même si, lorsqu'on entre dans le détail, on trouve entre eux beaucoup de différences), de même, il existe une réponse qui explique comment tous les êtres de notre espèce vivent, tombent malades, guérissent, meurent.

Or ce qui me frappe (et c'est essentiellement pour cette raison que j'ai décidé d'écrire ce livre), c'est la contradiction entre, d'une part, un public qui se montre toujours plus curieux et soucieux de comprendre « comment ça marche » (l'abondance de coups de téléphone aux moindres débats portant sur des questions médicales en témoigne) et, d'autre part, l'incapacité des médecins, dans leur ensemble, à répondre de façon cohérente et satisfaisante à cette question. En effet, au lieu de faire corps, chacun selon le camp auquel il appartient (que l'on identifie grâce à son étiquette : cardiologue, généraliste, homéopathe, acupuncteur, phytothérapeute, etc.) se contente d'exposer sa *croyance* (dans le déterminisme scientifique, la loi de similitude, les méridiens, etc.), croyance qui porte sur un système clos incapable de rendre compte de ce qui se passe dans les autres branches médicales. Ainsi le public (qui se demande par exemple comment guérir d'un cholestérol ou d'une migraine) se retrouve Gros-Jean comme devant, avec six ou huit réponses différentes, issues de systèmes étanches, et mis en demeure de « choisir ». Bien entendu, il ira où le conduiront ses sympathies et, selon le succès ou l'échec qu'il rencontrera, se mettra à son tour à « croire » à tel ou tel système. Mais il n'aura rien compris de plus.

Si j'ai évoqué les médias, c'est parce qu'ils jouent aujourd'hui, sur ce plan comme sur bien d'autres, un rôle fondamental. Ce sont eux en effet qui font passer un certain discours médical, et c'est ce discours-là que, pour être utile au public, j'ai voulu analyser. Je ne doute pas en effet qu'il y ait, travaillant dans l'ombre et à tous les échelons de notre hiérarchie, des hommes exceptionnels à qui je n'apprendrai rien et qui auront le sentiment, en lisant ces pages, que j'enfonce des portes ouvertes. Ce n'est pas à eux, bien sûr, que je m'adresse.

Cependant, je leur poserai ici une seule question : si, comme moi, ils sont en désaccord avec le discours institutionnel tel qu'il passe dans le public (et tel qu'il est formulé par ceux qui se présentent comme leurs porte-parole), ne jugent-ils pas utile de le faire savoir ? et cela dans un langage accessible à tous ?

Pour moi, la seule question était là : ouvrir les portes à tout le monde. Pour cela, je devais partir de cette information éclatée, contradictoire et profondément insatisfaisante qui occupe quotidiennement nos colonnes et nos ondes, et qui, de toutes parts, est cautionnée par des médecins qui favorisent ainsi les polémiques et les cloisonnements, au détriment d'un public qui ne sait plus — et on le comprend ! — à quel saint se vouer.

Partant du principe — qui est la meilleure leçon que nous ayons à tirer de notre histoire, et particulièrement de l'histoire des sciences — que rien de constructif ni de nouveau n'est né des cloisonnements, mais qu'au contraire tous les progrès ont été réalisés grâce aux rapprochements entre les disciplines, j'ai voulu comparer les différentes pratiques médicales, non seulement pour montrer leurs différences (sur lesquelles on n'insiste que trop), mais en cherchant au contraire à dégager ce qu'elles ont en commun. Si, à la lumière de cette analyse, un terrain commun se dégage, il faudra bien admettre que c'est bien celui de *la* médecine.

Si j'examine en quoi les différentes médecines (qu'il s'agisse de celle qu'on nous enseigne à la faculté, de l'homéopathie, de l'acupuncture, de l'ostéopathie, de la phytothérapie ou d'une autre) se rejoignent ou diffèrent, j'arrive à l'analyse suivante :

1) elle se rejoignent :

— dans leur but, qui est de soigner les malades,

— dans leur fin, qui est la guérison,

— souvent dans leurs résultats, qui est cette guérison ;

2) elles diffèrent :

— dans leur discours,

— dans l'outil employé,

— parfois dans leurs résultats, où certaines obtiennent des succès là où d'autres rencontrent des échecs, et réciproquement.

On conviendra que cette mise à plat de leurs points communs et de leurs différences est déjà fort rassurante. En effet, si, par exemple, le but poursuivi n'était pas le même, ou encore leurs résultats, on pourrait douter qu'il existe *une* médecine et il faudrait admettre que l'on compare des disciplines qui n'ont entre elles rien à voir.

Cependant, si j'examine de plus près le champ d'application des unes et des autres, je vois apparaître une ligne de démarcation très nette entre la médecine scientifique telle qu'on nous l'enseigne à la faculté et les médecines différentes : car la première est la seule à s'attaquer sérieusement aux symptômes mortels. En effet, même si l'homéopathie, l'acupuncture, l'auriculothérapie sont parfois utilisées comme techniques d'appoint en marge de thérapeutiques allopathiques fortes — dans des cas de cancer, par exemple —, il ne viendrait à l'idée de personne de se passer des progrès accomplis dans le domaine chimiothérapique, et qui sont les seuls à avoir fait la preuve de leur efficacité pour *retarder l'issue fatale.* Ainsi, la streptomycine a effectivement « vaincu » la tuberculose (même si elle a été remplacée plus tard par d'autres produits) et l'invention des antibiotiques a permis de combattre des *symptômes* sur lesquels, jusque-là, nous n'avions aucun moyen d'action.

Si j'ai écrit *vaincu* entre guillemets, c'est que tout le malentendu est là : tout se passe en effet comme si nous avions crié victoire trop tôt. La véritable victoire médicale n'aurait-elle pas été d'agir sur la *cause* de la maladie ? Il est vrai qu'agir sur les effets constituait déjà un progrès remarquable et l'on peut comprendre que cette découverte ait, en son temps, été considérée comme un « miracle ». Loin de moi, d'ailleurs, l'idée de contester ces victoires, authentiques. Mais nous devons aujourd'hui aller plus loin, et comprendre *où se placent* ces victoires dans la chaîne des causes, autrement dit savoir quelle valeur nous devons leur accorder, de façon à orienter convenablement notre recherche. Ce que nous ne parviendrons à faire qu'en nous replaçant dans la *durée,* en appréciant l'impact de ces traitements dans l'histoire particulière de chaque individu traité.

Pour situer convenablement le terrain où s'affrontent médecine officielle et médecines différentes, il faut donc savoir :

1) que la première, allopathique, est la seule à avoir fait la preuve de son efficacité sur les troubles *lésionnels* qui mettent en danger, à plus ou moins long terme, l'existence du malade (l'efficacité en question consistant, je le répète, à retarder l'issue fatale, autrement dit à donner le temps au malade de se guérir) ;

2) mais aussi que la majorité des consultations médicales courantes portent sur des troubles dits *fonctionnels,* qui ne mettent pas en jeu la vie de l'individu. C'est dans ce domaine-là que s'exerce la rivalité entre médecine officielle et médecines différentes.

Si la médecine allopathique agissait sur les causes de la maladie, et non seulement sur les effets, puisqu'elle se montre efficace dans les cas graves, elle le serait d'autant plus dans les cas moins graves. Or, c'est l'inverse qui se passe : ainsi, elle se montrera impuissante à soigner et guérir une colite chronique, alors qu'elle obtiendra certains résultats sur des cancers du côlon.

La raison de ce paradoxe est simple : les moyens dont elle dispose (chimiques, mécaniques) peuvent agir ponctuellement sur des lésions données (ulcères, cavernes, tumeurs) puisque, précisément, ils agissent sur le physique, et uniquement sur lui. Néanmoins, la guérison résultera d'un autre travail, que le malade fera sur lui-même à l'occasion de cette maladie : ainsi, la vision de sa propre mort pourra lui faire brusquement prendre conscience qu'il tient à la vie, et il réagira, luttera pour vivre ; d'autres, au contraire, se laisseront mourir, et toutes les opérations (si « réussies » soient-elles) ne les maintiendront pas en vie.

En revanche, dans le domaine des maladies fonctionnelles, le corps n'étant pas lésé, tous les efforts chimiques pour rétablir artificiellement un « ordre », sans tenir compte de la fracture ou de la foulure historique qui a causé le désordre, se montreront d'autant plus vains qu'ils empêcheront le malade de prendre conscience des raisons intimes pour lesquelles, à un moment donné, il s'est mis à souffrir. Dans ce domaine, le physique (qui n'est pas lésé mais simplement perturbé) échappe pourrait-on dire à l'action de la chimie. Son seul pouvoir est alors, éventuellement, de *faire taire* cette souffrance (par des calmants, des tranquillisants, de rétablir ce prétendu « bien-être » qu'est la santé), mais dès qu'on abandonnera le traitement, la pression émotionnelle se manifestera à nouveau (si le malade se trouve toujours dans la même situation) et le mal resurgira.

Les domaines d'action des unes et des autres étant définis, voyons à présent si ce qui sépare médecine officielle et médecines différentes apparaît (dans le domaine fonctionnel) comme déterminant, je veux dire si cela justifie les cloisonnements que nombre de médecins s'efforcent de maintenir, voire de renforcer.

L'essentiel de leurs différences réside, je l'ai dit, dans leur discours (qui est d'ordre théorique) et dans l'outil employé — le discours étant là, en fait, pour légitimer cet outil. Or, si l'on admet que la médecine est une science expérimentale et que l'élément concret (issu de l'observation) y est plus important que la théorie élaborée après coup pour l'expliquer (cette théorie n'étant jamais qu'une *hypothèse*), nous devons porter toute notre attention sur cet outil et nous demander, d'abord, si c'est bien lui l'instrument de la guérison.

En effet, à partir du moment où, étant donné deux

maladies identiques, on obtient, grâce à deux outils différents, le même résultat (à savoir la guérison), on est fondé à penser que ce n'est pas, comme on voudrait nous le faire croire, la spécificité de l'outil qui a engendré directement *(causé)* la guérison. Je m'explique : si plusieurs outils différents peuvent produire le même résultat, autrement dit si les aiguilles de l'acupuncteur, les granules de l'homéopathe, les médicaments chimiques du médecin classique, les plantes du phytothérapeute peuvent, par exemple, « guérir une colite », il faut en déduire :

1) soit qu'il existe un processus commun qui s'est déclenché au moment de l'utilisation de cet outil (ou qui a eu lieu lors de la consultation, par exemple) et qui, lui, est déterminant pour la guérison ;

2) soit que la guérison survient spontanément après la maladie, quel que soit l'outil qu'on utilise (et, à la limite, que cette guérison surviendrait sans aucune médecine).

Pour ma part, j'incline actuellement à penser que les deux cas peuvent se présenter : ainsi, il existe des troubles mineurs, correspondant à des émotions momentanées et superficielles, qui disparaîtraient de toute façon sans qu'il soit nécessaire de prendre quelque produit que ce soit ; et d'autres, plus durables et plus « graves », correspondant à des fractures de l'âme plus anciennes et plus profondes, qui peuvent nécessiter une *aide thérapeutique* que l'on choisira en fonction du trouble mais aussi de la croyance que l'on a en un certain système. Dans ce dernier cas, la médecine classique a fourni de nombreuses preuves de ses capacités et de son efficacité. Néanmoins, comme je l'ai expliqué (cf. p. 81 sqq), dans la mesure où elle ne peut fournir une explication fondée à ses échecs, il faut, pour être rigoureux, révoquer en doute la théorie mécaniste qu'elle prétend déduire de ses réussites.

Mon propos n'est pas ici de discuter du bien-fondé de telle ou telle théorie. Car, en toute logique, puisqu'il existe des faits qui démentent chacune d'elles et qu'aucune n'explique (pourquoi telle plante guérit-elle Untel et non Untel ? Pourquoi les uns guérissent-ils par l'homéopathie et les autres non ? Pourquoi les aiguilles de l'acupuncteur font-elles des « miracles » sur les uns et ne produisent-elles aucun effet sur les autres ? etc.), et qu'aucune ne se montre donc universellement valable, je dois en déduire que la guérison, que chacune explique par un discours différent, se passe *ailleurs* ; et que c'est cette loi-là, universelle et commune à toutes, que nous devons chercher.

Et pour cela, partir des faits : allopathie, acupuncture, homéopathie, phytothérapie, ostéopathie, mésothérapie, toutes ces techniques « marchent ». Toutes, mais pas toujours. Les unes sont soutenues par des démarches et des discours apparemment plus rigoureux que les autres, mais cela ne change rien aux faits : *ce n'est pas la rigueur du discours qui fait l'efficacité de la pratique.* En effet, la médecine classique, si scientifique soit-elle, rencontrera des échecs là où d'autres techniques, à son avis fantaisistes, réussiront.

Comment interpréter ces faits ? Et d'abord, comment expliquer la floraison de tant de pratiques différentes ?

> La médecine est aujourd'hui un des plus forts chevaux composant l'attelage de la société de consommation.
>
> Là se situe la clé : qui dit société de consommation dit palette de propositions pour chaque besoin. (...)
>
> Une médecine, la médecine des Facultés, ne pouvait donc suffire. Quand bien même elle se présentait éclatée en spécialités, elle sentait son homogénéité. La logique même de la société voulait du choix. On devait en offrir. (...)
>
> Aujourd'hui, les médecines différentes croient (...) que justice leur est rendue : elles se leurrent. (...) leur ascension est due en très grande partie à l'appétit inépuisable de la société de consommation.

Telle est la version de la Faculté. Néanmoins, l'analyse paraît un peu courte. Car si notre société de consommation a pu constituer un milieu favorable à l'éclosion des pratiques médicales (encore faudrait-il se demander à qui cette éclosion profite le plus : aux médecins « différents » ou à l'industrie pharmaceutique, en pleine expansion ?), on peut se demander pourquoi la santé est devenue précisément un *marché,* mettant en jeu concurrence, offre et demande, etc.

Or, c'est bien en termes de concurrence que pense le représentant de notre institution que je viens de citer :

> Pour le moment, on en est donc au stade où les médecins classiques vivent dans l'espoir de lendemains meilleurs et se défendent en se gardant à droite, en se gardant à gauche. Les médecines différentes vivent dans l'euphorie, prennent la ferveur du public pour une marque de la justesse de leur cause et voient venir à elles quantité de médecins classiques. Voilà tout net un fait de société. Et s'il faut se battre pour effectuer des découvertes décisives, il faut aussi tenir compte des faits de société.

Voilà encore une « explication » qui a tout d'une tautologie. A en croire ce texte, les faits de société nous tomberaient du ciel. N'ont-ils pas des causes, et n'est-ce pas à elles qu'il faut remonter pour sortir de ce combat stérile que se livrent les médecins ?

Comme le dit très bien Claude Bernard, le malade veut être soigné. Or, il faut bien admettre que si la médecine classique répondait à son attente, il ne chercherait pas ailleurs ; en d'autres termes que, s'il est séduit par les médecines différentes, ce n'est pas inconstance irréfléchie ou appétit de consommation, mais bien parce que la médecine classique a déçu. Et cela, à mon sens (et d'après le témoignage de mes patients), sur deux plans : celui de la pratique et celui du discours.

La pratique, d'abord : après le fameux « miracle antibiotique », qui a porté un temps la Faculté au pinacle (de façon en partie justifiée), les médecins ont cru au miracle chimique au point qu'ils ont tout oublié de leur histoire. Le vieil humanisme, de tradition dans notre profession, s'est trouvé relégué au rang des superstitions d'un autre siècle, les sciences exactes ont envahi tout le terrain, les formules chimiques, les statistiques, et nos médecins sont devenus des savants à l'affût des découvertes des biologistes. Le médicament était roi. La tuberculose, la syphilis, la diphtérie vaincues (et bien d'autres), ces maladies qui autrefois avaient emporté dans d'atroces souffrances des centaines d'enfants et d'adultes n'étaient plus que de mauvais souvenirs. Oui, il y avait de quoi croire au miracle.

Et puis le miracle a pâli. D'autres maladies sont apparues, d'abord, et, surtout, d'anciennes maladies dont on ne connaissait pas le remède, comme le cancer, virent leurs statistiques monter de façon inexplicable, et si la mortalité infantile avait considérablement baissé, on voyait encore des jeunes gens ou des enfants mourir de maladie. Enfin, les médicaments, dont on usait à tour de bras pour les moindres maux, montrèrent leur revers : effets secondaires, vulnérabilité accrue, intoxications médicamenteuses, et j'en passe. Non seulement la chimie ne guérissait pas tout, mais elle avait des inconvénients notables. En fait, il n'y avait pas de miracle. Et le public, lentement et à ses dépens, en prenait conscience.

Les médecins, en revanche — et j'en viens au discours —, chantaient toujours la même chanson. En dépit des échecs, ils continuaient de s'accrocher à leur théorie et de prescrire antibiotiques, somnifères, laxatifs, toutes drogues violentes que l'on aurait dû, par sagesse, ne réserver qu'aux cas d'urgence. Examinant de moins en moins leurs malades, les écoutant encore moins et se fiant à la science et à la technique, ils abusèrent des examens complémentaires sans être capables d'en comprendre (et surtout d'en interpréter) les résultats (cf. p. 193), et cela en toute bonne foi ; car les études, elles aussi, avaient changé : on formait désormais des techniciens sophistiqués qui devaient, en quelques années, absorber un savoir gigantesque qui ne leur laissait pas, c'est vrai, le temps de penser.

Seulement le public, lui, se moque de la façon dont on forme les médecins ou des efforts que ceux-ci ont dû faire pour obtenir leur diplôme. Sa demande est toujours la même : comprendre et, surtout, qu'on le guérisse. Et devant cette double demande, le médecin classique, curieusement, se trouvait moins bien armé qu'autrefois : formé à l'école des sciences exactes, ardues et complexes, il se sentait incapable — et à juste titre — de vulgariser ce savoir-là. Comment rendre en mots simples le contenu de formules chimiques fort complexes ou des recherches biologiques qui demandaient des années de formation ? C'était impossible. Vulgariser ce qu'on lui avait appris n'était pas possible. Mais était-ce vraiment la médecine qu'on lui avait enseignée ?

Certains faisaient des efforts pour communiquer leur savoir, expliquaient succinctement la façon dont le corps était fait, et les médicaments censés agir. Néanmoins, si on demandait pourquoi cela ne marchait pas toujours, ils ne pouvaient répondre et, dès lors, se réfugiaient derrière leur savoir. Parfois avec douceur. Plus souvent avec violence, comme quelqu'un que l'on vient de mettre, brutalement, face à ses limites, et qui refuse d'en convenir.

> Vous, non-médecins, que vous soyez polytechnicien, cordonnier, énarque, agriculteur, et quelles que soient la valeur de votre jugement et la qualité de votre flair, vous en restez dans votre interprétation de la maladie à ce qui tombe sous le sens : le symptôme.
>
> Nous, médecins, nous avons passé des années à apprendre comment transformer le symptôme en signe

> grâce à notre « jugement » acquis au prix de longues, longues heures d'études. Aussi, lorsque nous parlons, même si nous utilisons en apparence les mêmes mots, nous parlons, en fait, deux langues différentes : vous le langage populaire, nous le langage médical. Ne vous prenez donc pas trop vite pour l'égal des médecins, vous ne l'êtes pas !

Ce discours-là, tenu par l'un des porte-parole de notre institution, non seulement je le récuse mais je le condamne, et cela au nom de l'éthique médicale. En effet :

1) le devoir du médecin est, non pas de s'enfermer dans son « langage médical », mais de trouver le langage capable de traduire pour le malade ce qui lui est utile, voire indispensable, pour guérir ;

2) le médecin est au service du malade, et non l'inverse, comme pourrait le laisser supposer ce texte. Par conséquent, si le médecin ne parvient pas à se faire comprendre, la responsabilité lui en incombe. Et s'il n'y parvient pas, eh bien, après tout, personne ne l'oblige à faire ce métier. Enfin, s'il l'a choisi pour être supérieur (ce qu'induit l'affirmation que les autres ne sont pas ses « égaux »), c'est une bien mauvaise raison, que ni l'éthique ni la déontologie médicales ne sauraient entériner.

Ainsi le médecin classique a déçu. Parce qu'il avait crié au miracle et que les années d'expérience montraient qu'au fond, les choses n'étaient pas aussi simples que cela. Et ensuite, au lieu de se remettre en question, il campait fermement sur ses positions, « tirant » sur tous ceux qui essayaient de l'en faire bouger :

> Mais la roue tournera : que les chercheurs officiels découvrent le secret d'une maladie touchant de très nombreux individus, et le miracle antibiotique se renouvel-

lera : on couronnera en grande pompe le Fleming du jour, et une troisième fois, par médias encensés, les médecins prendront l'ascenseur pour la gloire avec, au septième ciel, les honneurs et la confiance retrouvés. Les médecines douces reviendront au sous-sol par l'escalier de service et vivront dans l'ombre, ignorées des médias jusqu'à ce que, la recherche piétinant, les médecins redescendent...

Ce rêve-là, rêve de gloire, rêve de reconnaissance (pour les années d'études), rêve d'enfant, beaucoup le partagent. Mais c'est bien un rêve. Car il n'y a pas de miracle. Il y aura encore des découvertes, et qui bouleverseront nos façons de voir, mais de miracle, jamais. On trouvera simplement de nouveaux remèdes, qui permettront de gagner plus de temps encore, un temps que le malade mettra à profit pour se guérir.

Y a-t-il, au fond, un autre miracle qu'aimer la vie, simplement ? Aimer la vie malgré les difficultés, les horreurs parfois qu'elle vous réserve ?

Et non seulement le médecin classique a déçu, mais il a repoussé ; parce qu'incapable d'expliquer ses échecs, il s'est réfugié, souvent, dans le discours du mépris. Les textes que j'ai cités jusqu'ici en sont des illustrations suffisamment parlantes pour que je n'en donne pas d'autres exemples. Ce qui mérite en revanche d'être analysé, c'est le fondement de ce mépris, son origine et son but.

Avant tout, soyons clair : je n'ai pas dit (car je ne le pense pas) que tous les médecins classiques méprisent leurs malades et je sais qu'il existe, dans toutes les branches, d'excellents professionnels, consciencieux et respectueux de leurs patients. Si je juge nécessaire néanmoins d'analyser cette attitude, c'est que le mépris a droit de cité, qu'il s'exprime et que de nombreux malades en font l'expérience. En outre, de nombreux médecins, tout en respectant « les formes » et en demeurant parfaitement courtois, ne peuvent s'empêcher d'éprouver secrètement un certain mépris (qu'ils ne s'avouent pas toujours) pour leurs malades « qui ne comprennent rien ». Cette analyse leur permettra peut-être d'en prendre conscience et de remettre en question leur attitude.

Le mépris consiste à la fois à rabaisser l'autre et à s'élever au-dessus de lui ; rabaisser l'autre, autrement dit lui prêter de petites capacités, de petites aspirations. A partir du moment où l'on méprise quelqu'un, si l'on entreprend de lui expliquer quoi que ce soit, au lieu de faire véritablement un effort pour se faire comprendre (ce qui est souvent difficile, car cela suppose d'être parfaitement au clair avec soi-même), on peut lui servir un discours schématique, en rapport avec cette image commode que l'on s'est forgée de l'autre. Ce faisant, on conserve l'impression d'être soi-même à l'abri des critiques et des remises en question.

Mais pour que le mépris « fonctionne », dans la mesure où il définit une relation, il faut être (au moins) deux. Il est donc essentiel d'examiner cette relation.

Si je me trouve face à quelqu'un qui me rabaisse, soit cela me convient (parce que, par exemple, je n'ai jamais eu une très haute opinion de moi-même et manque de confiance en moi), soit je me révolte. (On peut également envisager une troisième hypothèse, qui est que cela m'indiffère, mais dans ce cas, le mépris étant lui-même « traité par le mépris », la relation tourne court.)

Dans le premier cas, que se passe-t-il ? Le mépris ne rencontrant pas de résistance, il va se sentir en confiance et développer sereinement le discours qu'il a préparé « à ma mesure ». Et si ce discours-là me convient, même si un tiers estime qu'il s'agit là d'un marché de dupes, il n'a pas à intervenir, car il se fera systématiquement écarter, voire violemment évincer, car il intervient comme un trouble-fête. En effet, si vous assistez par exemple à une scène où quelqu'un vend un objet à quelqu'un d'autre, que ces deux personnes sont chacune ravies de l'affaire faite, et si vous, de votre côté, estimez que cet objet est laid ou qu'il ne vaut pas le prix demandé, si vous intervenez pour donner votre avis, les deux personnes en question se retourneront naturellement contre vous car elles estimeront — à juste titre — que ce n'est pas votre affaire. Ainsi, lorsqu'un médecin méprise son malade et lorsque ce malade estime que son médecin a raison, un tiers intervenant pour contester le bien-fondé de cette relation se trouvera naturellement écarté.

Voyons à présent ce qui se passe dans le second cas. Sans aller immédiatement jusqu'à la révolte, je puis avoir un certain nombre d'exigences et une idée de moi-même plus haute que celle que me prête mon interlocuteur. Ainsi, si mon médecin me dit que « je ne peux pas comprendre », je puis néanmoins lui demander des explications, me montrer prêt à faire des efforts pour comprendre, récuser son jugement. Comment, dans ces conditions, va réagir celui qui méprise ?

Ici encore, deux possibilités :

1) Soit celui qui méprise va convenir qu'il s'est trompé, que je méritais mieux que cela et, le mépris levé, la conversation va pouvoir se poursuivre ; il y aura alors échange de vues et, peut-être, élaboration d'un langage convenant à l'un et à l'autre ;

2) soit celui qui méprise conservera son point de vue, et continuera d'estimer que « c'est lui qui sait » et que mes questions sont sans fondement ; dans ce cas il n'a plus qu'un recours : la terreur, la menace (cf. p. 147). Or, s'il adopte cette attitude, n'est-ce pas parce que la question que je lui pose le menace ? menace son savoir ? Pourquoi réagirait-il violemment s'il ne se sentait pas lui-même en danger ? En effet, l'homme — comme l'animal — répond à la violence par la violence, et si celui qui méprise *réagit* avec violence, c'est que ma question lui a fait violence. Pourquoi ?

On ne peut le comprendre qu'en se posant la question : pourquoi, au nom de quoi, mépriser qui que ce soit ? A cette question, certains croiront répondre en disant : parce que cette personne le mérite. Or voilà qui ressemble fort, une fois de plus, à une tautologie : on définit la chose par elle-même, sans apporter aucun élément nouveau qui permette de se faire une idée plus claire du problème.

Je poserai donc la question autrement : pourquoi, vous, méprisez-vous telle personne ? A la question ainsi formulée, certains tenteront encore de se soustraire en disant : « Ce n'est pas moi particulièrement qui la méprise, *tout le monde* pense (ou penserait) comme moi. »

Examinons cette réponse. Lorsque vous êtes sûr de quelque chose, de son bien-fondé et de votre bon droit, vous n'avez pas besoin, pour le justifier, de faire appel à cette notion vague du « tout le monde ». Ainsi, si vous trouvez par exemple qu'une mélodie est belle (le mépris étant un sentiment, il convient de le comparer à un autre sentiment), ou si vous aimez quelqu'un, si je vous demande pourquoi vous, vous aimez telle mélodie ou telle personne, vous aurez peut-être du mal à me répondre dans l'instant (dans la mesure où il entre dans ces sentiments des facteurs fort complexes et particuliers à chacun, dont on n'est pas toujours conscient), mais ce qui est certain, c'est que votre premier réflexe ne sera pas de me répondre : « Parce que tout le monde l'aime. » En effet, vous savez intimement que si vous aimez telle chose ou telle personne, c'est parce qu'elle vous touche personnellement, qu'elle vous émeut, que quelque chose en vous vibre en sa présence, à son contact, ou simplement lorsque vous l'évoquez. Et à la limite, si quelqu'un vous disait aimer quoi que ce soit *parce que tout le monde l'aime,* vous trouveriez cette personne plutôt étrange.

De cette simple démonstration, il faut conclure que la réponse : « Ce n'est pas moi particulièrement, tout le monde pense comme moi » n'est qu'une stratégie qui consiste à se réfugier derrière le jugement que l'on prête à autrui pour éviter d'analyser les fondements de son propre jugement.

Si j'ai employé le terme « se réfugier », c'est intentionnellement : en effet, pourquoi tenter de se soustraire à une question simple si ce n'est parce que, profondément, elle vous dérange ? On me répondra qu'il arrive à tout un chacun d'éluder une question embarrassante ne serait-ce, par exemple, que parce que l'on n'est pas d'humeur à s'y atteler au moment où on vous la pose. Soit. Mais dans ce cas-là, plutôt que de faire semblant de répondre, on se bornera à dire « Je ne sais pas » et à passer à un autre sujet.

Mais ici, le cas est bien différent ; car on *répond*. On dit : parce que tout le monde... C'est donc que l'on ne veut pas avoir l'air d'éluder la question. Et l'on se réfugie derrière ce « tout le monde » qui, par la masse qu'il évoque, paraît constituer un argument décisif, un rempart inattaquable.

J'ai dit que le mépris constitue une *réaction* : en effet, entre individus d'une même espèce, égaux et libres, il n'y a a priori pas de raison de se mépriser les uns les autres ou de chercher à rabaisser autrui. Si on le fait, c'est que l'on se sent menacé. Ce qu'il faut donc chercher à comprendre, c'est en quoi le médecin peut se sentir menacé par la question que lui pose son malade.

Si j'analyse la position du médecin, je vois deux types de menaces qui peuvent peser sur lui et l'amener à réagir de la sorte : l'une est d'ordre personnel, l'autre, juridique.

1) Sur le plan personnel, il peut se sentir menacé dans son savoir, qui est aussi son pouvoir (ou l'image qu'il s'en fait) : pendant ses longues années d'études, il a beaucoup travaillé pour conquérir une certaine position, qu'il n'est pas forcément prêt à remettre aussi vite en question. On sait en outre que le savoir opère pour certains comme une compensation à une angoisse fondamentale, qui resurgirait sitôt que l'ignorance (perçue comme un gouffre) serait

mise en évidence. Il s'agit donc, pour certains médecins, de se défendre contre cette angoisse, et par conséquent de nier ou de combler le plus vite possible, fût-ce par le mépris ou la menace, toute brèche (qu'ouvre précisément la question posée par le malade) dans ce savoir.

2) Sur le plan juridique, la question est plus complexe. En effet, si le médecin n'est pas tenu de guérir (en d'autres termes, s'il n'est pas responsable de la vie ou de la mort de ses malades), il est obligé de mettre en œuvre tous les moyens que la science met à sa disposition pour obtenir cette guérison. Je cite un arrêt de la Cour de cassation rendu le 20 mai 1936 : ... *il se forme entre le médecin et son client un véritable contrat comportant, pour le praticien, l'engagement, sinon, bien évidemment, de guérir le malade, ... du moins de lui donner des soins, non pas quelconques (...) mais consciencieux, attentifs, et réserve faite de circonstances exceptionnelles, conformes aux données acquises de la science.* Toute la question étant bien sûr de savoir ce que sont ces « données acquises de la science » : si l'on interprète ce terme dans un sens étroit et si l'on n'y voit que cette science des mécanismes qui ne s'occupe pas des causes de la maladie (ce qui serait l'interprétation du discours médical officiel), le médecin est juridiquement tenu de faire appel à tous les examens complémentaires possibles et imaginables et à prescrire les médicaments connus pour lutter contre le mal. Et, *s'il ne le fait pas* et que son malade ne guérit pas, ce dernier (ou sa famille) peut se retourner contre lui, ce qui constitue bel et bien une menace concrète et angoissante. En revanche, si l'on accorde au mot « science » un sens plus large, que pour ma part je préconise, et qui désigne l'ensemble des savoirs non seulement techniques, mais fondamentaux concernant l'homme et intervenant tous dans la science médicale, les critères de jugement seront beaucoup plus délicats à définir, et leur établissement renverra au débat qui est précisément l'objet de ce

livre, à savoir qu'est-ce que la médecine, pourquoi tombe-t-on malade et comment guérit-on.

Quelles que soient les difficultés de légiférer en ces matières (et il va de soi qu'une redéfinition de la médecine entraînerait des modifications, des précisions d'ordre juridique), la responsabilité éthique du médecin face à son malade consiste à le respecter en tant qu'individu, et par conséquent à répondre du mieux qu'il le peut — et sans mépris — aux questions que pourrait lui poser celui-ci. Mon propos n'est pas ici de donner des leçons de morale, mais bien de comprendre les raisons pour lesquelles la médecine officielle est en crise et pourquoi les médecines différentes ont remporté ces dernières années un tel succès. A la lumière de cette analyse, les causes de ce phénomène, de ce « fait de société » comme disait mon confrère, me paraissent assez simples : d'une part, dans la pratique, cette médecine a déçu, dans la mesure où elle a abusé de médicaments qui n'étaient pas sans inconvénients et ne guérissaient pas toujours (contrairement à ce qu'on avait voulu croire, en parlant de « miracle »). D'autre part, en se réfugiant et en s'enfonçant dans un scientisme incommunicable et souvent méprisant, le médecin classique s'est coupé de son malade et a cessé d'être cet interlocuteur privilégié qu'il aurait toujours dû demeurer. Sans communication, quelle confiance pouvait s'établir ?

J'irai plus loin : ce ne sont pas les médecines différentes qui ont fait des progrès et ont gagné, par leurs efforts, la confiance du public ; c'est l'institution qui, par son incapacité à conserver cette confiance qui lui était acquise, a créé ce phénomène qu'elle récuse aujourd'hui, « en attendant des jours meilleurs ».

Mais ces jours meilleurs ne viendront pas à la faveur de je ne sais quel miracle. Ces jours meilleurs, ce sont les médecins eux-mêmes qui doivent les amener, par une prise de conscience de leurs carences et une remise en question de leur attitude mécaniste. Les praticiens des médecines différentes, eux, l'ont compris. Ils ont tiré les conclusions des échecs de l'institution. Sachons, à notre tour, comprendre la leçon qu'ils nous donnent, au lieu de nous réfugier dans une position sclérosée.

Qu'on m'entende bien : je ne prêche pas l'anarchie médicale ni ne recommande aux médecins classiques de prescrire des granules ou de prendre des leçons d'acupuncture. Je ne dis qu'une chose : sachons rester ouverts et essayons de comprendre nos erreurs, à la lumière des réussites de ceux que nous critiquons a priori.

Car ces techniques, elles aussi, remportent des succès. Et nous avons beau crier au charlatanisme, les faits sont là : chaque année, des centaines de malades voient leurs symptômes disparaître à la faveur de traitements homéopathiques ou phytothérapiques. Certains ne jurent plus que par les aiguilles, d'autres par leur ostéopathe. Comment font-ils ? Comment interpréter ces guérisons ?

Si l'on écoute les discours des uns et des autres, on ne peut qu'être frappé par le fait que *tous,* sans exception, insistent sur le rapport entre le médecin et son malade. Et que tous aussi, chacun à sa façon, s'appuyant sur des théories et des conceptions différentes, insistent sur la nécessité de considérer le malade *dans sa totalité.* La médecine classique, après avoir évacué l'âme, nous avait coupés en morceaux. Les médecines différentes nous rassemblent, *écoutent* le malade. Parce qu'effectivement, le malade a à dire, à exprimer. Et il veut qu'on lui parle.

Ainsi les médecines différentes ont-elles tiré parti des échecs de la médecine classique : dans la pratique, elles offrent des produits réputés *non dangereux* (c'est sur cet argument que s'est faite, si je puis dire, leur publicité), et dans le discours, elles parlent au malade, lui consacrent du temps, l'écoutent.

Néanmoins, tout en insistant sur le fait qu'elles considèrent le malade « dans sa totalité » — ce qui a priori semblerait rejoindre mon point de vue —, elles restent, pourrait-on dire, à la lisière de la véritable question. En effet, comme la médecine classique, elles ne traitent jamais que le symptôme, et non la cause. Les granules, les aiguilles, les plantes, les manipulations, tous ces *outils* prétendent, tout de même (et au même titre que la chimie de la Faculté), guérir, je veux dire que le médecin les prescrit ou s'en sert — au moins dans le discours — pour faire disparaître le symptôme. Tel granule est bon pour ce que vous avez. Les aiguilles vont toucher les centres importants. Les plantes vont vous soulager de vos troubles. En fait, avec des outils différents (et, il est vrai, moins nuisibles), on dit la même chose que le médecin classique, à savoir qu'avec cet outil on va vous débarrasser de votre mal.

Or, comment se passe, en fait, la guérison, quand elle a lieu ? Le « bon » homéopathe (comme le « bon » acupuncteur ou le « bon » mésothérapeute) consacre assez de temps à son malade pour lui permettre de parler, d'exprimer ses émotions. *C'est à ce moment-là, en fait, que commence le processus de guérison.* Par l'expression de la fracture de l'âme. Les bons médecins le savent — ou, en tout cas, le soupçonnent, même s'ils ne le formulent pas toujours dans ces termes. Le malade parle, éventuellement pleure, cela le soulage, c'est évident. Et lorsqu'il sort du cabinet médical, il se sent déjà un peu mieux.

Là où, en revanche, je me désolidariserais de ces médecines différentes (même si elles sont bien pratiquées, par des médecins qui savent gagner la confiance de leurs patients), c'est dans le fait qu'elles perpétuent le mensonge et continuent de *faire croire* que c'est l'outil qui guérit. Ce faisant, elles rendent le malade dépendant de cet outil, le maintiennent dans l'illusion que le remède (comme le mal) vient de l'extérieur, sans lui apprendre comment il fonctionne véritablement.

Que cet outil constitue une aide appréciable, je ne le

conteste pas. Et cette aide n'est pas la même pour tout le monde. Les aiguilles conviennent aux uns (pour des raisons qui leur sont propres et qu'il serait d'ailleurs intéressant d'étudier), les granules aux autres. Disons que ces outils leur *parlent.* Mais ils ne sont jamais que des aides. La guérison n'est pas en eux, mais dans le malade. Et le rôle du médecin est de le lui apprendre, de lui en faire prendre conscience.

Parmi les médecins différents, il y a aussi ceux qui, n'ayant pas bien compris en quoi consiste ce fameux rapport médecin/malade (parce qu'on ne le leur a jamais expliqué), se contentent de laisser parler leur malade jusqu'à ce qu'il aborde le problème difficile qui les préoccupe et qui, au moment où survient l'émotion, l'arrêtent et le rassurent : « Ne vous inquiétez pas, ce n'est pas grave, tout va s'arranger. D'ailleurs, je vais vous donner quelque chose qui... »

Cette pratique-là, pour bien intentionnée qu'elle soit, présente un double inconvénient :

1) comme la première, elle asservit le malade à l'outil, en faisant croire qu'il est l'instrument de la guérison ;

2) en empêchant l'émotion de s'exprimer jusqu'au bout (alors qu'il faudrait dire : allez-y, pleurez si vous en ressentez le besoin), on empêche la fracture de l'âme de se résoudre et de s'évacuer, on la refoule à nouveau. Il est vrai que cette stratégie peut permettre, *momentanément,* de faire disparaître le symptôme. Et si le malade a confiance en son médecin, il puisera dans sa parole la force de mieux se porter. Mais à la moindre émotion le mal reviendra. Ou le symptôme se déplacera. Ainsi le malade se trouvera dépendant de son médecin, dépendant de cette bonne parole qui le rassure, sans jamais comprendre ce qui se passe en lui-même.

Enfin, il y a les médecins différents qui ne sont pas si différents que cela, je veux parler de ceux qui, optant pour l'une de ces techniques, la pratiquent exactement de la même façon que la médecine classique. Ils ont simplement changé d'outil et préfèrent poser des aiguilles ou prescrire des granules plutôt que donner des médicaments chimiques. Peut-être, en faisant ce choix, ont-ils été guidés par une vague prise de conscience écologique, et ont-ils compris que la chimie est, tout compte fait, une arme dangereuse. Mais, mis à part l'outil, ils n'ont rien changé à leur pratique : ils reçoivent leur malade dix minutes, parlent un autre latin, et exercent une médecine symptomatique avec un outil *différent.* Ceux-là ne sont certes pas les meilleurs, et il y a tout à parier qu'avec ou sans eux les guérisons dont ils se targuent se seraient opérées d'elles-mêmes, autrement dit que l'âme aurait guéri spontanément (le malade ayant entre-temps modifié la situation difficile dans laquelle il se trouvait, ou ayant simplement compris tout seul ce qu'il ne supportait pas).

Ainsi, il y a bien *une* médecine, ou plutôt deux : la bonne et la mauvaise. Étiquettes, querelles d'écoles ne doivent pas nous perturber. Il n'y a pas de miracle, aucun outil extérieur ne nous protégera de nous-mêmes et ne fera le travail à notre place. Le médecin peut offrir à son malade, pour quelque temps, des béquilles (granules ou médicaments anodins), mais sa tâche c'est d'apprendre au malade à marcher seul, à dominer sa peur, à supporter son histoire, à aimer sa vie. Tout ce travail-là n'a rien de « scientifique », au sens étroit du terme.

La science existe, elle a fait des progrès fabuleux, et peut nous aider. Mais *croire* au déterminisme scientifique est une autre affaire, qui relève précisément de la croyance (et non de la science, objective) et qui non seulement ne nous encourage pas à aimer la vie (cf. p. 223 sqq), mais favorise, dans la société, l'explosion d'autres croyances, toutes plus fantasques les unes que les autres : car, pour compenser l'aspect négatif de cette première croyance, l'homme recherche naturellement d'autres pôles, d'autres appuis idéologiques pour survivre. Sectes, miracles, guérisseurs dialoguant avec l'au-delà, tous ces phénomènes qui resurgissent aujourd'hui apparaissent bien comme le résultat d'un certain terrorisme scientifique, comme une réaction à ce système trop étroit dans lequel nous enferme l'institution médicale.

Continuerons-nous dans cette voie-là, qui ouvre la porte à tous les obscurantismes, ou chercherons-nous à concilier les extrêmes, à repenser le monde autrement ? Voulons-nous des guerres de factions ? ou la paix ?

A quoi, finalement, voudrons-nous croire ?

Troisième partie

ÊTRE GÉNÉRALISTE AUJOURD'HUI

Comprendre mon métier. Écrivant cet ouvrage, je n'ai pas eu d'autre but. Pour comprendre, je devais formuler mes intuitions, revenir aux textes, refaire lentement le chemin du raisonnement en restant vigilant afin de ne pas glisser, déraper à droite ou à gauche. Entre le scientisme et le mysticisme, le chemin de crête est étroit. Et une fois qu'on a glissé, on n'aperçoit plus l'autre côté.

Corps et âme, espace et temps, organisme et psychisme (je veux parler des émotions), l'homme vivant réalise à chaque seconde la synthèse de cette dualité qui le constitue. L'individualité n'est pas autre chose que cette histoire particulière qui s'imprime dans le corps et fait un être à nul autre semblable.

Notre histoire nous invente.

Jolie formule, me dira-t-on, mais vous versez dans la littérature. Non : je dis, rigoureusement, mais dans un langage courant, ce que la biologie constate (cf. p. 208-209).

Ainsi, de la même façon que nous lisons dans l'espace que du temps a passé (cf. p. 196), nous lisons dans notre corps notre histoire. Et le corps malade dit quelque chose de cette histoire dont le malade ne se souvient plus, et que le médecin doit lui apprendre à déchiffrer. A partir de là, la question se déplace : Pourquoi fait-on telle maladie plutôt qu'une autre ? Les organes parlent-ils ? Fait-on indifféremment un cancer du sein, de l'utérus ou du poumon ? ou bien l'organe atteint a-t-il un rapport avec la *nature* de la fracture de l'âme ?

Avant d'essayer de répondre à ces questions (je ne donnerai sur ce plan que des pistes, des hypothèses, car les recherches sont encore balbutiantes), je voudrais redéfinir ici certaines notions fondamentales : le terrain, la prévention ; enfin, la santé.

La notion de terrain nous vient de Claude Bernard. Mais, ayant mal interprété sa pensée, comment aurions-nous correctement compris ce concept ?

Neuf ouvrages médicaux sur dix citent cette maxime : « Le terrain, c'est tout », en interprétant cette notion uniquement comme l'ensemble des mécanismes corporels et comme on parlerait d'une machine bien huilée. Or, dans la mesure où la façon dont le corps fonctionne dépend de l'histoire de l'individu et de ce qu'il a fait de cette histoire (j'entends de la façon dont il l'a vécue), il faut aujourd'hui repenser le terrain comme cet ensemble, non seulement donné au départ, mais qui se renouvelle, se recrée, s'invente constamment au cours de la vie. Ainsi, le fait que quelqu'un aura subi dans son enfance certains traumatismes déterminants fera partie de son terrain au même titre que son capital génétique, son hérédité ou sa structure. En effet, ces traumatismes (s'ils n'ont pas été évacués, au moins en partie) joueront comme des fragilités, et de ce fait, il se trouvera plus vulnérable qu'un individu qui n'en aura pas subi.

Cependant, là encore, je ne verrai pas dans le terrain une notion déterministe mais une donnée sur laquelle, a posteriori au moins, l'individu a le pouvoir d'agir. Car s'il est vrai que nous ne pouvons rien au fait d'être né blond ou brun, grand ou petit, noir ou blanc, ou encore à ce qu'une guerre mondiale se déclare ou que nos parents divorcent, nous pouvons, devant ces événements, réagir de façons bien différentes. Or, l'essentiel est bien *ce que nous en faisons.* De même que la maladie ne nous tombe pas dessus de l'extérieur et par hasard, mais à un moment précis où, en quelque sorte, nous l'appelons, de même l'explication de ce que nous sommes est moins à chercher dans les événements extérieurs que dans la façon dont nous les percevons. Ainsi, de deux femmes perdant leur mari au même moment, l'une pourra faire un cancer du sein et l'autre « s'en remettre » sans développer la moindre maladie. Rigoureusement, la cause n'est donc pas dans l'événement lui-même (car les mêmes causes engendrent les mêmes effets), mais dans la perception individuelle de cet événement, qui dépend de la nature de l'émotion et de la personnalité, elle-même forgée par l'histoire qui n'est pas seulement celle de l'individu mais celle de sa famille, dont il est également l'héritier et, en quelque sorte, le résultat.

Dans ces conditions, le devoir du médecin consiste à apprécier ce terrain et à faire prendre conscience au malade de ce fonctionnement, très simple dans le principe. Car *seule cette prise de conscience peut ouvrir à l'individu les chemins de la liberté.*

En effet, le déterminisme (qui n'est pas un fait mais une interprétation des faits) est un système qui finit par se confirmer lui-même. Je m'explique : si vous avez peur de vous faire mordre par un chien, et si vous ne dominez pas cette peur, vous adopterez involontairement une attitude telle que ce chien vous sautera dessus et vous mordra. En revanche, devant celui qui n'a pas peur, le chien, dans la plupart des cas, se tiendra tranquille. Autrement dit, pensant qu'il va (ou non) vous mordre, vous appelez la situation que vous redoutez. De même, celui qui a peur que sa femme le quitte fera tout, inconsciemment, pour qu'elle le quitte, etc. Ce genre de faits (que j'exprime ici, j'en conviens, de façon bien schématique) se vérifie tous les jours. Cela ne veut pas dire (comme le croient souvent les enfants) que la pensée est toute-puissante, mais simplement que *la façon dont on prend la réalité est déterminante dans l'évolution du rapport que l'on entretient avec cette réalité.*

Or, que fait le déterministe ? Pensant la réalité d'une certaine façon (improuvable car, je l'ai dit, aucune conception du monde ne peut se prouver puisqu'elle est du ressort de la croyance), il *ignore* tous les faits qui pourraient contredire sa vision du monde et, par là même, *se retrouve prisonnier de sa propre vision.* Ainsi, ignorant la part de la liberté individuelle, il vit effectivement *comme si* cette liberté n'existait pas et, par là même, crée le monde à l'image de son système. Muni d'œillères, il se borne à prouver ce qu'il croit, sans voir que s'il croyait autre chose, il pourrait également le prouver. Le déterministe, en fait, est victime de son propre regard sur le monde.

Si, en revanche, au lieu de me conduire de façon passive devant ce qui m'arrive (ce qu'induit le système déterministe), je prends conscience que j'ai un pouvoir sur ma vie, que j'en suis responsable, je puis vivre avec moi-même dans un rapport de liberté extrêmement porteur. Comprendre que mon corps, malade, me parle, accepter que la maladie soit, non une fatalité, mais un passage naturel me permettant de progresser dans la connaissance de moi-même, ne plus la voir comme annonciatrice de mort mais comme une occasion de reconquérir un équilibre plus stable encore que le précédent, n'est pas le résultat d'un optimisme béat mais la conception qui découle naturellement d'une vision du monde où l'homme, tout simplement, *peut vivre.*

En fait, il est très clair que nous avons le choix. Vivre est un choix. Mourir aussi. Mais ce que nous devons savoir — et là encore, c'est une question éthique, relative à la dignité humaine —, c'est que de ce choix, chacun de nous, individuellement, est responsable. Chacun est responsable de sa vie.

Si, à partir de là, j'examine la notion de prévention, je suis amené à la redéfinir complètement et, d'abord, à distinguer deux types de prévention radicalement différents.

Pour qu'on les comprenne bien, je rappelle l'hypothèse à laquelle m'a amené mon expérience quotidienne : toute maladie, surgissant à un moment donné et non à un autre, exprime une émotion refoulée, liée à certains événements de l'histoire de l'individu. Puisqu'on peut, par la parole, avoir accès à cette histoire et à cette émotion, et que cette *parole chargée d'émotion* peut évacuer cette émotion et permettre de guérir, il convient, avant de prendre quelque médicament que ce soit (sauf si c'est indispensable, pour des raisons vitales), d'user d'abord de cette méthode. La prévention individuelle consistera, dans ce contexte, à tenter de vivre en accord avec soi-même, à travailler à être soi-même, à exercer une activité qui vous épanouit, etc. En effet, comme le disait déjà Hippocrate :

> Quand on est tombé malade, il faut changer de manière de vivre. Il est clair que celle qu'on suivait est mauvaise en tout, ou en grande partie, ou en quelque chose.

Il s'agit donc, ni plus ni moins, de trouver ce « quelque chose » et d'y remédier. Bien dormir, bien manger, bien vivre, en accord avec ce que l'on ressent — ce qui dans nos sociétés réclame un effort souvent difficile et des sacrifices devant lesquels on hésite parfois —, telles sont, individuellement, les règles fondamentales de prévention. En effet, si l'on vit contre son rythme, que l'on s'épuise à la tâche dans des travaux ennuyeux, que l'on vit avec une femme ou un mari que l'on n'aime plus ou qui vous fait une vie impossible, on aura beau avaler toutes les vitamines du monde, la maladie surgira. Et le devoir du médecin, c'est d'amener le malade à prendre conscience de ce fonctionnement essentiel, qui est le même pour tous.

Mais il n'y a pas que la prévention individuelle. Il y a aussi celle des peuples, qui se traduit par des campagnes de vaccination et d'information. Que penser de cette prévention-là ?

Pour comprendre comment se justifient ces deux types de prévention, il faut revenir aux deux figures fondatrices de notre médecine : Pasteur et Claude Bernard. Pasteur, je l'ai dit, est parti du principe que ce qui s'applique à l'animal est également valable pour l'homme et a — dans une certaine mesure — fait la preuve de cette thèse. En effet, ce qui vaut pour l'animal vaut pour ce que l'homme a en commun avec l'animal, à savoir un corps vivant.

Claude Bernard, lui, créant la médecine expérimentale, l'a fondée pour des raisons que j'ai précédemment analysées, mais en ne cessant de rappeler que le médecin avait affaire à un individu dans ce qu'il a de singulier et aussi, par conséquent, de spécifiquement humain.

Si l'on replace, comme je l'ai proposé, l'homme dans sa durée, autrement dit dans son rapport avec son histoire (en cessant donc de ne considérer que sa dimension spatiale), on peut resituer le domaine d'application de la médecine de Pasteur et de celle de Claude Bernard de la façon suivante :

1) dans le domaine de la médecine individuelle, le médecin a affaire à un individu placé dans l'espace et dans le temps, avec lequel il a la possibilité d'établir une relation telle qu'il peut (par l'échange, la parole) avoir un accès direct au domaine des causes de la maladie, qui se situent dans l'histoire. Son but sera donc double : rechercher ces causes et, s'il y a urgence, agir, dans la mesure de ses moyens, sur les effets physiques qui présenteraient quelque danger pour la vie de l'individu ;

2) dans le domaine de la prévention collective, on peut

tout aussi bien admettre qu'une épidémie ne touche pas telle ou telle population à n'importe quel moment de son histoire, mais, *comme on n'a pas accès à ces causes,* je veux dire qu'on ne peut (pour le moment) permettre à un peuple d'exprimer ces causes autrement que par la maladie, on ne peut agir que sur les effets, qui sont ces maladies : ici, la médecine pasteurienne trouve donc sa pleine justification. Car ce que tous ces hommes ont en commun, c'est effectivement leur animalité.

En revanche, je m'opposerais radicalement à cette pratique de la prévention qui consiste, par exemple, à prendre des antibiotiques « pour ne pas risquer de complications », car, de cette façon, non seulement on décharge le malade de sa maladie (alors qu'il a à lutter contre elle — son organisme en a les moyens — et que c'est par cette lutte même qu'il recouvre une véritable *santé*), mais on empêche la maladie de jouer son rôle d'expression de l'émotion. En prenant des produits chimiques dès les premiers symptômes (fièvre, maux de tête, etc.), on refoule immédiatement l'émotion qui, bien entendu, va aller se loger ailleurs, *jusqu'à ce qu'elle puisse sortir.* Et c'est ainsi qu'on verra des malades passer d'une colite à une migraine, de la migraine à une crise de foie, d'une crise de foie à une grippe, etc.

La véritable sagesse, en ces matières, consiste donc :

1) à prévenir autant que possible les maladies en vivant le plus possible en accord avec soi-même ;

2) quand la maladie survient, si elle est bénigne, à l'*accepter comme le comportement naturel d'un organisme sain qui cherche à retrouver son équilibre.*

J'en viens donc à la définition de la santé, à laquelle j'ai déjà fait allusion, mais qui mérite quelques développements complémentaires.

Et d'abord, je voudrais prévenir une objection, qui est certainement venue à l'esprit de plus d'un lecteur : vous dites (me dira-t-on) que le secret de la santé consiste à vivre en accord avec soi-même et à nourrir des projets, mais on voit souvent, aussi, des personnes passionnées par leur activité qui, soudain, du jour au lendemain, sont fauchées de façon inexplicable par une maladie mortelle. Comment expliquez-vous ces cas ?

Pour comprendre ce qui s'est passé, il suffira d'un exemple très simple. Un matin, vous sortez de chez vous. Vous êtes en forme, des projets plein la tête, et de nombreuses tâches en perspective. Vous venez notamment (par exemple) de signer un contrat que vous attendiez depuis longtemps, vous allez d'ailleurs le poster et vous vous dirigez d'un pas alerte et joyeux vers la boîte aux lettres quand, soudain, devant vous, un chien traverse la chaussée et se fait écraser par une voiture. Vous entendez le crissement des pneus, le hurlement de l'animal, vous êtes saisi, ému. Votre cœur bat plus vite, un instant vous oubliez tous vos projets. Pour peu que vous aimiez les chiens ou que cet accident en évoque pour vous un autre, très pénible, vous avez les jambes qui tremblent, la sueur au front, et vous êtes obligé de vous arrêter, de vous asseoir peut-être, pour « reprendre vos esprits ».

Le langage courant parle souvent plus vrai que les scientifiques ne veulent le croire, et ses images traduisent fidèlement la réalité : car, bien que vous continuiez de tenir beaucoup à votre contrat, sous l'empire de l'émotion, votre esprit, votre raison, votre désir conscient sont passés au second plan. Telle *est la loi commune.* Ce qui d'un individu à l'autre diffère, c'est la capacité de contrôler ses émotions ou de les refouler. Ainsi, certains (dits émotifs) les manifestent immédiatement, ou se montrent vite submergés par elles ; d'autres (dont on dit qu'ils ont du sang-froid ou, même, qu'ils ne ressentent rien) les dominent, voire refusent de les prendre en considération et les refoulent. Mais elles sont toujours là. Plus profond, simplement. Et ces êtres-là qui, pour une raison qui leur appartient (souvent d'éducation), ne veulent rien connaître de leurs émotions sont parfois plus fragiles car susceptibles d'être en quelque sorte pris en traître par ce qui leur arrive. J'ajouterai cependant à cette observation qu'on ne peut en ces matières énoncer de loi générale car chacun, selon son histoire, négociera ses émotions de façon particulière. La seule loi qu'il faille retenir, c'est que nous sommes tous, à des degrés divers, soumis à nos émotions, que notre rapport avec le monde passe d'abord par ce registre (même si nous sommes capables, a posteriori, de les rationaliser), et que des émotions trop violentes et refoulées peuvent, à l'occasion d'un événement donné, resurgir brutalement, et nous interrompre dans notre activité, momentanément par la maladie (si l'émotion en question n'est pas trop forte), ou définitivement, si celle-ci remet en question notre désir de vivre et que nous ne parvenons pas à reprendre le dessus.

Ainsi, la maladie doit être considérée, non plus comme un hasard qui n'a pas de sens, mais comme une occasion de mieux se comprendre et de mieux se connaître soi-même. Car c'est cette connaissance qui nous rend libre et facilite notre rapport avec le monde et avec les autres. En effet, la maladie nous apprend quelque chose de notre vie, quelque chose de notre histoire que nous avons oublié, refoulé dans notre inconscient, et qui, comme tel, peut effectivement constituer une entrave si nous refusons de l'accepter. En revanche, si nous l'acceptons, si nous laissons cette émotion remonter à la surface, nous pouvons nous en libérer et retrouver un équilibre plus solide encore que le précédent.

Faire entendre aujourd'hui un tel discours est d'autant plus difficile que nous vivons dans une société qui, depuis un demi-siècle (depuis le fameux « miracle » antibiotique), non seulement a refusé la maladie, mais a développé une idéologie de la santé tout à fait pernicieuse : en effet, identifiant la santé au bien (ce que traduit notamment la notion de « bien-être ») et à la vie, et la maladie au mal et à la mort, on a par là même fortifié l'angoisse de mort, toujours présente au cœur de l'homme, et encouragé l'aveuglement et l'ignorance. Car cette conception manichéenne témoigne d'une incompréhension totale de ce qu'est véritablement la vie, et de la façon dont fonctionne l'être humain.

La santé n'est pas, je l'ai dit, un état de bien-être (qu'on s'autoriserait éventuellement à créer artificiellement), mais un *équilibre*. Équilibre complexe, savant, que l'homme recrée chaque jour puisque, chaque jour, il lui arrive des événements auxquels il réagit et qu'il doit supporter, assumer. Contraintes, difficultés, émotions de tous ordres l'attendent à tout moment, et chaque fois il doit s'adapter. Parfois — se connaissant mal et ne sachant ce qu'au fond il peut ou non supporter — il s'engage dans des voies trop difficiles ou inadéquates. Car il fait aussi ses choix de façon rationnelle, et ces critères entrent souvent en contradiction avec ce qu'il *ressent*. Autre façon de dire ce que Pascal constatait déjà : que « le cœur a ses raisons que la raison ne connaît point ». Ainsi, il pourra arriver qu'il choisisse une compagne ou un métier pour des raisons peut-être très louables, mais qui ne correspondent pas profondément à ce qu'il aime, à ce qu'il est. Et si le décalage entre ses désirs profonds et la façon dont sa vie se déroule et évolue se creuse, il le ressentira de façon de plus en plus douloureuse. S'il accepte de s'en rendre compte et de remettre sa vie en cause, tout ira bien. Mais s'il refuse, il tombera malade. Et sa maladie lui dira cela : qu'il n'est pas bien dans sa vie ; qu'il doit changer. Pas nécessairement tout bouleverser, mais comprendre ce qui, dans ce système qu'il a construit, le fait souffrir. Bernie Siegel *(op. cit.)* le dit très bien :

> Lorsque je demande à un malade s'il préfère se faire opérer ou changer de vie, huit sur dix me répondent :

> Opérez, c'est moins pénible. Tout ce que j'aurai à faire, c'est trouver une garde pour mes enfants pendant la semaine que je passerai à l'hôpital.

Or, conquérir cet équilibre et le maintenir est difficile. C'est un travail de tous les jours. Car nous avons reçu une certaine éducation, nous sommes imprégnés d'idées multiples et contradictoires, nous avons fait des choix, nous avons travaillé avec acharnement pour atteindre certains objectifs, et accepter de remettre ces efforts en cause a, parfois, quelque chose d'intolérable. D'autant que nous ne sommes pas seuls en cause : il y a nos proches, qui croient en nous, du moins dans cette image que nous leur avons donnée, et démentir cette image, risquer — peut-être — qu'ils ne nous aiment plus si nous montrons ce que nous sommes, ce que nous aimons, fait terriblement peur.

Mais il ne faut pas oublier ceci : que nos proches en ont, si je puis dire, « autant à notre service ». Eux non plus ne sont pas toujours en accord avec eux-mêmes, souffrent secrètement, et s'accrochent à leurs idées toutes faites, à des valeurs qu'on leur a inculquées et qu'ils n'ont pas osé remettre en question. Et s'ils tiennent tant à ce qu'on ne bouge pas, à ce qu'on ne remette rien en question, c'est que cette remise en question les obligerait, peut-être, à considérer autrement leur propre vie, et qu'ils n'en ont pas plus envie que nous ; car accepter la remise en question suppose d'affronter cette angoisse que nous avons canalisée dans un certain système de vie et qui est, au fond, toujours une angoisse de mort. Cette mort que l'on considère, secrètement, comme un échec.

Pourtant, la mort est naturelle. Accepter cette idée paisiblement, la faire sienne, c'est, déjà, commencer à vivre.

Si nous n'étions pas mortels, la vie n'aurait pas de sens.

Cette réflexion — qui n'est pas simplement un travail intellectuel, mais un travail sur soi —, tout médecin devrait la faire, avant d'apprendre son métier. Car, plus que tout autre, il va côtoyer la mort. Et s'il n'a pas appris à l'affronter sainement, son angoisse le pervertira, sans qu'il s'en aperçoive, jusque dans l'exercice de son métier. Et ses malades en souffriront.

A cet égard, je voudrais citer une histoire qui m'est arrivée récemment. Il en existe des centaines du même genre, mais elle me paraît représentative de l'attitude de certains médecins qui n'ont pas appris à affronter cette question, encore moins à l'assumer.

Il y a quelques semaines donc, un confrère m'envoie un de ses patients, avec un mot d'accompagnement. J'invite le malade à s'asseoir, il me tend la lettre et, avant de commencer l'entretien, je lis :

Cher Confrère,

M. Untel, que je vous envoie aujourd'hui, est séropositif et commence un sida. Il ne sait rien de sa maladie et n'en veut rien savoir. Je compte sur vous pour faire comme moi et ne rien lui en dire. Bien à vous.

J'avoue qu'à la lecture, cette lettre me choque un peu : j'estime en effet que le médecin doit aider le malade à lutter et, d'abord, lui apprendre contre quoi il doit lutter. Encore faut-il, pour cela, espérer sincèrement et être intimement convaincu qu'en luttant, le malade peut guérir.

Cependant, je me tais. Et l'entretien commence. Nous avons à peine échangé quelques mots que mon patient me dit :

— Vous savez, docteur, j'ai le sida.

Ainsi, il sait. C'est donc le médecin qui ne veut pas savoir. Qui a peur d'en parler. Parce que, probablement, cette mort lui paraît inéluctable, et qu'il n'a rien d'autre à dire.

Cette réaction est beaucoup plus fréquente qu'on ne le croit. Les médecins, comme le commun des hommes (et parce qu'ils n'ont pas été formés comme ils le devraient), ont peur de la mort. Une peur irrationnelle, irrésolue. Et, comme tous les grands angoissés, ils se raccrochent aux chiffres, aux statistiques, qui ne disent jamais que ce qu'on veut leur faire dire.

Peut-être m'accusera-t-on de trop critiquer mes confrères. Ce serait mal me comprendre. Ce n'est pas à tel ou tel en particulier que j'en ai, mais aux carences d'une institution aveuglée par les prétendus miracles de la science et qui a oublié les règles élémentaires de la formation. Ce n'est pas une révolution que je propose, mais un retour à une tradition qui a fait ses preuves. Et, j'ajoute, bien sûr, non un simple retour, qui ne serait que régression, mais un retour enrichi de tout ce que nous avons appris depuis cinquante ans. J'y reviendrai dans ma conclusion.

Pour mieux situer, concrètement, le domaine de la médecine générale tel qu'il résulte des précédentes réflexions, je donnerai une image : soit deux cercles concentriques traversés par une ligne médiane. De part et d'autre de cette ligne, d'un côté l'espace et tout ce qui le concerne (le corps, la biologie, la physiologie, la neurologie, etc., toutes les sciences médicales reconnues comme telles), de l'autre le temps et tout ce qui l'exprime (l'âme, les émotions, mais aussi la philosophie et toutes les sciences du psychisme). Le plus petit cercle représente le champ de la médecine générale, qui doit connaître l'essentiel des informations données par tous ces domaines. Et, dans le cercle plus large, se trouvent les spécialités, qui sont aussi le champ des théories (ou *hypothèses*) : ainsi, les théories biologiques très « pointues » côtoient les formules chimiques et sont à mettre sur le même plan, dans le domaine du savoir, que les théories analytiques, par exemple, ou que les systèmes philosophiques.

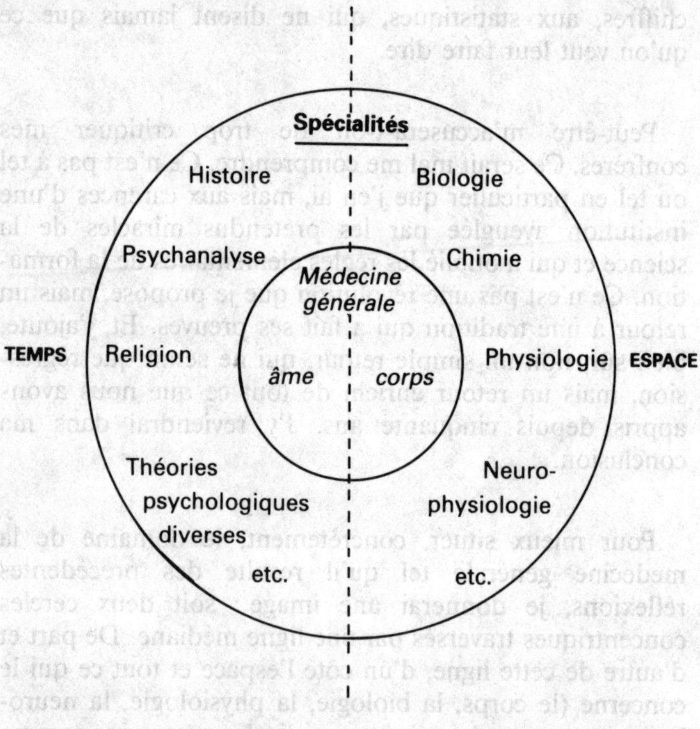

Ainsi, plutôt que de vivre dans la terreur de ne pas connaître les derniers travaux en cours dans des domaines très spécialisés (travaux qui restent d'ordre technique), le généraliste devrait avant tout se soucier de cette mécanique générale dans son ensemble. Car c'est par elle qu'il pourra, mieux que par toutes les investigations techniques (qui n'ont d'autre but que de *confirmation* ou d'*infirma-*

tion), établir son diagnostic. Ainsi, au lieu d'être, comme aujourd'hui, une plaque tournante orientant les malades vers les différentes spécialités, il retrouverait la place qu'il n'aurait jamais dû quitter, et qui a été la sienne durant des siècles : celle du médecin, qui comprend le malade dans son ensemble, peut tout soigner, et ne fait appel aux spécialités que pour des problèmes techniques précis qui le dépassent.

Je sais à quel point, dans le milieu médical, de tels propos pourront aujourd'hui choquer et prêter à polémique. Mais je me soucie moins des débats qui peuvent m'aliéner des confrères, qui seront parfois tentés de faire de l'opposition systématique, que du public qui, lui, se plaint de ne plus trouver de « bons généralistes ». Cette plainte n'est pas sans fondement ; car le généraliste est aujourd'hui perçu négativement, comme celui qui *n'a pas fait* de spécialité (et qui a donc, à son actif, moins d'années d'études, donc qui en sait moins), si bien que nombre d'entre eux, après quelques années d'exercice insatisfaisantes, décident de se spécialiser. Ce phénomène, consécutif à l'explosion des recherches scientifiques, vient — je crois l'avoir suffisamment démontré — de l'appréciation erronée de la place qu'occupent ces différents savoirs, et de leur champ d'application.

Enfin, cette nouvelle mise en perspective de l'art médical ne remet pas seulement en cause l'exercice de notre profession telle qu'elle nous est actuellement enseignée, elle comporte de multiples implications que je ne puis ici qu'esquisser et qui mériteraient de nombreux développements, que je réserve à d'autres ouvrages. Et l'une d'elles, notamment, est aujourd'hui le droit à être malade.

En effet, d'un point de vue social, tenir le discours qui consiste à dire : j'ai attrapé un virus — sous-entendu, ce n'est pas ma faute, c'est la fatalité — *permet* d'être malade sans s'en sentir coupable. Car, bien entendu, il ne viendrait à l'idée d'aucun patron d'accuser son salarié d'être malade, ou d'être responsable de sa maladie. C'est pourquoi, naturellement, le droit du travail protège les malades contre d'éventuelles pressions de leurs employeurs. *Point sur lequel, bien entendu, je suis entièrement d'accord.*

Néanmoins, en admettant que l'on me comprenne mal (éventualité que j'envisage par pur réalisme...), certains, s'appuyant sur les thèses que je soutiens ici, se croiront peut-être autorisés à porter désormais un jugement sur les malades et, notamment, à accuser les malades de leurs maux. Ainsi, j'imagine des propos comme : bien sûr, il vit n'importe comment, c'est normal qu'il soit malade ; ou : après tout, il n'a qu'à faire ceci ou cela. Sans compter qu'à la question « pourquoi êtes-vous malade ? » ou « qu'est-ce que vous avez ? », le malade ne pourra plus répondre de façon convenue (j'ai attrapé ceci ou cela) et se trouvera alors dans une position extrêmement inconfortable. Car il n'y a pas, à la réflexion, de question plus indiscrète.

On voit bien que, si l'on n'a pas jusqu'à présent répandu de telles idées, c'est qu'elles supposent, effectivement, un changement profond des mentalités qui demandera (s'il se fait, ce que j'espère) des décennies. Néanmoins, aujourd'hui, nous n'avons plus le choix : le cancer, le sida tuent trop de monde pour que nous ne sacrifiions pas nos vieilles idées. Si nous voulons que notre monde vive, c'est à ce prix.

Si, dans un premier temps, nous acceptons :

1) cette évidence, que la maladie est liée à l'histoire de l'individu ;

2) que de cette histoire, le malade n'est pas coupable, et qu'il n'y a donc pas lieu de lui faire grief de sa maladie, nous aurons déjà fait, me semble-t-il, un pas de géant dans la bonne direction.

Au début de ce chapitre, j'ai évoqué la question du *sens* de la maladie. En effet, après m'être demandé pourquoi nous tombons malades, je me suis naturellement demandé pourquoi nous avions telle maladie plutôt qu'une autre. Les organes atteints pouvaient-ils nous donner des informations plus précises sur la nature de la fracture de l'âme qui se trouvait à l'origine de la maladie ? Autrement dit : le corps, les organes avaient-ils un langage ? Et lequel ?

Ici, je le répète, je n'ai encore que des pistes. Certaines se confirment chaque jour, d'autres sont plus floues. Enfin, dans certains cas, je manque de données pour ne serait-ce qu'émettre une hypothèse. J'attends en fait de ces pistes, que je livrerai dans le prochain chapitre, qu'elles suscitent chez mes confrères une réflexion, et je pense qu'elles peuvent servir de base à un travail commun, qui prendra des années. Un travail à vrai dire passionnant et plein de promesses, dans lequel notre institution devrait, bien entendu, prendre la place qui lui revient.

Je crois d'ailleurs qu'à terme, elle ne pourra faire autrement. Et d'avoir fait ce pas, ce sera, aussi, sa victoire.

LES MAUX POUR LE DIRE

Du bon usage de la maladie

> Le cœur n'est pas plus le siège de nos sentiments que la main n'est le siège de notre volonté. Mais le cœur est un instrument qui concourt à l'expression de nos sentiments comme la main concourt à l'expression de notre volonté.
>
> Claude BERNARD.

L'idée que les maladies seraient liées à certains types de personnalité n'est pas nouvelle en médecine. Néanmoins, on a jusqu'à présent échoué à fournir une théorie reconnue en la matière ; parce que les auteurs qui ont travaillé dans cette direction, ayant énoncé des règles générales, y ont trouvé trop d'exceptions pour valider ces règles. Franz Alexander le signale notamment à propos des recherches de Dunbar :

> Dunbar, dans ses études de « profils », décrit certaines corrélations statistiques entre la maladie et le type de personnalité. Elle trouve, suivant sa méthode, que les traits manifestes de l'individu atteint d'une maladie donnée varient à un tel degré que, dans le meilleur des cas, on peut parler seulement d'une plus ou moins grande fréquence statistique. Les exceptions, si nombreuses dans les données fournies, indiquent que ces corrélations ne prouvent, en réalité, aucune relation causale.
>
> *La Médecine psychosomatique.*

C'est que, à mon sens, l'hypothèse de départ n'est pas exacte : car la relation spécifique à établir n'est pas entre le « type de personnalité » et la maladie, mais entre la façon dont sont vécus certains événements et cette maladie.

Or, par définition, la façon dont est vécu un événement est particulière ; je veux dire qu'elle dépend de l'individu, de son histoire personnelle (qui ne ressemble à aucune autre), et il y a toutes chances pour que, cherchant à énoncer dans ce domaine des lois générales, on échoue à rendre compte du particulier.

Très vite, mon hypothèse de recherche et ma méthode se sont précisées, de la façon suivante. Sachant :

1) qu'il existe effectivement certains « tempéraments » (pour être schématique, les grands minces ne réagissant pas au départ par les mêmes symptômes que les petits gros ; les premiers souffrant de préférence du côté digestif, et les seconds réagissant davantage sur l'axe cardio-vasculaire) ;

2) que seul le malade a la réponse à la question que je me pose (et qu'il me pose) ;

3) que chaque histoire est différente et que ce qui compte, c'est la façon dont chaque individu vit la sienne, *dans les moindres détails*,

j'ai pris le parti d'écouter, sans préjugé. Si le corps avait véritablement un langage précis, des points communs se dégageraient de ces histoires particulières, des points communs qui seraient les embryons de cette syntaxe que je soupçonnais. Mais une fois de plus, je savais que toutes mes idées préconçues en la matière ne me serviraient de rien, et que la réponse, si elle existait, me serait donnée par mes malades.

La première piste qui parut confirmer mon hypothèse d'un langage du corps concerne la colite chronique. J'ai raconté en détail, dans la première partie, le cas de Jean-

François. J'en rapporterai ici deux autres, celui de Jean et celui d'André, qui, chacun à sa façon, expriment la même souffrance.

JEAN

Jean a une trentaine d'années. Il est grand, très charpenté, d'un caractère taciturne. La première fois qu'il vient me consulter, il se borne à se plaindre d'un « mal au ventre » qui ne le quitte pas et pour lequel il prend continuellement de nombreux médicaments, sans résultat.

Au départ, toutes mes tentatives pour établir avec lui un contact personnel échouent. Il fait partie de ceux qui vont chez le médecin comme on va chez le garagiste. Il est vrai que c'est ce qu'on lui a appris. Cependant, je ne me décourage pas et lui conseille, dans un premier temps, d'arrêter ses médicaments :

— De toute façon, ils ne servent à rien, puisque vous souffrez toujours.

Il en convient.

— En revanche, nous pourrions pratiquer pendant quelque temps des massages abdominaux. Cela vous détendrait.

Si je lui donne ce conseil, ce n'est pas que je croie à l'efficacité directe de tels massages, mais j'espère simplement, par ce biais, l'amener à se sentir en confiance. En outre, ce faisant, je m'occupe de son corps, et c'est pour cela qu'il est venu me voir. Je dois donc répondre à cette demande. Il accepte ma proposition et revient la semaine suivante. Nous avons prévu quatre séances. Il n'en manque pas une et, après un mois, il ne souffre plus.

Mais que s'est-il passé ? Si j'arrêtais là ce récit, on en déduirait logiquement que « ce sont les massages qui l'ont guéri ». Or il n'en est rien. En effet, pendant les quatre séances en question, Jean — qui jusque-là s'était montré muet — n'a cessé de parler, de raconter son histoire.

Depuis qu'il avait commencé à travailler, il n'avait cessé

de subir des échecs professionnels. Dans un premier emploi, il avait eu des conflits avec ses supérieurs qui l'avaient obligé à partir. Puis il avait monté une petite société, dont il avait rapidement dû déposer le bilan. A présent, il cherchait un travail et ne cessait, ce faisant, de penser à son père, qui selon lui avait été un être exceptionnel.

— Vous comprenez, ce qui me torture, c'est qu'à côté de lui, je suis un raté.

J'entends « torture ».

— Et votre ventre ? Que ressentez-vous ?

— Oui, c'est vrai, ça me tord.

J'essaie de lui faire comprendre que ce qu'il ressent dans son corps a un rapport avec ce qu'il vit. Mais il n'a pas l'air de me croire.

Enfin, à la quatrième séance, il m'annonce qu'il n'a plus mal au ventre.

— J'ai trouvé une nouvelle place, ajoute-t-il. Cette fois-ci, j'ai l'impression que ça va marcher.

ANDRÉ

André a soixante-dix ans. Lui aussi consulte pour une colite. Lentement, au cours de plusieurs entretiens, il me raconte son histoire. Au début, avec réticence. Puis, sentant peut-être que cela lui « fait du bien » de parler, avec de plus en plus de confiance.

Quinze ans plus tôt, il avait épousé une femme plus jeune que lui de trente ans, qu'il dominait complètement. Elle travaillait, gagnait sa vie, mais il avait exigé qu'elle lui verse intégralement son salaire. Les premières années, elle avait accepté. Mais depuis cinq ans, elle avait commencé à contester son autorité et avait gardé son argent. Cette décision, intervenue à un moment où lui commençait à vieillir, avait inversé les rôles. Désormais, c'était elle qui commandait, régentait la maison. La colite avait commencé à ce moment-là.

— Vous comprenez, c'est insupportable. C'est elle qui décide de tout. Et je ne peux rien faire.

Entre ces trois cas — Jean-François, Jean et André —, je discerne un point commun (que confirmeront par la suite bien d'autre malades) : un conflit avec l'autorité. Dans le cas de Jean-François, un conflit avec son supérieur hiérarchique (ce qui est le cas le plus fréquent que j'aie rencontré) ; dans celui de Jean, un conflit, au fond, avec l'autorité du père ; et dans celui d'André, un conflit avec sa femme, qui le domine.

Est-ce dire pour autant que l'on peut systématiquement interpréter une colite comme un conflit avec l'autorité ? Je n'irai pas jusque-là, et cela pour plusieurs raisons :

1) ce qui est fondamental (je ne le répéterai jamais assez), c'est ce que ressent intimement le malade ; c'est cela que le médecin doit parvenir à entendre. Or, s'il a en tête une idée préconçue, il risque de ne plus entendre ce qu'on lui dit et de se reposer sur une idée toute faite qui n'apportera rien à personne ;

2) quand bien même toute colite pourrait se ramener à un conflit d'autorité, l'essentiel reste que le malade en prenne conscience *en le formulant lui-même.*

Le travail du médecin consiste donc, avant tout, à rester attentif à cette *parole singulière* qui exprime un cas d'espèce. Le seul usage qu'il puisse faire, éventuellement, de cette hypothèse (qu'il s'agit d'un conflit d'autorité) est, s'il repère effectivement dans le récit du malade quelque élément qui évoque un conflit de cet ordre, de poser davantage de questions et d'encourager le malade à en parler plus en détail ; toute la difficulté consistant, bien entendu, à ne pas insister de façon telle qu'on influence le malade et qu'au lieu de l'engager à dire ce qu'il a à dire, on lui fasse dire, finalement, ce que l'on veut entendre.

Là réside, précisément, tout l'*art* médical.

Néanmoins, d'avoir repéré cette signification fréquente de la colite m'a aidé dans un certain nombre de cas, notamment ceux où le malade, *en toute bonne foi,* ne comprend pas pourquoi il souffre. Il a admis le principe que la maladie a un rapport avec sa vie, mais ne trouve pas la cause : « Non, je vous assure, tout va bien... Je m'entends bien avec ma femme, il ne s'est rien passé de particulier, mes enfants vont bien, vraiment je ne comprends pas... »

Dans de tels cas, il m'est arrivé, alors, de poser la question :

— Vous n'auriez pas, par hasard, des conflits avec un supérieur hiérarchique ?

Chaque fois, la réaction a été positive. Certains se sont même exclamés : « Mais ce n'est pas possible, vous êtes voyant ! » Non, rien de surnaturel là-dedans, rassurez-vous. Rien au fond que de très simple dans le principe — le corps a un langage — et d'extrêmement complexe dans le détail, pour nous qui n'avons pas appris à l'entendre.

Un langage, c'est bien cela. Et de la même façon qu'une phrase, sortie de son contexte, peut avoir des sens multiples voire contradictoires, de même que, sous les mots, le ton sur lequel on les prononce en définit encore plus sûrement le sens, de même, ce langage du corps que j'essaie ici de dégager n'a éventuellement de valeur qu'en tant que syntaxe commune, comme un code qui donne accès à la signification particulière (qui seule compte, d'un point de vue thérapeutique) qu'il a pour le malade.

Connaître le sens particulier des mots ne suffit pas pour se montrer habile traducteur. Ce que dit bien l'anecdote, sans doute apocryphe, de cet interprète débutant qui, à la fin d'un repas officiel, avait voulu « traduire » le discours de son ministre en visite chez nous, et qui s'était exclamé : « Je hisse mon bocal à l'hygiène du président ! »

Eh bien, le médecin qui prétendrait traduire, sur quelques données, ce que ressent son malade, se montrerait tout aussi ridicule. Il n'existe pas plus de « clés du corps » que de « clé des songes ». Pas de grille, qui permettrait de ne plus penser. Chaque fois, dans chaque cas particulier, tout le travail de compréhension est à refaire. Et néanmoins, chaque cas apporte aussi des précisions d'un ordre général qui permettront de mieux aborder les suivants.

Avant d'évoquer ces autres maux qui nous parlent — la migraine, l'hypertension artérielle, les maladies de peau, etc. —, je voudrais relater ici un cas particulièrement étonnant, qui montre à quel point le langage du corps est singulier et raconte une histoire que personne ne peut deviner.

Un de mes vieux maîtres — le seul sans doute qui m'ait appris quelque chose, que l'on respectait à cause de son âge, mais dont la sagesse paraissait désuète à tous ces médecins férus de science qui l'entouraient — disait : laissez parler votre malade, c'est lui qui va vous dire ce qu'il a. Le cas de Patrick en est l'une des illustrations les plus étonnantes.

PATRICK

Lorsqu'il vient me consulter pour la première fois, il a environ cinquante-cinq ans. Il est grand, un peu voûté, le regard fuyant. Réservé aussi, ou plutôt, retenu. De ces hommes qui ne vous disent que ce qu'ils estiment nécessaire, et gardent l'essentiel pour eux. Mais ses traits tirés, l'impression qu'il donne — en se déplaçant, en s'asseyant — de surveiller ses moindres gestes laissent deviner une forte tension intérieure.

Les raisons de sa visite sont multiples : il fait de l'hypertension artérielle, souffre de douleurs dans le dos, dans les membres, il a tendance à boire. Mais de sa vie personnelle, il ne me dit rien. L'examen clinique révèle un homme solide mais fatigué, un peu usé. Une phalange manque à son index de la main droite. Je lui demande ce qui lui est arrivé :

— Je m'étais blessé, et la blessure s'est nécrosée. J'ai été obligé de me faire opérer. D'ailleurs, j'ai l'impression que ça ne cicatrise pas bien. Je dois retourner voir mon chirurgien.

Pour la première consultation, nous en restons là. Je projette de le suivre régulièrement — ne serait-ce que pour son hypertension. J'espère aussi qu'avec le temps, il finira par parler.

Pendant les mois qui suivent, Patrick revient régulièrement me voir. Ses maux sont stationnaires, son hypertension, sans s'être aggravée, demeure. Il ne dit toujours rien. Le seul changement que j'observe concerne sa main : non seulement la plaie s'est mal cicatrisée, mais il a dû se faire réopérer trois fois. Du majeur aussi. A présent, trois phalanges lui manquent. C'est un homme mutilé. Et lorsque je lui en parle, il me dit :

— Je me suis aussi blessé au pied droit. On a dû m'opérer un des orteils.

Cette histoire me paraît invraisemblable. Le processus de cicatrisation est un phénomène naturel ; d'ailleurs, lorsqu'il se coupe en se rasant, la plaie disparaît après quelques jours, comme chez n'importe qui. Alors, que se passe-t-il ? Qu'est-ce qui, en lui, ne cicatrise pas ? Pourquoi se fait-il ainsi régulièrement couper en morceaux ?

Je ne puis lui poser la question trop directement : il se fermerait. Si l'émotion qu'il ressent est à la mesure de ce qu'il se fait subir, les défenses aussi doivent être très fortes. Je continue donc d'être attentif, simplement, et complètement disponible. Il ne dit rien de plus et nous reprenons rendez-vous pour dans un mois.

Lorsqu'il revient, je le trouve changé. Vieilli. Il a sur le visage une expression nouvelle, qui trahit un souci profond, une véritable détresse. Et au moment où je lui demande — comme chaque fois : « Comment allez-vous ? », il me répond, se met à parler. Comme si, cette fois, la coupe était pleine.

— Ça ne va pas du tout. Depuis quelques mois, je fais des démarches administratives pour obtenir une retraite, et ce matin, on m'a dit que je n'avais droit à rien.

Il se tait. Je ne pose pas de questions. Ce qu'il vient de me dire appelle une explication, il le sait. Je sais aussi qu'il va me la donner, puisqu'il a commencé à parler. Après quelques instants, il poursuit d'une voix plus sourde :

— Docteur, il faut que je vous dise quelque chose.

Un silence, encore, puis :

— J'ai fait treize ans de prison.

Il observe mon visage, guette ma réaction. Mais je ne dis rien, ne bouge pas. Je ne suis pas policier. Je suis médecin. Mon rôle n'est pas de le juger, mais d'entendre, d'aider. Je le lui ai dit plusieurs fois. Rassuré probablement par mon expression, il poursuit son récit. Accusé de meurtre (il ne me dit pas si c'est à juste titre, je ne le saurai jamais), il a été condamné sur la foi du témoignage d'un homme qu'il connaît bien. Et pendant toute ses années de prison, il s'est juré de tuer cet homme, qui selon lui a brisé sa vie. Aujourd'hui, il connaît son adresse, pense constamment à mettre son projet à exécution, mais n'y parvient pas :

— Vous comprenez, chaque fois, je me dis que je vais replonger. Et j'ai peur. J'ai envie de tuer cet homme, et j'ai peur de retourner en prison.

Je regarde sa main mutilée. Il saisit mon regard, sourit avec tristesse.

— De toute façon, maintenant, avec cette main, je ne pourrais plus tirer. Comment voulez-vous que j'appuie sur la détente ?

Ainsi, c'est cela. Mais pourquoi l'orteil ?

— Chaque soir, je rêve que je prends ma moto, et que je vais le surprendre chez lui. Mais aujourd'hui, quand je la conduis, mon pied me fait souffrir. Vous savez, c'est avec le pied droit que je passe les vitesses.

Il a tout dit. Mais le sait-il ? Il faut reprendre, ensemble. Amener tout cela à la conscience. L'aider à faire le lien.

— N'est-ce pas chaque fois que vous avez envie de le tuer, plus encore que d'habitude, que vous vous êtes fait opérer ?

Il réfléchit, plisse le front, cherche. Il a l'air perplexe. Étonné. Je sais que, comme tout le monde, il se demande : serait-il possible que cela marche comme ça ?

— C'est vrai, c'est bizarre, je ne comprends pas. Quand j'y repense, j'ai l'impression que vous avez raison.

— Et maintenant, avez-vous toujours envie de tuer cet homme ?

— Oui, je crois que j'en aurai toujours envie. Mais en même temps, je sais que je ne peux pas le faire. Je ne le ferai pas.

Après cette consultation, Patrick revint me voir encore plusieurs fois. L'hypertension demeurait (car la tension intérieure était toujours importante, peut-être ne se remettra-t-il jamais, d'ailleurs, de cette vie brisée), il continuait de boire, mais il ne se fit plus jamais opérer. La main, le pied avaient soudainement cicatrisé. Parce qu'il avait compris, décidé d'une certaine façon que, malgré son désir, il ne tuerait pas cet homme. Il n'avait donc plus besoin de se mutiler pour s'en empêcher.

Si je m'autorise cette interprétation, c'est que *c'est la sienne.* En parlant, il a pris conscience du fait qu'il s'empêchait, en se mutilant, d'accomplir son crime peut-être parce que, mentalement, il n'avait pas le courage de se l'interdire. Et c'est au moment où il a fait ce travail psychique de prise de conscience et décidé qu'il ne le ferait pas que le processus organique est rentré dans l'ordre.

Le caractère exemplaire du cas de Patrick réside, je l'ai dit, dans le fait qu'il met en évidence la façon dont le corps parle toujours d'une histoire particulière, irréductible aux généralités. Néanmoins, la démarche scientifique consistant à rechercher les lois valables pour tous, on continuera — en respectant la méthodologie de Claude Bernard, qui consiste à *suivre* la nature et non à tenter de la dominer — à essayer de les mettre en évidence, mais *sans jamais perdre de vue le fait que, par définition, elles ne rendront jamais complètement compte des particularités.* Par conséquent, même si ces lois se confirment, le médecin aura toujours à cœur d'observer ses malades en restant attentif à ce qu'ils ont de singulier, et sans laisser influencer son jugement par ces lois générales (qu'il chercherait éventuellement à confirmer) qui risquent de le faire passer à côté de l'essentiel.

Ces lois communes au langage du corps, nous ne les connaissons pas encore. Mais c'est dans le but d'essayer de les établir que j'offre ici le résultat de mes observations, et dans l'espoir d'une confrontation prochaine avec des confrères.

J'ai dit que la colite paraissait exprimer, le plus souvent, un conflit avec l'autorité. A cela, il faut bien sûr ajouter qu'il s'agit d'un conflit mal vécu (car certaines personnes peuvent affronter de telles situations de conflit sans en souffrir et en y trouvant, au contraire, une stimulation bénéfique). J'ajoute que je n'ai pas retrouvé ce conflit spécifique dans d'autres maladies.

En revanche, pour certaines (car je n'ai pas, bien sûr, tout déchiffré), j'ai découvert d'autres significations, présentes dans tous les cas que j'ai observés. Ainsi, la migraine serait due à une idée intolérable (et qu'il faut amener le malade à tolérer, ce qu'il ne peut faire la plupart du temps qu'en en parlant), idée refoulée et qui resurgit dès que des événements viennent entrer en résonance avec cette idée ; la boulimie, à une sensation de vide (vide affectif, mais que le malade ressent dans son corps, et qu'il éprouve brutalement le besoin de combler, quitte à se faire vomir une fois la sensation passée ; il faut retrouver, alors, l'origine de ce vide affectif, l'événement particulier qui l'a provoqué et qui a été refoulé) ; l'hypertension artérielle, à une tension intérieure (qui peut avoir, selon les sujets, de multiples causes particulières) ; le cancer du sein, à la perte d'un être cher (perte qui peut être la mort, mais qui peut être aussi la sensation de perte — divorce, séparation mal vécue) ; les affections respiratoires (asthme, bronchite, etc.), à un événement qui a mis le sujet dans une situation « irrespirable », étouffante (souvent des conflits avec les parents, dans la petite enfance) ; la rectocolite hémorragique, chez les femmes, à un désir d'enfant (désir le plus souvent inconscient, et qu'il faut amener à la conscience) ; les maladies de foie, à une colère refoulée (et pouvant avoir pour origine les événements les plus divers), ou encore à une mauvaise nouvelle que l'on apprend et dont on ne peut parler (l'information affective entraîne un dérèglement au niveau du système neuro-végétatif qui gère la glande hépatique, et le met en hyper- ou en hypofonctionnement ; ainsi la douleur s'installe, suivie parfois de vomissements ou de diarrhée) ; enfin, le cholestérol paraît toujours lié à la peur pour soi (on voit le taux de cholestérol monter chez les étudiants à la veille d'examens ou chez des gens en difficulté qui, comme on dit si justement, se « font du mauvais sang »).

Avant de citer quelques cas illustrant certaines de ces hypothèses — et montrant bien que c'est l'émotion première qui est en jeu —, je voudrais également signaler que ces maux, qui surviennent donc toujours à la faveur d'événements déclenchants, apparaissent souvent, aussi, à l'occasion de « dates anniversaires ». Je ne parle pas seulement de l'anniversaire de naissance, mais aussi de dates, particulières pour chacun, qui évoquent des événements passés douloureux et non surmontés : mort d'un parent ou d'un être cher, accident, etc. Au niveau collectif, on s'en aperçoit particulièrement en fin d'année, à l'approche des fêtes de Noël. Dans les semaines qui précèdent ces fêtes de famille, les demandes de rendez-vous sont beaucoup plus nombreuses, et en interrogeant mes patients, je me suis aperçu que pour la plupart, ces fêtes — qui rappellent l'enfance et rassemblent toute la famille, dont tous les membres ne s'entendent pas toujours bien — étaient redoutées car elles réveillaient des émotions profondes et souvent douloureuses. Au mois de janvier également, les cabinets médicaux sont souvent surchargés, on accuse alors les excès de table, mais lorsqu'on y réfléchit un peu, on s'aperçoit que dans d'autres circonstances et dans un autre contexte, on supporte très bien de tels excès (à condition qu'ils soient occasionnels) et que si, cette fois, « ça n'est pas passé », c'est qu'il y avait d'autres raisons, liées à la façon dont le patient a vécu ces fêtes de fin d'année.

Ce phénomène m'est apparu après quelques années d'exercice, lorsque je me suis aperçu que je voyais certains malades toujours à la même époque ; les uns en novembre, les autres en février, d'autres en mai, par exemple. Deux ou trois années de suite, cela pouvait, à la rigueur, passer pour une coïncidence. Mais au-delà, non. Et un jour, je me hasardai à poser la question à certains d'entre eux.

— Avez-vous remarqué que vous venez toujours me consulter à la même période de l'année ? que c'est toujours à cette époque que vos troubles reviennent ?

Parfois, cette seule question ouvrait les vannes. Parce que, dans ces cas-là, la date a toujours une signification :

— Oui, c'est vrai. C'est ce mois-ci que ma mère est morte. D'ailleurs, avant sa mort, je n'avais pas ces troubles.

Ainsi, on retrouvait l'événement d'origine. Parfois. En tout cas, le lien avec l'histoire était établi. Évidemment admis. C'était le premier pas. Souvent, le plus difficile.

Enfin, j'ajouterai que les cas qui suivent ne sont bien entendu pas uniques ; mais publier tous ceux que j'ai observés sortirait du cadre de cet ouvrage et devrait faire l'objet d'une étude adressée plus particulièrement au corps médical. Pour ce livre-ci, j'ai naturellement été contraint de faire un choix.

MARIANNE

Agée d'une cinquantaine d'années, Marianne consulte pour une spasmophilie, à laquelle s'ajoutent des troubles du sommeil, de l'insomnie, et un mal être général : tantôt elle souffre de douleurs dans les os, tantôt elle a mal au ventre et chaque fois, pour chaque trouble, elle consulte des médecins différents. Son gynécologue lui donne des hormones (car elle a été ménopausée à quarante-cinq ans), son généraliste lui prescrit régulièrement des anxiolytiques, des vitamines et du magnésium (pour sa spasmophilie), son phlébologue lui donne des phlébotoniques (car elle se plaint aussi, de façon intermittente, de douleurs dans les jambes), et son rhumatologue, qu'elle voit de temps à autre pour ses douleurs, lui fait des infiltrations.

Une fois qu'elle m'a expliqué tout cela, je l'interroge sur ses antécédents médicaux.

— J'ai été cinq fois enceinte, mais je n'ai eu que deux enfants.

— Et les trois autres fois ?

— Je me suis fait avorter. La dernière fois, d'ailleurs, ç'a été terrible. Beaucoup plus difficile que pour les deux premières. Je me souviens, c'était en novembre.

Au moment où elle me consulte, nous sommes en novembre. Je ne le lui fais pas remarquer tout de suite : il faut d'abord que nous reprenions l'histoire, la façon dont tous ces événements se sont succédé.

— La première fois que je suis tombée enceinte, je me suis fait avorter. La seconde, j'ai gardé l'enfant ; la troisième, je me suis fait de nouveau avorter ; la quatrième, j'ai gardé l'enfant ; et la cinquième, mon mari a voulu que je fasse une IVG. Mais moi, je ne voulais pas. Je voulais le garder...

Au moment où elle prononce ces mots, je la vois au bord des larmes. L'émotion est là, toute proche. Néanmoins, elle poursuit :

— C'est le fait que mon mari me force que je n'ai pas supporté. Comme si mon désir n'avait aucune valeur. D'ailleurs, depuis, nous n'avons plus que très peu de rapports sexuels.

Elle me regarde, je me tais.

— J'ai eu l'impression d'être complètement déconsidérée.

A cet instant, l'émotion la submerge, et elle se met à pleurer. Je lui tends un mouchoir en papier, attends qu'elle se remette. Pour un premier entretien, cela suffit. Il faut s'occuper du corps, aussi. L'examen complet ne révèle rien d'important. Tous ses troubles sont visiblement fonctionnels. Je lui propose donc de revenir mais, auparavant, d'arrêter tous ses médicaments. Bien entendu, elle est surprise. Je m'explique donc :

— Aucun des produits que vous prenez n'est indispensable pour vous maintenir en vie, et les arrêter ne présente aucun danger. Ce sont de simples béquilles. Il est possible que l'arrêt occasionne quelques turbulences, mais rien de dangereux. Et lorsque vous reviendrez, dans dix jours, nous en reparlerons.

Effectivement, au bout de dix jours :

— Docteur, c'est incroyable : j'ai tout arrêté, et c'est

vrai, je ne me sens pas plus mal qu'avant. Ce qui est étonnant, c'est que je me suis rendu compte que je pouvais vivre sans tous ces médicaments. Avant, je n'en étais pas si sûre.

Au cours de l'entretien qui suit, elle me reparle de ses avortements, de sa famille, de ses rapports avec son mari :

— Vous comprenez, c'est moi qui dirige tout, qui m'occupe de tout. Lui, j'ai l'impression qu'il s'en fout, il suit le mouvement, comme les enfants. Pour moi, une famille, ça devrait être autre chose. Il devrait y avoir des échanges, on devrait tout partager, les peines, les joies... Mais chez moi, ils se moquent de ce que je pense, de ce que je dis. J'ai l'impression à la fois de tout porter, et que je n'existe pas...

Elle pleure à nouveau, longuement. Poursuit, sur le même thème, pleure encore, puis me regarde :

— Vous savez, docteur, je n'ai jamais parlé de ça à personne.

Combien de malades me feront cet aveu !

Avant de la quitter, je la mets en garde, comme toujours dans ces cas-là :

— Vous aurez peut-être des turbulences, des malaises, des cauchemars. Mais ne vous inquiétez pas. Cela passera. Bien entendu, vous pouvez m'appeler quand vous voulez. Sinon, revoyons-nous dans dix jours.

Lorsqu'elle revient, elle va beaucoup mieux. Je le vois au premier coup d'œil, à ses traits plus détendus, à son sourire.

— Vous aviez raison : les trois jours qui ont suivi notre dernier rendez-vous, je me suis sentie très mal. Et puis, ça a passé. J'ai même des symptômes qui ont disparu : la nuit, je redors normalement. Je n'y comprends rien. Et puis, je n'ai plus mal aux jambes. J'ai l'impression que l'angoisse que j'avais au fond de moi a disparu. Vous savez comment je m'en suis aperçue ? Avant, quand ma petite-fille (la fille de ma fille) venait dormir à la maison, je ne fermais pas l'œil de la nuit. J'allais tout le temps voir dans sa chambre si tout allait bien, j'avais terriblement peur qu'il lui arrive un malheur.

Elle s'arrête un instant avant de poursuivre :

— En vous parlant, je me suis rendu compte que cette petite-fille, pour moi, c'était l'enfant de mon dernier avortement. C'est idiot, n'est-ce pas ? Mais maintenant, j'ai compris que je suis sa grand-mère, et qu'il n'y a pas de raison qu'elle meure. Et quand je me penche sur son lit, je me sens tout à fait calme. Ça ne m'était jamais arrivé.

Enfin elle ajoute, après un silence :

— Je crois aussi que je n'ai plus peur de mourir.

Observations : ainsi, en quelques séances, qui toutes ont été ponctuées de pleurs et au cours desquelles ont été évacuées d'anciennes émotions, Marianne a vu ses principaux symptômes disparaître, et cela sans médicaments. Aujourd'hui, elle fait partie de ceux qui, lorsqu'ils souffrent, viennent chercher, chez moi et avec mon aide, ce qui ne va pas.

CHANTAL

Agée d'une quarantaine d'années, grande, d'une élégance un peu apprêtée, Chantal vient me consulter la première fois parce qu'elle a de la cellulite. Immédiatement, elle m'annonce que ce qu'elle souhaite, c'est un traitement, et qu'on lui a dit que l'on pouvait faire des injections locales qui résoudraient son problème. Elle me montre ses jambes, qui sont effectivement un peu enveloppées et dont la peau révèle ces irrégularités caractéristiques de la cellulite.

— Vous savez, c'est curieux, ajoute-t-elle, parce que je n'ai jamais eu ce genre de problème, avant.

— Ah bon ? Depuis quand en souffrez-vous ?

— Environ six mois.

— Et que s'est-il passé, il y a six mois ?

— J'ai eu un dérèglement hormonal : mes règles venaient à dates irrégulières, j'avais même des hémorragies, et puis elles duraient parfois jusqu'à quinze jours. Alors, mon gynécologue m'a donné un traitement d'œstrogène et de progestérone, les hémorragies ont un peu diminué, mais le dérèglement ne s'est pas vraiment arrangé. Et les hormones m'ont fait prendre du poids.

— Et vous avez eu d'autres troubles ?

— Oui, depuis quelque temps, j'ai de terribles insomnies. Je ne comprends vraiment pas pourquoi, parce que je mène plutôt une vie calme, et je n'ai jamais eu de problèmes de sommeil.

— Et ces hormones, vous les prenez toujours ?

— Non, j'ai arrêté il y a un mois. Parce que cela ne changeait pas grand-chose et qu'en plus, cela me faisait grossir.

Ainsi, elle a pris seule l'initiative d'interrompre son traitement. Je vois dans cette décision une marque de bon sens et lui demande :

— Vous êtes-vous posé la question de savoir pourquoi, alors que jusque-là tout allait bien, vous souffrez tout d'un coup d'un dérèglement hormonal, d'insomnie et de cellulite ?

— Comment voulez-vous que je le sache ? répond-elle, de bonne foi.

— Que vous est-il arrivé, il y a six mois ?

Ma question est directe et, visiblement, elle en ressent le choc. Elle a pâli. Mais elle ne se dérobe pas. J'ai l'impression qu'au moment même où j'ai posé ma question, elle a vu une image, s'est rappelé un événement précis. Elle raconte :

— Il y a six mois, j'étais seule avec une de mes filles et mon chien. C'est un berger. Et soudain, il s'est jeté sur...

Elle n'achève pas sa phrase, s'effondre en pleurs. Pendant cinq minutes, elle est secouée de profonds sanglots qu'elle ne parvient pas à contrôler. La fracture. Elle est là.

Après quelques minutes, les sanglots s'espacent, elle reprend son souffle, poursuit son récit :

— Le chien s'est jeté sur ma fille, l'a saisie à la gorge et j'ai vu le sang jaillir... Ç'a été horrible. J'étais seule à la campagne, j'ai dû appeler le médecin, j'ai eu une peur horrible. Heureusement, ce n'était pas trop grave. Mais j'ai dû faire piquer le chien. C'est moi qui ai pris la décision, toute seule, et ça aussi, ç'a été très difficile.

— Vous n'en avez parlé à personne ?

— Non. Mon mari a su ce qui s'était passé, bien sûr, mais il refuse que je lui en parle. Il trouve que je suis complètement idiote, avec cette histoire. D'ailleurs, c'est vrai, je suis idiote de pleurer comme ça. Vous ne le direz pas à mon mari, n'est-ce pas ?

Non, bien sûr, je la rassure : tout cela restera entre nous. Mais j'ajoute que pleurer n'a rien d'idiot, au contraire : elle exprime ainsi des émotions douloureuses qui avaient besoin de sortir, et que son corps à sa façon exprimait. Très vite, elle-même enchaîne :

— C'est vrai, ces hémorragies, c'est comme le sang que j'ai vu gicler du cou de ma fille.

Brusquement elle s'arrête, comme quelqu'un qui craint d'avoir dit une bêtise. Je la sens soudain désemparée, déroutée. Mais je la rassure :

— Vous avez raison. Maintenant, je vais vous demander une chose : c'est d'arrêter de prendre vos somnifères. Peut-être aurez-vous quelques nuits difficiles, mais vous verrez, tout va rentrer dans l'ordre.

Effectivement, lorsque je la revois, dix jours plus tard :

— Vous savez, les premières nuits, j'ai fait des rêves épouvantables. Mais vous aviez raison, j'ai repris des nuits normales. Et je me sens beaucoup mieux. Et puis, mes règles sont revenues normalement, sans hémorragies. J'ai l'impression que tout ça, maintenant, c'est fini.

Effectivement, depuis ce moment-là, Chantal se porte bien. Elle a retrouvé son équilibre.

ERNESTO

Lorsque je fis la connaissance d'Ernesto, il avait environ soixante-dix ans. Sa femme avait trouvé mon numéro de téléphone dans l'annuaire et m'avait appelé à son chevet.

Je trouvai un homme très abîmé et très déprimé. Après avoir longtemps fait de l'hypertension artérielle, il avait eu une hémiplégie qui lui avait laissé des troubles de la déglutition. On avait dû lui mettre une canule, il avait donc beaucoup de difficultés à s'alimenter. Lorsque je lui rendis visite, il était alité et me parut très affaibli.

Toute cette histoire, c'est sa femme qui me la raconta. Elle parlait vite, d'une voix criarde, et manifestait à l'égard de son mari une agressivité évidente. Comme si elle lui en voulait d'être malade. Comme si « tout ça, c'était de sa faute ».

— Et avec ça, il ne veut pas manger ! Qu'est-ce que vous voulez que je fasse ?

Elle parlait sur un ton exaspéré. Je répondis avec douceur, lui expliquai que dans son état, manger n'était guère facile, et qu'il fallait effectivement faire des efforts pour lui préparer des plats qu'il aimait bien. Ernesto, pendant ce temps-là, se taisait. Lorsque je me retrouvai seul avec lui, j'essayai de le convaincre : ce n'était pas en restant au lit que son état s'améliorerait ; il fallait qu'il fasse un effort, s'habille, fasse chaque jour le tour du pâté de maisons.

— Vous avez vu comme elle me traite ?

Oui, bien sûr, j'avais vu. L'atmosphère de la maisonnée était si tendue que n'importe quel étranger eût eu envie de fuir. Ernesto, pourtant, ne m'en dit pas davantage. Lorsque je le quittai, il me promit néanmoins de faire un effort pour sortir. De mon côté, je l'engageai à me donner de ses nouvelles et à m'appeler si cela n'allait pas.

Pendant quelque temps, Ernesto se porta mieux. Il sortait et, malgré ses soucis, semblait revivre un peu. Je le revis deux fois durant cette période. Il parlait peu, mais toujours de ce qui le tourmentait, autrement dit de sa femme.

— Vous savez, j'ai l'impression qu'elle m'en veut. Plus je fais des efforts, et plus elle me fait une vie impossible. C'est l'enfer.

Pendant un mois, je restai sans nouvelles. Puis, un jour, sa fille vint me voir.

— Je suis très inquiète. Il s'est couché, ne veut plus rien manger. J'ai l'impression qu'il ne veut plus vivre.

Je proposai de lui rendre visite. Effectivement, sa fille avait dit vrai : Ernesto refusait tout ce qu'on lui présentait et ne voulait parler à personne. A sa fille, je ne cachai pas mon inquiétude :

— J'ai l'impression qu'il a décroché. Je crains qu'il faille s'attendre au pire.

Ce disant, je ne faisais qu'exprimer ce qu'elle pensait. Elle ajouta :

— Ce qui est tragique, c'est que mon père est d'origine espagnole. Il a quitté sa famille très jeune, et toute sa vie, il a eu envie de retourner là-bas. Je sais que c'est là-bas qu'il veut mourir. Et ma mère ne veut pas en entendre parler. Elle n'a jamais voulu qu'il reparte.

Si le médecin peut tout entendre, son pouvoir s'arrête là. Et, bien entendu, il ne peut intervenir : les hommes sont libres de leur vie, de leur destin.

— Il faut vous faire une raison, lui dis-je. C'est leur vie.

Pendant plusieurs mois, je n'eus plus de nouvelles de la famille. De temps à autre j'y repensais, me disais que depuis le temps, il avait dû rendre l'âme. Puis, un jour, je rencontrai dans la rue l'infirmière qui lui faisait ses soins. Je l'abordai :

— J'ose à peine vous demander des nouvelles de M. Garcia, il ne m'a plus jamais appelé. Savez-vous quelque chose ? Est-il mort ?

— Pensez-vous ! me répond-elle avec un grand sourire. Vous ne savez pas ce qu'il a fait ? Eh bien, il a pris sa valise et il est retourné en Espagne, en plantant là sa femme. L'autre jour, j'ai vu sa fille. Il écrit de temps en temps, il s'est installé chez une de ses cousines, et il paraît qu'il se porte très bien. Enfin, aussi bien qu'il est possible à son âge, et vu ce qu'il a vécu.

MARIE-CLAIRE

Agée d'une trentaine d'années, Marie-Claire a toutes les apparences d'une jeune femme en bonne santé : musclée, dynamique, d'un caractère apparemment ouvert, souriante, elle a l'air, comme on dit, très « bien dans sa peau ». Cependant, très vite, je me rends compte qu'il ne s'agit que d'une apparence. Disons qu'elle donne bien le change (ce qui n'est pas rien), mais qu'intérieurement, elle souffre de problèmes importants non encore résolus.

La raison pour laquelle elle me consulte la première fois est qu'elle est sujette à de brutales migraines, intolérables, qui lui prennent toute la moitié de la tête, s'engagent ensuite vers l'œil, la font vomir et l'obligent à rester au lit jusqu'à ce que la douleur cède. Elle a consulté pour cela plusieurs médecins, depuis de nombreuses années, mais en vain : les examens complémentaires n'ont rien donné, les médicaments qu'on lui a prescrits n'ont jamais eu d'effet durable, bref, la médecine scientifique est tenue en échec. Parce que si, sur le plan technique, elle est irréprochable, ce n'est pas cette technique qui permet de guérir.

Au cours de l'entretien, elle me dit ne pas avoir repéré

les moments où surgit cette douleur, elle a l'impression que cela vient par à-coups, sans raison.

Ce qui est intéressant, c'est qu'elle me consulte parce qu'une de ses amies (qui est de mes patientes) souffrait autrefois de maux divers, et qu'elle a guéri avec moi sans médicaments.

— Vous a-t-elle dit autre chose ?

— Non, répond-elle. Elle m'a simplement dit : vas-y, tu verras.

Marie-Claire a donc une attitude d'esprit ouverte, et sait que je ne vais pas nécessairement lui prescrire un traitement. Pour moi, c'est important. Cela veut dire qu'elle est prête à accepter de rechercher ailleurs la raison de son mal. Ainsi, elle a déjà fait un bon bout de chemin.

Je lui propose donc de revoir son histoire dans le détail, ce qui est indispensable pour comprendre la raison de sa souffrance actuelle. Là-dessus, elle m'interrompt :

— Docteur, il y a une autre chose, que je ne vous ai pas dite : je suis boulimique. A certains moments, je suis prise de fringales épouvantables, je mange tout ce que je trouve — des pâtisseries, surtout — et puis, j'ai horriblement honte et je me fais vomir.

— Et qu'est-ce que vous ressentez, dans ces moments-là ?

— Je ne sais pas... c'est difficile à dire. C'est comme si j'avais en moi un grand vide, qu'il fallait absolument que je remplisse. C'est très angoissant. Mais quand j'ai mangé, je me dis que c'est idiot, c'est pour ça que je me fais vomir. Parfois, l'angoisse est partie. Mais il arrive aussi que j'aie envie de recommencer tout de suite.

Migraine et boulimie. Les deux maux sont-ils liés ? La seule façon de le savoir, c'est de connaître son histoire, d'essayer ensemble de la démêler. Marie-Claire le comprend bien.

— D'ailleurs, j'ai lu il y a quelque temps un livre grand public dans lequel il y avait un chapitre proposant de faire son analyse soi-même. En le lisant, je suis tombée sur le mot *chagrin,* et il s'est passé quelque chose d'horrible, je me suis mise à pleurer, à sangloter toute seule, sans pouvoir m'arrêter. Comme si j'avais au fond de moi une peine que personne ne pouvait comprendre, pour laquelle personne ne pouvait rien faire.

— Et cette peine, elle vous a fait penser à quoi ?

— Un jour, j'ai vu un film dans lequel une petite fille était abandonnée par son père. Elle lui tenait la main, et soudain, il est parti, l'a abandonnée. Et elle s'est retrouvée seule. Ça m'a bouleversée. Là aussi, je me suis mise à pleurer comme une Madeleine, et je ne pouvais plus m'arrêter. Et puis, j'ai pensé qu'il avait dû m'arriver la même chose, que mon père avait dû m'abandonner. Alors, je suis allée voir ma mère...

Marie-Claire ne parvient pas à terminer sa phrase, l'émotion l'étrangle, elle éclate en sanglots. J'attends qu'elle se calme, reprenne ses esprits. Après quelques minutes, elle poursuit :

— Je suis allée voir ma mère et je lui ai demandé : est-ce que papa est mon père ? Je ne sais pas pourquoi la question est sortie comme ça. Elle n'a pas vraiment eu l'air étonnée. Et elle m'a répondu : « Non. Tu es la fille d'un homme que j'ai rencontré quand j'étais toute jeune, et pour lequel j'ai eu un coup de foudre. Mais dès qu'il a appris que j'étais enceinte, il est parti. Je connaissais déjà ton père (je veux dire celui que tu appelles papa), et il t'a parfaitement acceptée. Tu fais partie de notre famille, comme les autres. »

Évoquer cette histoire, la raconter pour la première fois à quelqu'un l'a bouleversée. Elle pleure encore, j'attends qu'elle se reprenne, évacue ces émotions si profondes. Et j'arrête là l'entretien : nous nous reverrons dans une semaine.

Marie-Claire est venue plusieurs fois. A chaque consultation, elle est revenue sur cette histoire, progressivement l'a intégrée, acceptée. Après un mois, elle me paraît plus sereine. D'emblée, lorsqu'elle entre ce jour-là, elle me dit :

— Vous savez, docteur, c'est incroyable : avant de venir vous voir, j'avais environ deux migraines par semaine ; et depuis un mois, je n'en ai pas eu une seule.

— Avez-vous eu l'impression d'évacuer une idée intolérable ?

— Oui. Je crois que l'idée qu'il existait quelque part un homme qui était mon père et que je ne connaissais pas m'était insupportable. Aujourd'hui, je me dis que ce jeune homme de vingt ans qu'a connu ma mère, eh bien... Disons, j'accepte de « faire avec ». De me dire que c'est comme ça. Maintenant, moi, j'ai ma vie.

— Et ce grand vide ?

Je parle, bien sûr, de sa boulimie.

— Cela va un peu mieux. Mais il va falloir qu'on en parle encore.

Comment le fait d'être abandonnée ne laisserait-il pas un grand vide ? Ce qu'il faut, là aussi, c'est que j'arrive à « faire avec ».

Observations : j'attribue la réussite de ce cas à deux choses. D'abord, avant de venir me voir, Marie-Claire avait elle-même compris que la médecine technicienne ne pouvait rien pour elle. Pendant des années, elle en avait fait l'épreuve. Et la douleur était telle qu'elle était prête à tout essayer pour en venir à bout. Ensuite, c'est une jeune femme d'une grande ouverture d'esprit (qu'on m'entende bien : je ne parle pas ici de culture, cela n'a rien à voir, et j'ai eu affaire parfois à des intellectuels beaucoup plus bornés que des gens modestes et peu au fait des « choses de l'esprit » ; c'est ici affaire de bon sens) et qui, lorsqu'elle a compris que sans elle je ne pouvais rien, s'est complètement engagée dans cette démarche — difficile parce que douloureuse. Il est évident que l'essentiel du travail, c'est elle qui l'a accompli. Je n'ai fait que l'aider, lui montrer la voie. La guider dans cet indispensable retour sur elle-même, de la façon la plus neutre possible.

Enfin, pour terminer — car il le faut, je pourrais raconter des cas analogues sur des centaines de pages —, j'en citerai un qui m'a beaucoup touché, car il illustre un revirement qui se fait assez rarement de façon aussi rapide : celui de Nicole.

J'ai peu parlé jusqu'à présent des rêves qui avaient lieu, souvent, entre les consultations. Or le rêve, comme le corps, constitue une information sur la vie intérieure du malade, et il n'est pas rare que des patients, après une consultation au cours de laquelle ils ont évoqué des émotions douloureuses et refoulées, fassent des cauchemars ou des rêves beaucoup plus marquants que dans les semaines qui précèdent et me les racontent, la fois suivante.

Sur ce point, il me faut être très clair :

1) le rêve est un événement qui appartient à la vie psychique normale et exprime certains éléments de cette vie psychique souterraine ; en tant que tel, il constitue une information intéressante pour le malade, une information qu'il ne comprend pas toujours (pas plus qu'il ne comprend, au départ, la raison de ses troubles physiques) mais dont il est le seul à détenir la clé, puisqu'elle se situe dans son histoire, dans la façon dont il a vécu cette histoire ;

2) étant généraliste, je vois des malades, autrement dit des gens qui me consultent parce qu'ils ont « mal quelque part » ; mon travail consiste donc :

a) à apprécier leur état physique (et à prendre, éventuellement, les mesures d'urgence qui pourraient s'imposer dans ce domaine, grâce aux techniques que la science médicale met à ma disposition) ;

b) à rechercher avec eux la cause de ce trouble, cause qui se situe, je l'ai dit et expliqué, dans leur histoire. En ce sens, le rêve, qui lui aussi exprime et réveille des émotions, peut servir au malade de point de départ dans cette recherche de la cause. Ainsi, il peut notamment se faire — comme dans le cas de Nicole — qu'il serve à prendre conscience d'une nécessité qui, jusque-là, n'avait pas été admise.

Avant de raconter ce dernier cas, je voudrais dire un mot très bref de la psychanalyse. J'ai dit que la médecine scientifique n'avait pas intégré Freud et l'avait relégué dans le domaine de la psychologie, voire de la philosophie, comme si sa découverte ne la concernait pas. Sur ce point — que personne je pense ne contestera —, il faut avouer qu'on ne peut entièrement la tenir pour responsable. En effet, les psychanalystes, de leur côté, ont beaucoup fait (tout au moins en France) pour scier la branche sur laquelle ils venaient de s'asseoir, et ont été en cela grandement aidés par les médias : utilisant volontiers un jargon qui dissuaderait les meilleures volontés, étalant au grand jour des querelles d'école reposant sur des points théoriques peut-être fondamentaux et passionnants, mais totalement inaccessibles aux non-initiés (que dirait-on de biologistes ou de mathématiciens qui feraient de même !), adoptant souvent des positions radicales (et ressenties comme terroristes) sur des questions intimes perçues par le grand public comme choquantes, ils ont bien aidé à creuser la tombe dans laquelle, a priori (puisqu'ils parlent de ce qu'on ne veut pas savoir), les autres souhaitaient ardemment les voir disparaître. En outre, le phénomène de mode qui, ces vingt dernières années, a orienté vers cette profession une masse d'incompétents dangereux (qui ont bien entendu été facilement dénoncés par ceux qui souhaitaient contester le bien-fondé de la démarche elle-même) a lui-même joué contre cette discipline et contribué à la cantonner dans une marginalité rassurante pour tout le monde.

Certains, individuellement, ont déjà pris conscience du

caractère stérile, voire néfaste, de ce clivage entre médecine et psychanalyse, et plus d'un sont allés voir (dans des séminaires, des cours ou des réunions de travail) ce qui se passait « de ce côté-là » ; certains, avec le secret désir de récupérer et d'annuler ce savoir dérangeant, d'autres au contraire en toute bonne foi et l'esprit ouvert. Mais ces démarches sont restées individuelles et, comme telles, suspectes et marginales aux yeux de l'institution médicale, résolument pasteurienne.

Le lieu n'est pas ici de discuter dans le détail des différentes méthodes — ce qui nécessiterait un autre ouvrage — et encore moins d'"examiner les éventuels clivages théoriques qui nous sépareraient de certaines écoles psychanalytiques : ce type de débat appartient en effet aux médecins eux-mêmes et, si je puis dire, à leur « cuisine », qui n'intéresse pas le public (qui, lui, demande simplement à être traité et guéri) et doit faire l'objet de confrontations et de discussions. Ce qui est certain, c'est que la crise de la médecine contemporaine, qui se manifeste à la fois par l'éclosion des médecines différentes et les échecs inexpliqués (engendrant naturellement mécontentement et contestations) de la médecine dite « scientifique » (et dont j'ai analysé les fondements) ne pourra être dépassée que par l'établissement d'un pont entre ces disciplines. Entre la position extrême qui consiste à dire que « tout est biologique », et celle qui soutient que « tout est psy » (et qu'il n'y a donc pas à s'occuper du corps, qui s'arrangera bien tout seul) — ces deux thèses étant également dangereuses et stériles puisque fermées sur elles-mêmes —, il y a celle (que je cherche, et qui sera toujours l'objet d'une recherche et de constants réajustements) qui fait la part du corps *et* de l'âme, de l'organisme *et* du psychisme, de l'espace *et* du temps ; autrement dit, qui s'occupe des deux, après avoir redéfini clairement le champ d'application des différents savoirs.

La Faculté dit : il n'y a que le corps ; la psychanalyse :

je ne m'occupe que de l'âme (car Freud parlait bien de l'âme, en allemand *die Seele,* et non du psychisme). Moi, je dis : il n'y a pas *que* l'âme, mais il y a l'âme, *aussi*.

Là-dessus, je m'interroge. Et j'interroge mes malades. Ce sont eux qui me répondent. Ce livre, c'est un peu eux qui l'ont écrit. J'en viens donc au cas de Nicole.

NICOLE

Agée d'une quarantaine d'années, intelligente, le visage ouvert et curieux, Nicole se présente à moi, la première fois, de la façon suivante :

— Docteur, je viens vous voir parce que j'ai un terrain très allergique. Il y a assez longtemps, j'ai fait un eczéma après avoir mis une pommade, et depuis, j'en fais assez régulièrement.

J'ai aussi des crises d'asthme. Je souffre d'autre part de troubles digestifs (colite, gaz, ballonnements), mais surtout, je perds du poids. En très peu de temps, j'ai perdu sept kilos, je mange pourtant normalement, mais je ne parviens pas à regrossir. J'ai vu un gastro-entérologue qui m'a dit que j'avais peut-être un cancer.

Immédiatement, je lui explique le raisonnement qu'a fait mon confrère :

— Vous lui avez dit d'une part que vous aviez mal à l'intestin, et d'autre part que vous aviez perdu beaucoup de poids. Pour un médecin classique, ces deux signes évoquent immédiatement l'idée de cancer. Mais les choses ne sont pas aussi systématiques que cela.

— Non, d'ailleurs il m'a fait faire des tas d'examens, qui sont tous revenus négatifs. Il m'a donc dit que je n'avais rien. J'avoue que cela m'a un peu rassurée, mais en fait, j'étais toujours aussi maigre... Je me suis donc tournée vers d'autres médecines. Je suis d'abord allée voir une homéopathe, qui m'a prescrit divers traitements, pendant un an et demi. Certains de mes troubles allaient mieux, enfin, un peu mieux, mais ce n'était pas spectaculaire. Et je ne reprenais toujours pas de poids. J'avais l'impression de continuer à m'amoindrir. Alors j'ai essayé l'acupuncture. Cela me détendait, mais en fait, à long terme, ça ne changeait rien. J'ai même essayé l'auriculomédecine.

Elle rit, comme si elle prenait conscience, en me racontant son parcours, du ridicule de cette quête.

— Finalement, celle qui m'a fait le plus de bien, c'est — à ma grande surprise, je vous l'avoue — une magnétiseuse. Elle me disait qu'il fallait simplement rééquilibrer mes énergies. Et quand je m'allongeais chez elle, je ressentais une profonde émotion, c'est vrai. Cela faisait bouger des choses, je ne sais pas quoi. Et pendant quelque temps, ça a été un peu mieux. Mais ça n'a pas duré.

— Vous avez donc fait un parcours médical assez complet. Qu'en pensez-vous aujourd'hui ? En êtes-vous satisfaite ?

— Non, bien sûr. Parce que rien de tout cela ne m'a vraiment aidée. Sur le moment, oui, parfois, mais ça ne durait jamais.

« Et je suis toujours aussi maigre...

En fait, Nicole était arrivée chez moi parce qu'elle avait lu mon ouvrage sur l'alimentation[1].

— Oui, bien sûr, c'est important, l'alimentation. Mais ce n'est pas tout. Ce n'est même qu'une infime partie de la question.

— Que voulez-vous dire ?

Là-dessus, je lui explique qu'elle a des troubles qui durent depuis longtemps, et que pour comprendre leur origine, pour la retrouver, il va falloir que l'on se revoie un certain nombre de fois, qu'elle me raconte un peu

1. *Régimes de saveurs,* éditions MA, 1987.

comment les choses se sont passées pour elle, et que la réponse qu'elle cherche est très probablement là.

— Ah, je vois, dit-elle. Vous voulez parler d'une psychothérapie...

Je sens sa réticence. Comment lui expliquer que tout acte thérapeutique, où se noue une relation entre deux êtres doués d'un psychisme, est psychothérapeutique ? Je connais aussi l'idée toute faite qui circule sur les psychothérapies, et les dépenses qui surgissent à ce simple mot.

— Non, ce n'est pas cela. Pas comme vous l'entendez. Ce que je voudrais savoir, c'est ce que ces maux veulent dire. Veulent vous dire. Pourquoi ils sont là. Sans vous, sans votre collaboration, je ne peux pas le savoir. Et je ne peux pas vous aider.

— J'ai lu beaucoup de livres sur ce sujet, répond-elle, mais je vous avoue que cela ne m'a pas convaincue. Je trouve ces théories un peu folles. Et puis, je sais bien que c'est physiquement que je souffre.

— Je n'ai jamais dit le contraire.

Nicole paraît un peu troublée. J'arrête là l'entretien : aujourd'hui, de toute façon, nous n'irons pas plus loin.

— Le plus simple est que vous réfléchissiez à tout cela. Si vous voulez, nous en reparlerons dans quinze jours.

Deux semaines plus tard, Nicole revient. Au moins, elle est revenue. En lui parlant comme je l'avais fait, je savais que je prenais le risque de ne jamais la revoir. Mais je devais aussi lui parler ainsi, établir immédiatement notre relation sur un terrain *vrai*. Après tout, elle était libre de choisir. D'emblée, en arrivant, elle me dit :

— Écoutez, docteur, je vais être très franche avec vous. Lorsque je suis venue la dernière fois, vous m'avez écoutée, j'ai beaucoup parlé, et j'ai eu l'impression que vous me preniez en considération. Mais en sortant, je me suis dit : en fait, il veut que je lui raconte ma vie, et ça, il n'en est pas question. Si c'est un psychologue, ça ne m'intéresse pas.

« Et puis, la nuit suivante, j'ai fait un rêve absolument extraordinaire : je me trouvais dans une cage de verre, dans laquelle il y avait des toilettes à la turque. Seulement, l'endroit où mettre ses pieds se trouvait très loin du trou. Si je mettais mes pieds dessus, personne ne me voyait, mais je ne pouvais pas faire. En revanche, si je me plaçais au-dessus du trou, tout le monde pouvait me voir. Et moi, j'avais envie d'aller aux toilettes. Alors j'ai mis mes pieds à l'endroit prévu. Mais j'étais trop loin du trou. J'ai donc reculé, et quand je suis arrivée au-dessus du trou, je me suis rendu compte que tout le monde me regardait. Et quand je me suis mise à faire, il m'est passé entre les jambes un flot de paroles...

« Je me suis réveillée en sursaut et immédiatement j'ai pensé : il faut que j'aille le voir. C'est pour ça que je suis revenue. Parce que ce rêve m'a fait comprendre qu'il fallait que je me mette à nu, que je vous parle d'un certain nombre de choses que j'ai toujours gardées pour moi, et qui sont probablement la cause de mes troubles actuels.

Je l'ai dit : des revirements aussi radicaux que celui de Nicole sont rares. Parce que depuis des années, nous avons reçu une éducation qui va à l'encontre des évidences, et que ces évidences, nous avons du mal à les admettre.

Que le corps nous parle est une évidence. Aujourd'hui, nous devons apprendre à déchiffrer ces maux — sans oublier bien sûr de les soigner, quand c'est nécessaire, mais en sachant que cette action physique à elle seule souvent ne suffit pas.

Ainsi, il est intéressant de constater (comme je l'ai fait dans tous les cas que j'ai rencontrés) que des femmes font souvent un cancer de l'utérus au moment où leurs enfants, ayant terminé leurs études, quittent la maison, et lorsque, bien entendu, elles supportent mal ce départ. Néanmoins, là encore, il faut rester extrêmement prudent dans l'interprétation. Car certaines — si elles vivent ce départ comme une perte, et non comme la fin de leur maternité — pourront au contraire développer un cancer du sein. La question reste donc toujours de savoir comment le malade a vécu l'événement, quelle émotion spécifique il a ressentie.

Que, dans vingt ans, l'on puisse dresser une géographie corporelle assez précise des émotions, je n'en doute guère. Et l'objectif est passionnant. Car cela marquera, sans aucun doute, une progression notable dans la connaissance du fonctionnement humain qui sera utile à tous en ce qu'elle permettra de mieux se comprendre soi-même et, par conséquent, de mieux vivre. Débarrassés de ces fantasmes d'agresseurs extérieurs dont nous a nourris la médecine pasteurienne (je ne remets pas en cause les découvertes de Pasteur, bien entendu, mais les interprétations abusives auxquelles elles ont donné lieu), nous vivrons enfin « en phase » avec nous-mêmes, et entiers. Le début de la sagesse ; qui est — on y revient, mais justement cette fois — une sorte de bien-être.

« Du bon usage de la maladie », tel est le sous-titre de ce livre. Il est temps, maintenant que l'on a compris le fonctionnement d'ensemble, d'examiner ce qu'est ce bon usage.

Sachant :

1) que la maladie surgit à la faveur d'événements qui provoquent une émotion entrant elle-même en résonance avec une émotion plus ancienne, refoulée, que j'ai appelée « fracture de l'âme » ;

2) que cette fracture de l'âme, tant qu'elle n'a pas été résolue, exprimée, demeure dans l'individu comme une fragilité particulière et, aussi, comme une tension permanente ;

3) que la maladie, comme première expression de cette fracture, constitue pour l'individu une piste pouvant le mener à une meilleure connaissance de lui-même et, si la

stratégie thérapeutique est la bonne, à une libération de ces émotions qui l'entravent,
le bon usage de la maladie consistera :

1) à ne pas éteindre le symptôme par des moyens artificiels et violents, qui ne font en fait que refouler l'émotion, qui resurgira à la première occasion ;

2) à tolérer ses symptômes et à les considérer comme une occasion de conquérir une meilleure santé, un équilibre moins précaire — ce qui n'empêche pas, parallèlement, d'aider le corps à se remettre, par des moyens non violents.

« Aider le corps », qu'est-ce que cela veut dire ? Ces dernières années, le mot « naturel » a fait fortune. Produits « naturels », médecines « naturelles », on ne jure plus que par ce terme, dont on se sert comme d'une accroche publicitaire mais sous lequel on met, il faut le dire, un peu n'importe quoi. Car, si l'on réfléchit bien, la plupart des produits sont naturels — y compris les médicaments, puisqu'ils sont extraits de plantes !

Lorsque je parle d'aider le corps, j'entends que l'on peut, par certaines thérapeutiques, *aller dans le sens de la maladie qui, à terme, est celui de la santé.* Ainsi, si l'on fait de la fièvre par exemple, je conseillerai, non pas de prendre des médicaments qui vont la faire baisser (et aller contre le mouvement naturel qu'exprime le corps), mais de garder la chambre, au chaud, de boire beaucoup, et de permettre à cette fièvre (à condition bien sûr qu'elle ne dépasse pas des limites qui mettraient le malade en danger) de tomber d'elle-même. En effet, elle constitue une réaction naturelle du corps : en cas de maladie virale par exemple, elle sert à tuer le virus qui ne peut survivre au-delà d'une certaine température. Ainsi, lorsqu'on lutte contre cette réaction naturelle, on agit en fait contre la santé puisqu'on favorise le développement du virus.

Toute notre médecine scientifique — considérant la maladie comme un désordre venu de l'extérieur — a adopté à son égard une stratégie de lutte. Le nom des médicaments qu'elle utilise l'exprime bien : *anti*biotique, *ant*algiques, *anti*-inflammatoires, *anti*dépresseurs, etc. Or, c'est toute cette stratégie que notre conception de la maladie force à reconsidérer. Car lutter *contre* la maladie, c'est lutter contre l'émotion, c'est refuser de l'entendre, c'est la refouler à nouveau et, d'une certaine façon, installer plus solidement encore la fracture. Or, non seulement cette stratégie ne va pas dans le sens de la santé, mais à long terme, elle peut être parfaitement nuisible.

Sur ce point capital, je voudrais m'arrêter un instant et, d'abord, reprendre le processus d'ensemble, étape par étape :

1) l'organisme fonctionne bien, normalement ;

2) à la suite d'un événement *x,* le sujet ressent une certaine émotion. Soit il exprime directement cette émotion (pleure, rit, crie, se met en colère), soit il refoule cette émotion qui entre en résonance avec une fracture de l'âme plus ancienne. Dans ce dernier cas, il subit une *dépression* plus ou moins importante ;

3) soit il en reste au stade de la dépression (et consulte un médecin), soit cette émotion va se traduire dans son corps par un symptôme donné, pour lequel il va également consulter. Et, *au moment où le symptôme physique apparaît, la dépression disparaît.* C'est ainsi que la plupart des malades (même atteints de maladies graves) diront volontiers : il y a quelque temps, c'est vrai, je me sentais déprimé, mais maintenant, dans ma tête, tout va bien. Tout va bien... mais pendant ce temps-là, justement, le corps parle de ce qui ne va pas.

Si l'on analyse ce processus, il faut convenir que le désordre se situe au deuxième stade (celui de l'émotion, qui déstabilise), et non au troisième, qui est celui de la maladie et qui apparaît comme une tentative naturelle pour remédier à ce désordre en *exprimant* l'émotion en question. Car cette émotion doit sortir. En lui bouchant les issues, on la renforce, et on s'expose à d'autres symptômes, éventuellement plus graves.

Dans cette perspective, la démarche qui consiste, par exemple, à donner des antidépresseurs et des anxiolytiques est tout à fait contestable : car interdire à la dépression de s'exprimer, c'est à terme favoriser l'apparition de symptômes physiques, autrement dit *prendre un risque* (car on ne sait jamais à quel symptôme on va avoir à faire face). De la même façon, si l'on s'abstient de lutter *contre* le symptôme et si, au contraire, on aide le malade à exprimer l'émotion qui en a été l'origine, il repassera un moment par ce stade de dépression qu'il a peut-être oublié, mais qui a précédé la maladie. Car, au moment où il exprimera cette émotion, au moment où, d'une certaine façon, il la *revivra,* il traversera des heures difficiles, pleurera, fera beaucoup de rêves (ou de cauchemars), toutes choses indispensables pour intégrer cette émotion, la tolérer, puis la dépasser et s'en libérer.

On me rétorquera probablement qu'en luttant contre, on a tout de même guéri pas mal de gens, et que par conséquent ce que j'affirme est faux. A quoi je répondrai ceci :

1) si c'était bien le fait de lutter contre qui guérissait, cette loi ne souffrirait pas d'exception, et tel médicament dit efficace contre telle maladie guérirait toujours cette maladie ; or tel n'est pas le cas ;

2) la maladie opère très souvent — même de façon inconsciente — comme une remise en question ; ainsi, on verra fréquemment des malades « changer de vie » après une maladie grave ou, en tout cas, changer d'attitude mentale : faire valoir ce qu'ils désirent profondément (alors que jusque-là ils se taisaient), se lancer dans une nouvelle activité qu'ils avaient toujours désiré exercer, mais sans oser faire le pas, prendre des décisions inattendues. « Depuis sa maladie, il a beaucoup changé. » Le travail psychique s'est fait inconsciemment, mais il s'est

fait. Le secret de la guérison est là. Non dans les médicaments qui, dans le meilleur des cas, ne font que donner le temps au malade de se guérir ;

3) lorsque le malade est trop loin de ses émotions profondes et qu'il ne parvient pas, seul, à faire ce travail psychique, le fait de lutter contre la maladie n'aboutit qu'à l'enfermer dans un cycle infernal où il va passer de symptôme en symptôme, de spécialistes qui le « guériront » en spécialistes qui le « guériront encore » — toutes ces prétendues guérisons ne consistant en fait qu'à faire taire la maladie et à tasser l'émotion. Dans ce cas — très fréquent —, soit le malade prendra conscience du fait que « quelque chose ne va pas » et modifiera sa vie d'une façon ou d'une autre (et le cycle s'interrompra) [on en déduira alors, à tort, que c'est le dernier spécialiste en date qui l'a guéri], soit il s'enfoncera dans la maladie (ce à quoi, avec les meilleures intentions du monde, il faut convenir qu'on l'a bien aidé) et risquera des troubles plus graves.

J'ajouterai enfin que donner des antidépresseurs et des anxiolytiques et prétendre, en même temps, aider le malade à parler ne sert à rien : car ces produits ont précisément pour fonction de bloquer les émotions et dans ces conditions, même si le malade « parle de lui », il ne parviendra pas à trouver ce langage affectif qui, seul, est thérapeutique et lui donne accès à ses émotions. Il pourra parler de tout sans parvenir à aucun résultat, car il parlera de lui-même à distance, comme s'il s'agissait de quelqu'un d'autre.

La question n'est pas — j'espère qu'on l'aura compris — d'établir une grille d'interprétation des maladies : en effet, rien n'est moins systématique (et systématisable) que les émotions. Néanmoins, il est passionnant de chercher à comprendre ce que dit chaque corps, en fonction de chaque histoire particulière, et de mettre en lumière les points communs qui pourraient apparaître. De même qu'un rêve n'est finalement déchiffrable et compréhensible que par celui qui l'a fait (même s'il y a des thèmes communs qui se retrouvent d'un individu à l'autre), de même la maladie ne pourra être comprise que par le malade, dans le contexte de son histoire, de sa durée. Au médecin de l'aider à établir les liens entre les événements marquants de son existence et ses troubles (rechutes éventuelles, etc.).

Il est évident que cette conception de la maladie (qui, je le répète, n'est pas entièrement nouvelle) remet en question bon nombre d'idées reçues et, notamment, tout ce qui concerne ce qu'on appelle les « statistiques de guérison ». Dans cette perspective en effet, dans la mesure où ces statistiques ne prennent en compte que la maladie et le traitement chimique appliqué (et non les événements parallèles intervenus dans l'existence du malade, qui sont du domaine des causes), les conclusions qu'on cherche à en tirer sont nécessairement erronées. Sur ce point, je rappellerai encore Claude Bernard :

> Pour que la statistique soit bien faite, il faut, avons-nous dit, qu'elle soit établie avec des faits *nombreux, comparables et bien observés* [c'est lui qui souligne]. En médecine, les statistiques portent sur des faits si complexes qu'elles sont presque toujours attaquables, même quand on les établit avec soin et avec des faits dont on est sûr. Cela arrive à plus forte raison quand on emploie des faits puisés à toutes les sources et des observations qui sont prises très souvent avec une grande légèreté.
>
> (...)
>
> Les médecins font souvent entrer dans les statistiques des cas si complexes que les statistiques sont illusoires ; ainsi, pour savoir si les hôpitaux étaient nuisibles à la longévité, on a fait une statistique sur la vie moyenne des sœurs d'hôpital.
>
> Outre la complexité des phénomènes morbides, il y a

> encore la difficulté du diagnostic qui fait que l'on introduit souvent dans les statistiques médicales des faits qui ne sont nullement semblables ni comparables.
>
> (...) pour que la statistique soit légitime, il faut au moins qu'un bon diagnostic soit établi et *je n'admettrai jamais, comme le font certains médecins, qu'un traitement empirique fondé sur un diagnostic obscur puisse rien enfanter de clair.* [C'est moi qui souligne.] C'est alors de la fantaisie et voilà tout.
>
> *Principes de médecine expérimentale,* chap. VII.

Or, des statistiques fondées sur un diagnostic qui ne sait rien des causes de la maladie ne peuvent donner aucun élément quant aux causes de la guérison éventuelle. Car c'est bien entendu, comme le dit Claude Bernard, la rigueur du choix des données acceptées au départ qui va déterminer la justesse des conclusions que l'on peut tirer des statistiques. Si j'observe une équipe de coureurs dont les uns portent un maillot rouge et les autres un maillot vert, et je dis : 40 % des maillots rouges sont arrivés avant les maillots verts, je n'en déduirai pas pour autant que le fait de porter un maillot rouge fait courir plus vite. Ce qui compte, c'est bien sûr de connaître la façon dont les équipes ont été entraînées, dont elles ont abordé la course, et de savoir pourquoi, éventuellement, les uns étaient plus en forme que les autres.

De même, la démarche empirique qui consiste à essayer tel traitement pour une maladie dont on ignore la cause (ou à laquelle on attribue une cause qui n'est qu'une cause prochaine, sans se soucier de la cause première), même si on la répète des centaines ou des milliers de fois, ne pourra « rien enfanter de clair ».

Enfin, sur la question du *sens,* il faut être clair. Savoir si, en dernière analyse, le monde a un sens est une question métaphysique qui dépasse le cadre de cette réflexion et ressort, je l'ai dit, d'une croyance. De même, chacun est libre de croire (ou non) au fait que la vie, les maladies, la mort ont ou non un sens. Ce qui est certain, c'est que l'homme intelligent est ainsi fait qu'il désire donner du sens, et que c'est ce désir, aussi, qui lui permet de vivre et le pousse à créer et à se projeter dans l'avenir.

Refuser de donner un sens à la maladie, c'est aussi refuser de donner un sens à sa vie, à sa mort. C'est vivre dans cet univers mécaniste qui est celui du cancéreux et, par conséquent, se résigner. Mon point de vue sur cette question est parfaitement empirique et résulte d'une constatation simple, faite par tous : les résignés meurent plus vite que ceux qui luttent ; et donner du sens à la maladie, en l'intégrant dans l'histoire de l'individu, donne aussi du sens à la vie et encourage cette lutte. Il s'agit donc d'une mesure de santé. Que, « dans l'absolu », cette thèse soit vraie ou fausse n'est pas le problème. Nous pourrions sur ce point discuter jusqu'à la fin des temps sans rien prouver. Ce qui est certain, encore, c'est que les choses n'ont de sens que pour celui qui leur en donne et que la preuve est faite que ceux qui donnent du sens militent pour la vie alors que les autres glissent, souvent sans le savoir, du côté de la mort.

Sachant cela, chacun de nous, bien sûr, est libre de choisir — à cette réserve près que les individus du deuxième groupe jamais ne devraient être médecins.

Conclusion

De la formation médicale

> La méthode expérimentale n'est rien autre chose qu'un *raisonnement* à l'aide duquel nous soumettons méthodiquement nos idées à l'expérience des *faits*.
>
> Claude BERNARD.

Expliquer. A tout prix. Est-ce vraiment « raisonnable » ?

Depuis les temps les plus reculés, l'homme — animal raisonnable — a cherché à découvrir aux phénomènes naturels des explications rationnelles. Parfois, il y parvenait. Mais jamais il ne s'arrêtait là : car à ceux qui dépassaient son entendement, il inventait aussi une explication. Irrationnelle, celle-là. Parce que l'inexplicable, ouvrant la porte à l'angoisse métaphysique, était inadmissible, insupportable. Et cette angoisse-là, qui n'est ni animale ni raisonnable, mais bien *humaine,* émotionnelle, et qui surgit là où précisément la raison déclare forfait, a enfanté la notion de « miracle ».

Le miracle, c'est ce qui nous dépasse, à quoi nous accordons une valeur positive, et qui nous permet de dépasser cette angoisse métaphysique.

Pendant des siècles, il fut du domaine religieux. Confrontée à ses limites, la raison basculait dans l'irrationnel. Parce que le désir, le *besoin* d'explication a toujours été le plus fort.

Avec les progrès scientifiques, certains de ces miracles ont trouvé des explications rationnelles. La religion, et avec elle la notion de « miracle », a paru reculer, céder du terrain. On s'était trompé : la réponse n'était pas en Dieu (qui n'était pas intervenu directement, comme on l'avait d'abord cru), mais dans la science.

Mais l'homme n'avait pas changé. Et lorsqu'il vit que la science n'avait pas réponse à tout, il bascula à nouveau.

Aujourd'hui, il y a ceux qui attendent les miracles de la science, et ceux qui, scientistes mais éprouvant les limites de la science, tombent dans les explications mystiques les plus fantaisistes. Le renouveau des sectes n'est-il pas le pendant naturel du pouvoir de la science — un pouvoir qui n'admet pas toujours de reconnaître ses limites ?

En médecine, comme en politique, il faut savoir gouverner au centre. C'est la sagesse. La position mystique comme la position mécaniste constituent des extrêmes. Adopter l'une, c'est perdre son énergie à combattre l'autre, et s'interdire quelque progrès que ce soit. C'est aussi, par cette logique déroutante des conflits, consolider la position que l'on combat.

Défendre une position scientiste, c'est favoriser l'obscurantisme. Parce que toute position extrême, en tout domaine, amène une réaction opposée et violente qui dégénère en guerre civile ou, dans le meilleur des cas, en guerre de positions. Cette dernière n'amenant que stagnation et régression.

La seule position scientifique tenable est d'admettre qu'il n'y a pas de miracle à attendre de quelque côté que ce soit, et que notre savoir a des limites que nous pouvons progressivement, à force de rigueur et de travail, reculer. Mais faire de la science une nouvelle religion (en réintégrant d'une certaine façon le désir irrationnel de tout expliquer — désir qui, je l'ai dit, prend racine dans notre angoisse métaphysique — dans le champ du rationnel) ne peut aboutir qu'à un confusionnisme tout à fait regrettable. La seule discipline qui puisse permettre au savant de tenir cette ligne de crête si étroite entre scientisme et mysticisme, c'est la philosophie. Car seule la philosophie, embrassant le monde, permet au savant de comprendre à la fois la portée et les limites de son savoir — condition nécessaire pour qu'il puisse l'appliquer justement.

Quand je dis « philosophie », il faut s'entendre sur le terme. En effet, on confond trop souvent philosophie et histoire de la philosophie, pensée claire et rigoureuse et connaissance des systèmes élaborés par les grands philosophes. Or la question n'est pas, pour le savant ou le médecin, d'être nécessairement un érudit accompli et de connaître parfaitement la pensée de Platon, de Leibniz ou de Hegel (même si cela ne peut pas lui nuire), mais simplement d'apprendre à penser, autrement dit à se servir des mots aussi rigoureusement que des chiffres, afin de détecter dans un raisonnement formulé les contradictions éventuelles et de les examiner. Ce qui est la seule façon d'avancer.

En effet la médecine, faisant intervenir une multiplicité de savoirs différents, est une discipline extrêmement complexe qui exige de réelles capacités de réflexion — c'est d'ailleurs en cela qu'elle est passionnante — et ne peut, à mon avis, être correctement comprise par des esprits qui n'ont pas été formés à penser. On me répondra sans doute qu'il existe d'excellents praticiens qui n'ont jamais fait de philosophie et qui malgré tout connaissent très bien leur métier. C'est juste. Et heureusement. Néanmoins s'ils compensent, par l'intuition et le bon sens, les carences de leur formation, cela ne doit pas nous empêcher de réfléchir à ce que devrait être une formation médicale accomplie.

J'ai bien dit *formation.* Or aujourd'hui, les études médicales ne constituent plus une formation mais un apprentissage. Et c'est à mon avis à ce phénomène qu'il faut en grande partie attribuer les problèmes que rencontre actuellement la profession.

Cette question capitale exige quelques précisions ; et tout d'abord, une définition claire de ce que sont une formation et un apprentissage et du fossé qui les sépare.

L'apprentissage consiste à apprendre un métier défini, autrement dit à assimiler le savoir nécessaire à l'exercice de ce métier qui, en lui-même, est parfaitement circonscrit et n'a pas à être remis en question. Ainsi, il est normal que le métier de plombier, de tapissier ou d'horloger fasse l'objet d'un apprentissage puisque pour l'exercer, il suffit d'en connaître les règles et de les appliquer. Une formation, en revanche, est plus large : c'est-à-dire qu'elle comprend, outre ce qui constitue l'apprentissage, et je dirais en amont de celui-ci, une réflexion sur le métier lui-même et sur son devenir. En d'autres termes, recevoir une formation, c'est acquérir les outils de pensée qui permettront dans un premier temps de comprendre les raisons de l'apprentissage tel qu'il se fait, puis de dépasser cet apprentissage en réinventant le métier à mesure que les découvertes l'exigeront. Autrement dit, c'est être capable d'*apprécier* la place, la portée et la valeur des savoirs et des découvertes intervenant dans l'exercice de ce métier, condition essentielle pour les appliquer correctement.

Le débat n'est pas nouveau, loin de là. Ce que Renan dit de Claude Bernard (p. 240) le prouverait si besoin était. Faut-il en médecine (et dans les autres sciences) apprendre à réfléchir ou apprendre par cœur ? Sur ce point, Bergson répond clairement :

> Là où il n'y a pas un effort personnel, et même original, il n'y a même pas un commencement de science. Telle est la grande maxime pédagogique qui se dégage de l'œuvre de Claude Bernard.

Or comment, actuellement, formons-nous les médecins ? J'ai expliqué dans la première partie de ce livre quelle avait été la teneur de mes études. Toute la place y était donnée (comme encore aujourd'hui) à la mémoire, et cela pour des raisons qui s'expliquent fort bien :

1) la somme de savoir que doit assimiler le médecin est effectivement très importante, et n'a cessé d'augmenter avec les progrès scientifiques accomplis ces dernières décennies ;

2) le temps des études étant limité, on a pu craindre que les étudiants ne parviennent pas à assimiler toutes ces connaissances ; le raisonnement a donc été qu'il fallait s'y attaquer au plus vite, et par conséquent dès les premières années.

Mais que sont des connaissances dont on ignore la place et les limites (parce qu'on n'y a pas réfléchi) et dont on est incapable de définir rigoureusement le champ d'application ?

L'homme a moins d'imagination qu'on ne le croit. On peut dire aussi que son imagination est bridée par l'angoisse. Comme on voudra. Toujours est-il que le résultat est là : lorsqu'il apprend quelque chose et qu'on ne lui explique pas qu'à côté de cette chose, il en existe d'autres, qui sont également importantes et qui, sans exclure celles qu'il a apprises, ont aussi une place, il croit que ce qu'il a appris est absolument valable. Ainsi, lorsqu'on axe toutes les études médicales sur l'apprentissage des techniques, le médecin qui termine ces études-là croit que les techniques répondront à toutes les questions qui se poseront à lui. Et si — comme cela arrive souvent — les techniques dont il dispose ne lui permettent pas de répondre à une question donnée, cela ne l'embarrasse guère : les progrès de la science lui donneront la réponse. Autrement dit, un jour plus ou moins proche, on inventera une nouvelle technique qui répondra à la question. Ce qu'il faut bien voir, c'est qu'avec la prétendue formation qu'on lui a donnée, il ne peut répondre autrement : car on ne lui en a pas donné les moyens intellectuels.

En revanche si, au lieu de lui bourrer le crâne de « connaissances » qui le terrorisent (par leur nombre) et dont il ne sait que faire, on lui apprenait à réfléchir, à penser le monde, à se penser lui-même, à appréhender la complexité de la réalité humaine (corps et âme, espace et temps), si, en d'autres termes, on lui apprenait à *penser son savoir* au lieu de le forcer à l'ingurgiter comme une masse indigeste qu'il s'empressera de restituer telle quelle, peut-être arriverait-on alors à former de véritables médecins, capables de venir en aide aux personnes qui viennent les consulter.

Bernie Siegel dit autre chose *(op. cit.)* :

> J'estime que tous les médecins devraient être obligés, dans le cadre de leur formation, d'assurer des permanences dans ces centres de santé pour malades dits « incurables ». Ils n'auraient pas le droit de leur prescrire de médicaments ni de les opérer, ils devraient travailler « à mains nues ». Alors ils apprendraient que l'on peut soulager en touchant les gens, en priant avec eux ou simplement en les écoutant. Il faudrait aussi organiser des réunions annuelles où les médecins pourraient rencontrer les rescapés de maladies graves et se réjouir avec eux de leur victoire commune.

En d'autres termes — avec cette affectivité américaine dont nous avons souvent tort de sourire, car elle est porteuse aussi de bons sens —, le chirurgien de Yale ne dit pas autre chose que moi : le médecin doit, avant tout, se familiariser avec la mort. Concrètement, mais aussi intellectuellement. S'il n'a pas appris à penser positivement cette réalité-là, il ne peut rien pour personne.

Et seule la philosophie peut le lui apprendre.

La question est grave. Grave parce qu'elle constitue un enjeu pour des millions d'individus, mais aussi pour notre pays. L'Europe est pour demain. Que deviendront nos médecins (et je ne parle pas de nos malades !) si nous continuons de les former comme des plombiers ? Nous pourrons toujours doubler les budgets de formation, multiplier les chaires, si nous ne repensons pas la formation elle-même, nous courons à l'échec.

C'est donc un retour à l'humanisme, que vous proposez ? me dira-t-on. « Retour. » Je ne m'appesantirai pas sur le terme, sur ce qu'il peut avoir de péjoratif dans le contexte d'une telle question. Non, bien sûr, je ne propose pas de revenir en arrière. Mais cet humanisme, qui fait partie de notre tradition et que nous avons abandonné à tort (l'état de la médecine actuelle le prouve assez), nous devons le réactualiser. Ce qui est aussi la seule façon de redonner à nos jeunes le désir de choisir cette carrière passionnante dont on a fait, par esprit réductionniste, un pensum.

Concrètement, qu'est-ce que cela signifie ? Pas question, bien sûr, de donner ici un programme précis qui devrait faire l'objet d'une élaboration collective. Néanmoins, on peut dessiner les grandes lignes d'une telle réforme, qui découle naturellement de l'analyse que j'ai faite de la place des différents savoirs (p. 282).

Puisque, au départ, on forme des généralistes qui auront à s'occuper d'individus inscrits dans l'espace et le temps, il faudrait, dans les premières années, accorder la même importance (autrement dit sanctionner de la même façon, avec les mêmes coefficients, puisque c'est la seule réalité à laquelle les étudiants attachent de la valeur) aux matières scientifiques qu'aux matières de réflexion que sont la philosophie et l'histoire de la pensée médicale. Ainsi les étudiants, tout en acquérant un savoir scientifique qui leur est indispensable, apprendraient simultanément à situer ce savoir et comprendraient son intérêt, sa portée et ses limites. En outre, la philosophie étant non une matière « littéraire » comme on le dit souvent péjorativement, mais une discipline rigoureuse dans laquelle on apprend non seulement à raisonner, mais à se servir des mots avec autant de précision que des chiffres, et donc à aiguiser tant son esprit logique que son esprit critique, elle constitue une formation à la fois complémentaire et indispensable pour un esprit scientifique.

Après deux ou trois ans de ce régime, les étudiants pourraient alors choisir de se spécialiser et d'acquérir des savoirs plus précis dans tel ou tel domaine, savoirs qu'ils auraient donc appris au préalable à situer par rapport aux autres. Ainsi, il n'y aurait pas de malentendu : les généralistes sauraient quel métier ils exercent, puisqu'ils seraient capables d'appréhender les individus dans toute leur complexité ; et les spécialistes, de leur côté, auraient fait leur choix en connaissance de cause, autrement dit en connaissant dès le départ le champ d'application, bien défini, du savoir qu'ils ont décidé d'acquérir.

Je n'ignore pas que de telles propositions vont à l'encontre de l'esprit qui règne depuis vingt ans dans notre institution. Néanmoins, je crois aussi que les temps changent, que les questions se multiplient et que le doute, déjà, s'est installé dans de nombreux esprits : Pourquoi les cabinets des généralistes se vident-ils ? Pourquoi, en revanche, ceux des tenants des médecines différentes ne désemplissent-ils pas ? Pourquoi les meilleurs éléments de l'enseignement secondaire choisissent-ils aujourd'hui d'autres voies que la médecine, qui attirait autrefois les esprits curieux et éclectiques ?

A toutes ces questions, je pense avoir répondu : on a fait de la médecine une discipline ennuyeuse et fermée sur elle-même dans laquelle, au lieu de demander aux étudiants de penser, et non seulement de penser, mais de comprendre leur métier de façon humaine, on les a obligés à apprendre par cœur des idées toutes faites en leur faisant croire que la médecine, c'était cela. Quel esprit curieux, exigeant, inventif, quel homme de cœur aurait accepté une définition aussi restreinte ? Munis de leur diplôme, ils ont dû gagner leur vie. Mal, de plus en plus mal pour la plupart, puisque cette médecine-là, qu'ils avaient apprise et qui n'était qu'une technique, rencontrait des échecs qu'ils étaient incapables de comprendre et, par conséquent, d'expliquer. Qu'importe au malade les années d'études ? Si le médecin n'est pas efficace, on en change. Ainsi, toute une génération de médecins a fait les frais de la position scientiste, à la fois réductionniste et extrémiste, de l'institution.

J'ai parlé de qualités de cœur, d'une compréhension « humaine ». Ce n'est pas, me dira-t-on, la philosophie qui formera les médecins dans ce sens.

Eh bien, ce n'est pas mon avis. Si le philosophe a fini par acquérir, dans nos sociétés, l'image déplorable d'un personnage cérébral manipulant des idées obscures sans rapport avec la réalité, c'est sans doute, en partie au moins, le résultat des clivages de plus en plus nombreux et solides qui se sont produits entre les différents domaines du savoir ; clivages qui ont abouti à une incompréhension mutuelle et consentie entre les divers spécialistes et à l'impasse où nous nous trouvons actuellement. Mais la philosophie, au départ (il suffit de relire Platon), est bien autre chose : embrassant tous les domaines dans une réflexion générale sur le monde et l'existence, elle donne à celui qui la pratique une vision sage et équilibrée de l'univers. Or, qu'est-ce que la sagesse sinon vivre en paix avec soi-même et les autres hommes et, finalement, les aimer ?

Le choix du médecin n'est pas celui du savant, même si l'un a besoin des découvertes de l'autre. Choisir de soigner, de se consacrer aux autres — et pas à n'importe quels autres, mais à ceux qui souffrent —, constitue au départ un engagement affectif et moral ; non un choix intellectuel. Il va de soi que pour tenir cet engagement, le médecin doit acquérir un important bagage scientifique ; mais jamais ce savoir ne devrait lui faire oublier son engagement premier, qui est à l'origine du rapport qu'il va nouer avec le malade. Rapport de confiance, je l'ai dit, mais pas seulement de confiance : il y a aussi, dans ce rapport, quelque chose comme de l'amour. Un amour des autres, au moins, un sentiment qui, sans envahir l'autre, le soutient, l'accompagne, l'atteint là où il souffre, le rattache à la vie et lui donne envie de s'en sortir. Faire de la philosophie, c'est aussi apprendre à penser ce rapport-là, apprendre à se penser par rapport aux autres, à ces autres que l'on a choisi d'aider, apprendre, enfin, à se connaître. Socrate ne disait pas autre chose.

Il est vrai qu'être médecin comme je l'entends peut ressembler à une mission impossible : connaître l'histoire de la médecine, acquérir tout le savoir scientifique actuel, comprendre les applications et les limites de ce savoir, se tenir constamment au courant des découvertes, se connaître soi-même représente le travail de toute une vie. Certes. Mais ce n'est pas en faisant des coupes sombres dans cet immense programme que l'on formera de bons médecins. C'est en leur donnant, au départ, le bagage intellectuel adéquat pour mener à bien, tout au long de leur carrière, ce travail aussi complexe que passionnant. Les études apprennent à apprendre. Le métier, c'est toujours la vie qui vous l'enseigne, qui ne cesse de vous l'enseigner.

J'ai dit que toute une génération de médecins avait fait les frais de la position scientiste de l'institution. Qu'on me comprenne bien : mon but n'est pas ici de désigner un ou des coupables. Il n'y a pas plus anonyme, d'ailleurs, qu'une institution. Et nous, qui portons cette blouse blanche qui nous désigne, nous en faisons tous partie. Ce qui me paraît urgent, c'est de prendre conscience de nos erreurs et d'en tirer les leçons qui nous ouvriront l'avenir. Notre horizon, c'est l'homme du XXIe siècle. En ferons-nous un être libre, digne, autonome, responsable, ou un sur-animal survivant accroché à des produits chimiques lui rendant tolérable un monde qu'il a rendu inhumain ? En ferons-nous un sage ou un robot ?

Avant de terminer ce livre, je voudrais préciser un dernier point. Il y a un mot, qui est sans doute venu à l'esprit de plus d'un, et que je n'ai pas utilisé une seule fois dans ces pages ; un mot qu'intentionnellement je n'ai pas repris, bien qu'apparemment il concerne mon propos. Et ce mot, c'est « psychosomatique ».

Comme les individus, les mots ont une histoire. Et l'histoire de celui-ci a été malheureuse, pour ne pas dire catastrophique. En effet, forgé au départ pour rappeler cette unité « âme-et-corps » qu'est l'homme et définir l'essence même des troubles physiques et de la maladie, il a immédiatement servi à ceux qui contestaient cette évidence pour la dénier : à peine avait-on affirmé qu'il existait des maladies psychosomatiques que les adeptes du déterminisme biologique se sont précipités pour affirmer qu'il y avait des maladies qui ne l'étaient pas. Aux maladies « nerveuses » d'autrefois, on avait substitué un terme plus savant, mais qui prenait finalement la même place. Ainsi l'affaire était étouffée. De justesse. On avait eu peur, mais on pouvait ressortir le rossignol de sa tombe, faire croire aux sourds qu'il chantait encore. Sont devenues psychosomatiques les maladies qui restaient rétives à tout traitement (ou qui guérissaient toutes seules), les autres restant par bonheur *purement* organiques et assurant la pérennité du discours institutionnel.

Ainsi, le mot était condamné : marqué définitivement par ces controverses stériles, perverti par les querelles de chapelles, il ne désignait plus rien de fiable. Je ne l'ai donc pas utilisé.

Je n'en ai pas cherché d'autre, non plus, pour le remplacer. Car je n'ai pas voulu offrir une cible trop facile à mes contradicteurs, qui seront peut-être nombreux. Je n'ai voulu dans ce livre qu'exprimer et fonder une évidence, trop contestée : que les maladies que nous faisons sont liées à l'histoire intime que nous vivons et qu'elles nous rappellent à l'ordre, à notre ordre. C'est d'abord cette vérité humaine que nous devons apprendre à nos malades, si nous voulons véritablement les aider.

Les millénaires ressemblent toujours à des échéances. Avant d'aborder celui qui s'annonce, nous aurons à dresser un bilan, à faire des comptes. D'un côté, les « progrès » : la science, la technique, qui se situent du côté de l'*avoir* ; du côté de l'*être*, l'homme, sa vie, la qualité de sa vie comme on dit aujourd'hui. Ce qu'il a gagné ? Des biens : réfrigérateurs, télévisions, voitures, voyages, etc. Ce qu'il a perdu : souvent sa propre trace, le sens de sa vie, son âme, peut-être. (Je ne parle bien sûr que de nos civilisations dites « avancées ».)

Que l'avoir comble en partie les lacunes de l'être, que la science et la technique permettent en partie de pallier notre incompétence à vivre ne doit pas faire illusion : les colmatages n'ont qu'un temps et, si nous n'y prenons garde, autrement dit si l'humanité n'élabore pas pour ce troisième millénaire un projet fondé sur une éthique solide et des valeurs repensées, en un mot une philosophie positive, notre monde nous deviendra bientôt irrespirable.

A l'intérieur de cette réflexion qui engage tous les hommes, les médecins ont leur rôle à jouer ; au moins, un rôle d'éducation individuelle. Car la maladie constitue bien un avertissement, et l'occasion d'une prise de conscience indispensable pour améliorer son existence. Guérir, enfin, je l'ai suffisamment démontré, c'est opérer ce renversement positif en se réconciliant avec soi-même (et son histoire), et retrouver un sens à sa vie. Et si la technique scientifique peut nous aider mieux qu'autrefois à passer certains caps difficiles, ce n'est pas elle qui nous fera aimer notre vie ou nous créer un monde dans lequel nous nous sentirons bien.

Or il est évident que le secret de la santé est là.

Que nous ayons été éblouis par les découvertes scientifiques est naturel. C'est d'ailleurs cet enthousiasme qui nous a portés à pousser toujours plus loin les recherches jusqu'à mettre en évidence les limites de la théorie que nous avions élaborée. D'autres hypothèses s'imposent aujourd'hui dont les conséquences (humaines, sociales) sont innombrables. Et, comme toujours dans l'Histoire, nombreux seront ceux qui lutteront contre ce changement, par peur, ou simplement pour conserver leur position.

Ce changement des mentalités ne se fera pas en un jour. Mais ce qui est certain, c'est qu'il doit se faire, si nous voulons sortir de l'impasse dans laquelle nous a acculés la pensée déterministe.

Et dans l'immédiat, la véritable question éthique qui se pose au médecin, et à laquelle il ne peut plus se dérober, est celle-ci : doit-il encourager l'aveuglement en se cantonnant dans un rôle de technicien et en prescrivant (éventuellement à vie) des produits (pour ne pas dire des drogues) qui permettent à ceux qui souffrent d'oublier cette souffrance, de ne pas chercher à en connaître la cause et de se survivre ? ou doit-il aider l'individu à prendre conscience que cette souffrance peut être une occasion de progresser dans la connaissance de lui-même, de s'accepter tel qu'il est, ce qui est la condition — nécessaire et suffisante, comme on dit en philosophie — de la liberté ?

Mon choix est fait. J'ai été, je pense, assez clair. Mais un choix individuel n'est rien. C'est parce que j'en suis intimement persuadé que j'ai écrit ce livre : pour dire ce que beaucoup pensent déjà, dans l'ombre, même s'ils ne l'ont pas formulé ; et pour que des liens entre nous se tissent. Car le travail qui nous attend est immense.

Et passionnant.

Annexes

ce fût, contrarier le jeu des forces physiques et chimiques, il n'y aurait plus de physiologie expérimentale. Non seulement le physiologiste doit prendre en considération cette idée organisatrice dans l'étude qu'il institue des phénomènes de la vie : il doit encore se rappeler, d'après Claude Bernard, que les faits dont il s'occupe ont pour théâtre un organisme déjà construit, et que la construction de cet organisme ou, comme il le dit, la « création », est une opération d'ordre tout différent. Certes, en appuyant sur la distinction bien nette établie par Claude Bernard entre la construction de la machine et sa destruction ou son usure, entre la machine et ce qui se passe en elle, on aboutirait sans doute à restaurer sous une autre forme le vitalisme qu'il a combattu ; mais il ne l'a pas fait, et il a mieux aimé ne pas se prononcer sur la nature de la vie, pas plus d'ailleurs qu'il ne se prononce sur la constitution de la matière ; il réserve ainsi la question du rapport de l'une à l'autre. A vrai dire, soit qu'il attaque l'hypothèse du « principe vital », soit qu'il fasse appel à « l'idée directrice », dans les deux cas il est exclusivement préoccupé de déterminer les conditions de la physiologie expérimentale. Il cherche bien moins à définir la vie que la science de la vie. Il défend la physiologie, et contre ceux qui croient le fait physiologique trop fuyant pour se prêter à l'expérimentation, et contre ceux qui, tout en le jugeant accessible à nos expériences, ne distingueraient pas ces expériences de celles de la physique ou de la chimie. Aux premiers il répond que le fait physiologique est régi par un déterminisme absolu et que la physiologie est, par conséquent, une science rigoureuse ; aux seconds, que la physiologie a ses lois propres et ses méthodes propres, distinctes de celles de la physique et de la chimie, et que la physiologie est par conséquent une science indépendante.

Mais si Claude Bernard ne nous a pas donné, et n'a pas voulu nous donner, une métaphysique de la vie, il y a, présente à l'ensemble de son œuvre, une certaine philosophie générale, dont l'influence sera probablement plus durable et plus profonde que n'eût pu l'être celle d'aucune théorie particulière.

Longtemps, en effet, les philosophes ont considéré la réalité comme un tout systématique, comme un grand édifice que nous pourrions, à la rigueur, reconstruire par la pensée avec les ressources du seul raisonnement, encore que nous devions, en fait, appeler à notre aide l'observation et l'expérience. La nature serait donc un ensemble de lois insérées les unes dans les autres selon les principes de la logique humaine ; et ces lois seraient là, toutes faites, intérieures aux choses ; l'effort scientifique et philosophique consisterait à les dégager en grattant, un à un, les faits qui les recouvrent, comme on met à nu un monument égyptien en retirant par pelletées le sable du désert. Contre cette conception des faits et des lois, l'œuvre entière de Claude Bernard proteste. Bien avant que les philosophes eussent insisté sur ce qu'il peut y avoir de conventionnel et de symbolique dans la science humaine, il a aperçu, il a mesuré l'écart entre la logique de l'homme et celle de la nature. Si, d'après lui, nous n'apporterons jamais trop de prudence à la vérification d'une hypothèse, jamais nous n'aurons mis assez d'audace à l'inventer. Ce qui est absurde à nos yeux ne l'est pas nécessairement au regard de la nature : tentons l'expérience, et, si l'hypothèse se vérifie, il faudra bien qu'elle devienne intelligible et claire à mesure que les faits nous contraindront à nous familiariser avec elle. Mais rappelons-nous aussi que jamais une idée, si souple que nous l'ayons faite, n'aura la même souplesse que les choses. Soyons donc prêts à l'abandonner pour une autre, qui serrera l'expérience de plus près encore. « Nos idées, disait Claude Bernard, ne sont que des instruments intellectuels qui nous servent à pénétrer dans les phénomènes ; il faut les changer quand elles ont rempli leur rôle, comme on change un bistouri émoussé quand il a servi assez longtemps. » Et il ajoutait : « Cette foi trop grande dans le raisonnement, qui conduit un physiologiste à une fausse simplification des choses, tient à l'absence du sentiment de la complexité des phénomènes naturels. » Il disait encore : « Quand nous faisons une théorie générale dans nos sciences, la seule chose dont nous soyons certains c'est que toutes ces théories sont fausses, absolument parlant. Elles ne sont que des vérités partielles et provisoires, qui nous sont nécessaires comme les degrés sur lesquels nous nous reposons pour avancer dans l'investigation. » Et il revenait sur ce point quand il parlait de ses propres théories : « Elles seront plus tard remplacées par d'autres, qui représenteront un état plus avancé de la question et ainsi de suite. Les théories sont comme des degrés successifs que monte la science en élargissant son horizon. » Mais rien de plus significatif que les paroles par lesquelles s'ouvre un des derniers paragraphes de l'*Introduction à la médecine expérimentale.* « Un des plus grands obstacles qui se rencontrent dans cette marche générale et libre des connaissances humaines est la tendance qui porte les diverses connaissances à s'individualiser dans des systèmes... Les systèmes tendent à asservir l'esprit humain... Il faut chercher à briser les entraves des systèmes philosophiques et scientifiques... La philosophie et la science ne doivent pas être systématiques. » La philosophie ne doit pas être systématique ! C'était là un paradoxe à l'époque où Claude Bernard écrivait, et où l'on inclinait, soit pour justifier l'existence de la philosophie, soit pour la proscrire, à identifier l'esprit philosophique avec l'esprit de système. C'est une vérité cependant, et une vérité dont on se pénétrera de plus en plus à mesure que se développera effectivement une philosophie capable de suivre la réalité concrète dans toutes ses sinuosités. Nous n'assisterons plus alors à une succession de doctrines dont chacune, à prendre ou à laisser, prétend enfermer la totalité des choses dans des formules simples. Nous aurons une philosophie unique, qui s'édifiera peu à peu à côté de la science, et à laquelle tous ceux qui pensent apporteront leur pierre. Nous ne dirons plus : « La nature est une, et nous allons chercher, parmi les idées que nous possédons déjà, celle où nous pourrons l'insérer. » Nous dirons : « La nature est ce qu'elle est, et comme notre intelligence, qui fait partie de la nature, est moins vaste qu'elle, il est douteux qu'aucune de nos idées actuelles soit assez large pour l'embrasser. Travaillons donc à dilater notre pensée ; forçons notre entendement ; brisons, s'il le faut, nos cadres ; mais ne prétendons pas rétrécir la réalité à la mesure de nos idées, alors que c'est à nos idées de se modeler, agrandies, sur la réalité. » Voilà ce que nous dirons, voilà ce que nous tâcherons de faire. Mais en avançant de plus en plus loin dans la voie où nous commençons à marcher, nous devrons toujours nous rappeler que Claude Bernard a contribué à l'ouvrir. C'est pourquoi nous ne lui serons jamais assez reconnaissants de ce qu'il a fait pour nous. C'est pourquoi aussi nous venons saluer en lui, à côté du physiologiste de génie qui fut un des plus grands expérimentateurs de tous les temps, le philosophe qui aura été un des maîtres de la pensée contemporaine.

2.

DE LA DÉPRESSION À L'IMMUNODÉPRESSION OU ÉMOTIVITÉ ET IMMUNITÉ

par J.-L. Dupond[1], *P. Humbert*[2]

Il y a bien longtemps que les hommes ont concilié l'immunité et le psychisme dans de nombreux aphorismes passés à la postérité. Et ils n'avaient certainement pas tort, dans la mesure où de nombreux faits suggèrent que le stress et les phénomènes dépressifs perturbent l'équilibre immunitaire.

Vecteur publicitaire de certaines médecines d'aujourd'hui qui veulent se faire modernes pour atténuer peut-être leur archaïsme, ou globales pour emballer la science dans le sophisme, les relations entre le « psychique et l'organique » sont en revanche l'objet d'un réel désintérêt de la part des scientifiques. D'ailleurs, aucun manuel d'immunologie clinique récent (4, 25, 32[3]) ne fait mention des effets du stress sur le système immunitaire. Et pourtant la médecine moderne a rassemblé en quelques années suffisamment d'arguments cliniques, biochimiques, neurophysiologiques et immunologiques pour accorder à l'immuno-psychopathologie le droit de naître malgré ses nombreuses incertitudes et spéculations encore fragiles.

Les hommes ont d'ailleurs depuis longtemps concilié l'immunité et le psychisme, eux qui ont porté à la mémoire collective, devenue science du peuple, des aphorismes qui ont peut-être un

1. Pr, chef serv. méd. interne, CHU Jean-Minjoz, Besançon.
2. Chef clin.-ass., CHU Jean-Minjoz, Besançon.
3. Ces chiffres renvoient aux références bibliographiques p. 363 sqq.

contenu à découvrir : « Quand le moral va, tout va... ; à moral d'acier, poignet de fer... ; se faire du mauvais sang... »

Les malades montrent également quotidiennement qu'ils ont senti depuis longtemps l'authenticité d'une telle relation, lorsqu'ils allèguent le rôle d'un traumatisme psychologique, d'une difficulté d'adaptation à l'environnement à l'origine d'un herpès labial, d'un zona, d'une crise d'asthme ou d'une poussée évolutive d'une maladie inflammatoire chronique.

De telles suggestions physiopathologiques restent le plus souvent non exploitées faute de démonstration sur la base de critères scientifiques. A partir des travaux récents, on peut essayer de proposer quelques éléments de réflexion sur les interrelations entre le système nerveux central et le système immunitaire.

L'OBSERVATION CLINIQUE : BASES DE L'IMMUNO-PSYCHOPATHOLOGIE

Stress et risques infectieux

L'expression clinique d'une maladie infectieuse varie considérablement selon les individus, témoignant par là même de la réceptivité de l'hôte, elle-même conditionnée par de nombreux facteurs (âge, état nutritionnel, facteurs génétiques). Le stress est également un important agent de déstabilisation immunitaire et Kasl (23), dès 1979, en apporta une illustration convaincante lors d'une étude menée chez les cadets de West Point, au cours de laquelle il montra que l'incidence de la mononucléose infectieuse était plus élevée chez les étudiants en difficulté universitaire et ceux dont les parents investissaient le plus dans leur succès. Dans le même temps, Frankenhauser (15) montrait que l'excrétion urinaire d'adrénaline s'élève parallèlement à la progression du stress. Cette observation est d'importance dans la mesure où il a été clairement démontré que l'adrénaline est un inhibiteur de la plupart des cellules immuno-compétentes (8, 10).

De même, plusieurs observations ont montré que les infections streptococciques étaient plus fréquentes chez les sujets stressés, et on ne peut contester l'incidence accrue des infections ORL chez les sportifs la veille des compétitions, chez les enfants de mères anxieuses, confrontées aux soi-disant risques multiples engendrés par un monde perçu comme hostile, ou chez les étudiants à l'approche des examens : une étude prospective, menée chez 64 étudiants en chirurgie dentaire, a montré (21) que le taux des IgA sécrétoires était significativement abaissé lors des périodes de stress intense, et que les étudiants jugés les plus inhibés par des tests psychométriques avaient le taux de sécrétion le plus bas, par opposition aux étudiants à forte personnalité, les plus combatifs. Dans le même temps, Dorian (11) observait une diminution de la réponse lymphocytaire aux mitogènes chez les étudiants avant un examen, et une élévation de cette réponse deux semaines après. Plus tard McClelland (28) confirmait ces travaux en observant, chez les prisonniers, que les sujets apparaissant comme les plus résignés avaient une diminution de l'IgA salivaire et étaient exposés aux infections respiratoires les plus sévères. Enfin, plus récemment, Locke (26), étudiant les cellules Natural Killer (NK), ayant la possibilité de reconnaître sans sensibilisation préalable et de tuer certaines cellules tumorales et cellules infectées par des virus, observe chez 114 volontaires présumés sains et préalablement soumis à un questionnaire psychométrique une diminution de l'activité NK chez les sujets les plus stressés.

Bien entendu, de tels résultats doivent être critiqués de façon à ne pas négliger le rôle d'autres facteurs immuno-perturbateurs agissant en même temps ou peut-être à la place du stress auquel ils sont souvent associés, tels le tabagisme, les troubles nutritionnels, l'alcoolisme (26).

La pathologie immunitaire du deuil

Cependant, ces réserves s'effacent partiellement lorsqu'on examine les conséquences du veuvage, qui constitue l'événement de la vie le plus traumatisant (21). Plusieurs études ont montré que le veuvage est associé à une morbidité et une mortalité accrues, en particulier chez les hommes. Dans une étude prospective portant sur 4000 personnes, une augmentation de la mortalité a été notée chez les veufs dans les dix ans suivant le décès de l'épouse (20) : de même, Bartrop (7) observe une diminution de la réponse des lymphocytes aux mitogènes chez 29 sujets dont les épouses étaient décédées six semaines plus tôt, et Schleifer (35) note, chez 15 veufs dont les épouses venaient de décéder d'un cancer du sein, une diminution significative des réponses des lymphocytes à la phytohémagglutinine et concanavaline A dans les deux mois suivant le décès par rapport aux valeurs observées avant le veuvage ; une suppression très significative était observée dans le premier mois, et se prolongeait à un degré moindre pendant quatorze mois. Or, aucun des malades n'a rapporté de changements significatifs dans son mode de vie, comportement alimentaire, utilisation de médicaments, d'alcool ou de tabac. Ces résultats sont à rapprocher des observations de suppression transitoire de l'activité lymphocytaire notée chez des astronautes après un à deux mois de vol spatial (24) ou chez des sujets privés de sommeil pendant quarante-huit heures (31) ou après un marathon (13).

Stress et allergie

La fréquence accrue des infections chez les sujets atopiques synthétisant des IgE en excès est également d'observation courante, de même d'ailleurs que la plus grande vulnérabilité émotionnelle des sujets atopiques. Ces deux types d'observation posent la question de savoir si les sujets sont plus stressés parce qu'ils produisent plus d'IgE, ou bien si la production d'IgE devient excédentaire chez les patients en état de stress. Les résultats des études précédentes apportent un début de réponse en faveur de la deuxième hypothèse. Ces études ont en effet montré que le stress diminue l'activité des lymphocytes T, et en particulier des T suppresseurs, favorisant ainsi l'hypersynthèse des IgE par les lymphocytes B, exposant par là même à un risque accru d'allergies (les accidents allergiques apparaissent d'ailleurs souvent aux grands moments des épisodes émotionnels de la vie : crise d'asthme, urticaire...). Mais l'hyper-immunoglobulinémie E favorise également les infections : en effet, les IgE provoquent, après s'être fixées sur la paroi des basophiles, et lors de la liaison à l'allergène, une dégranulation des basophiles libérant ainsi l'histamine.

Or il existe des récepteurs de type H2 à l'histamine sur les polynucléaires et les lymphocytes, et en particulier les lymphocytes T suppresseurs qui, activés par l'histamine, vont diminuer les réactions d'hypersensibilité et favoriser ainsi les infections (16). Enfin, il a été également démontré que l'histamine, en se fixant sur les polynucléaires, diminue le chimiotactisme.

Ces faits ont été établis à partir d'études menées dans une maladie rare : le syndrome de Buckley (9).

Il s'agit d'une maladie congénitale dont une centaine de cas ont été rapportés, caractérisée par une hypersynthèse considérable d'IgE (20000 à 50000 unités internationales par millilitre) dont les conséquences cliniques sont une dermatose à type d'eczéma atopique ou de kératose folliculaire et des infections récidivantes le plus souvent streptococciques, cutanées, pleuro-pulmonaires ou ORL, soulignant ainsi les liens étroits entre infection et hyper-immunoglobulinémie E.

Stress et maladies auto-immunes

Fortement souligné dans le déclenchement de la crise thyréotoxique de la maladie de Basedow (2), le stress est également présent pratiquement à tous les stades évolutifs de la plupart des maladies auto-immunes. Il est signalé la valeur de ce signe dans le diagnostic de la maladie de Gougerot-Sjögren, de la thyroïdite de Hashimoto, du lupus érythémateux disséminé, de la sclérodermie, du purpura thrombopénique idiopathique, de la polyarthrite rhumatoïde ou de la cirrhose biliaire primitive.

Quelques groupes de chercheurs ont tenté d'explorer méthodiquement les voies spontanément ouvertes par les malades atteints d'affections dysimmunitaires, pour lesquelles le rôle du stress, ou plus généralement des événements marquants de la vie sur le plan émotionnel, était une évidence. C'est ainsi que

Échelle de pondération des éléments de la vie
(d'après Holmes et Rahe, 1967).

Mort du conjoint	100
Divorce	73
Séparation conjugale	65
Emprisonnement	65
Décès d'un proche parent	63
Blessure ou maladie physique	53
Mariage	50
Perte d'emploi	47
Réconciliation conjugale	45
Retraite	45
Maladie du conjoint	44
Maladie d'un proche	44
Grossesse	40
Naissance	39
Arrivée d'un nouveau membre dans la famille	39
Modification de la situation financière	38
Mort d'un ami intime	37
Changement de travail	36
Modification du nombre de disputes avec le conjoint	35
Modification des responsabilités professionnelles	29
Départ de la maison d'un enfant	29
Difficulté avec la belle-famille	29
Début - arrêt - travail du conjoint	26
Début - fin de scolarité	26
Changement dans les conditions de vie	25
Changement habitudes personnelles	24
Conflits avec employeur	23
Déménagements	20
Changement des loisirs	19
Changement des activités sociales	18
Changement dans les habitudes sommeil - repos	15
Changement du nombre de personnes vivant dans la famille	15
Petites infractions à la loi	11

Baker (5, 6), utilisant la grille des *« Life Events »*, de Holmes et Rahe (21) (voir tableau, p. 357), constate chez 22 femmes atteintes de polyarthrite rhumatoïde un score d'événements marquants, survenus dans l'année précédant le début de la polyarthrite rhumatoïde, significativement plus élevé (15 fois sur 22) que dans la population témoin (8 sur 22). Plus tard, en France, Eullen-Ziegler (14) confirme ces résultats chez 56 malades atteints de polyarthrite rhumatoïde en poussée, en mettant en évidence un score événementiel nettement plus élevé chez les malades atteints de polyarthrite rhumatoïde en poussée par rapport aux polyarthrites rhumatoïdes en rémission, dans les trois ans précédant l'examen. Les résultats donnent un écho aux observations déjà anciennes de Meyerowitz (29) qui, en 1968, rapporte une étude clinique et psychologique menée chez huit paires de jumelles monozygotes, discordantes pour la polyarthrite rhumatoïde. Une biographie détaillée a pu être obtenue pour sept paires de jumelles ; les événements se sont révélés six fois sur sept plus nombreux et plus marquants chez les sujets atteints de polyarthrite rhumatoïde par rapport aux sœurs jumelles indemnes. Enfin, très récemment, Vialettes (38) fait des observations identiques dans le diabète de type I, en notant que des événements vitaux stressants sont retrouvés dans le passé récent des diabétiques insulinodépendants à un taux significativement supérieur à celui d'une population témoin appariée par l'âge.

Des observations analogues, effectuées dans d'autres maladies auto-immunes, vont dans le même sens : c'est ainsi que Malinow (27), étudiant le profil psychologique d'un groupe de malades atteintes de maladie de Gougerot-Sjögren, note des troubles psychiatriques dans 50 % des cas, comportant surtout des manifestations anxio-dépressives et une tendance à la somatisation. Dans une étude personnelle non publiée, nous avons observé un taux de syndromes anxio-dépressifs avec maniérisme, tendance hystéroïde et somatisation multiple dans plus de 85 % des cas. De la même manière, des troubles anxio-dépressifs sont observés dans 54 % des cas de lupus érythémateux disséminé (30) et dans 40 % des cas de maladie de Horton (12). Dans le *Lancet*, une analyse de ces travaux a été effectuée (3), dans laquelle sont repris les différents travaux sus-cités, auxquels est ajoutée une étude de Greer (18) qui démontre qu'en matière de cancers, et en particulier de cancers du sein, les réactions psychologiques des femmes au moment du diagnostic sont prédictives du pronostic à cinq ans ; les femmes les plus agressives, battantes et contestataires avaient un pronostic significativement amélioré par rapport aux malades défaitistes et déprimées.

Il semble donc bien que le stress puisse être un élément déstabilisant du système immunitaire dans les maladies auto-immunes et certains cancers, et que, au sein de la disparité des manifestations cliniques de ces affections, émerge un portrait psychosocial particulier servant de trait d'union à chacune de ces maladies : femmes entre trente et cinquante ans, anxieuses, dépressives, hyperactives, élevant le dévouement forcené à l'autre au rang des vertus essentielles, désintéressées pour elles-mêmes, mais toujours fatiguées, ambivalentes. Elles allèguent autant d'intolérance médicamenteuse que d'infortune thérapeutique. Elles sont volontiers HLA B8, phénotype d'ailleurs dans lequel le taux d'intolérance médicamenteuse est justement le plus élevé (37).

Il ressort de tous ces travaux que le stress, par ses effets négatifs sur la réponse immunitaire, peut entraîner une dépression de celle-ci comportant (33) une diminution de l'activité Natural Killer ; une diminution de l'hypersensibilité retardée ; une diminution de la réponse lymphocytaire T aux mitogènes ; une augmentation de la production d'anticorps et une diminution de la production d'interféron.

L'intervention possible du stress dans le sida a été développée par Silberstein qui, étudiant 6 patients atteints de sida, a remarqué que 5 sur 6 souffraient de dépression majeure entre neuf mois et deux ans avant le diagnostic de sida et avant même l'apparition des symptômes (in 34). Ces résultats doivent être interprétés cependant avec prudence, car ils ne tiennent pas compte de la position sociale des sujets à risque de sida, et les auteurs n'ont pas étudié parallèlement de groupe témoin.

Une relation entre le système nerveux central et le système immunitaire

Les données récentes de la littérature permettent d'avancer l'hypothèse d'une relation entre le système nerveux central et le système immunitaire. C'est ainsi que Ader et Cohen (1) ont administré à des rats simultanément du cyclophosphamide pour obtenir un effet d'immunosuppression, mais en association avec de la saccharine, et ceci à plusieurs reprises. L'arrêt de l'ENDOXAN et la poursuite de l'administration de la saccharine seule permettaient d'observer le maintien d'un état d'immunosuppression jugé sur la réponse anticorps aux érythrocytes de mouton. Aussi spectaculaire est l'observation des variations dans le délai d'apparition de tumeurs mammaires chez des souris infectées par un virus cancérigène, en fonction des conditions d'élevage. Dans les conditions d'élevage normal, 75 % des souris développent des tumeurs mammaires dans un délai de huit à dix mois après la naissance. Ce taux a pu être abaissé à 15 % en élevant les souris dans un milieu protégé : pas de variation thermique, pas de bruit, pas de manipulation répétée, pas de ponction veineuse. Dans ces conditions, les tumeurs apparaissent tout de même, mais avec deux cents jours de retard en moyenne par rapport aux souris témoins. De tels résultats ont déjà été obtenus chez l'homme, mais dans des conditions encore tout à fait exceptionnelles ; c'est ainsi que Smith et coll. (36) ont observé chez une femme, habituée à la méditation, une modification de sa réaction d'hypersensibilité retardée à des administrations répétées d'antigènes de virus varicelle-zona, par des techniques de « visualisation consciente ». Ces observations montrent ainsi qu'il est possible de détecter une double relation entre le système nerveux central et le système immunitaire, qui semblerait être propagée par voie nerveuse et humorale par l'intermédiaire de médiateurs.

Les médiateurs neuro-hormonaux agissant sur le système immunitaire (17)

La stimulation ou la destruction électrique ou chimique de l'hypothalamus ou des voies sympathiques modifient différents paramètres immunologiques. Ces observations autorisent à conclure à l'existence d'une neurotransmission entre le système nerveux central et le système immunitaire, d'autant que les organes lymphoïdes sont dotés d'une riche innervation autonome. Ces hypothèses sont actuellement en voie de confirmation depuis que des récepteurs pour certains neurotransmetteurs ont été découverts sur les cellules immunocompétentes : ainsi en est-il des catécholamines dont l'intervention dans le stress est la plus anciennement connue. Des récepteurs bêta 1, bêta 2 et alpha 2 ont été successivement mis en évidence sur les lymphocytes T, les lymphocytes B et les macrophages (17), fournissant ainsi un support biochimique aux travaux de Locke (26) lorsqu'il observe une exacerbation de l'activité des cellules NK lors d'une perfusion de norépinéphrine. Des récepteurs pour d'autres neuro-transmetteurs ont été par la suite identifiés sur des lymphocytes, en particulier l'acétylcholine, la dopamine et la sérotonine, neuro-transmetteurs par ailleurs fortement impliqués dans le mécanisme de la dépression.

La deuxième voie par laquelle le système nerveux central contrôle le système immunitaire est de nature humorale et fait intervenir des neuropeptides et des hormones hypothalamo-hypophysaires : « Les souris naines hypopituitaires ont un déficit en GH, LH, TSH, associé à un déficit immunitaire humoral et cellulaire, corrigé par l'administration de thyroxine et de GH. Cette dernière est nécessaire à la différenciation des cellules T cytotoxiques après stimulation allogénique *in vitro,* la réponse proliférative étant elle-même sous la dépendance de l'insuline. Les anticorps anti-GH provoquent une hypoplasie lymphoïde et un déficit immunitaire » (33). Les hormones sexuelles modifient également la stabilité du système immunitaire, et le rôle des œstrogènes dans l'aggravation de la maladie lupique humaine ou expérimentale (souris NZB-W) est un fait bien établi, de même que l'effet thérapeutique des androgènes utilisés dans le traitement du lupus érythémateux disséminé, du purpura thrombopénique auto-immun. Les glucocorticoïdes exercent également une activité immuno-suppressive en inhibant la synthèse de deux des médiateurs les plus impliqués dans la réponse immunitaire, à savoir les interleukines 1 et 2 (39). Enfin, des neuropeptides impliqués aussi dans les phénomènes de dépression sont pourvus de récepteurs à la surface de certains lymphocytes ou macrophages, en particulier la *bêta-endorphine, l'alpha-endorphine et la gamma-endorphine.*

Action des médiateurs du système immunitaire sur le système nerveux central

L'établissement d'une relation entre le système nerveux central et le système immunitaire ne peut se concevoir que si le premier dispose d'un retour à partir du second, ce qui commence à être déchiffré. C'est ainsi que l'injection d'antigène permet d'enregistrer une augmentation de l'activité électrique des neurones du noyau hypothalamique ventro-médian. Parallèlement, le taux plasmatique des glucocorticoïdes augmente et le contenu de la rate en noradrénaline diminue. Ces observations suggèrent l'existence d'un message délivré par les cellules lymphoïdes vers le système nerveux central, qui pourrait être une **lymphokine** produite par les cellules T activées (GIF : *Gluco-Corticoid Increasing Factor*) de découverte récente (in 33). D'autre part, l'augmentation des taux plasmatiques d'ACTH et de cortisol après perfusion d'interleukine 2 est un fait bien établi (17) (in 33). Enfin, de nombreuses autres observations attestent de l'identité de certains éléments du vocabulaire employé par le système immunitaire et le système nerveux central : c'est ainsi que des substances analogues aux endorphines sont produites par les leucocytes après infection virale ou stimulation par les endotoxines bactériennes. Les lymphocytes B murins contiennent l'ARN messager du POMC (pro-opiomélano-cortine), précurseur de l'ACTH et des endorphines. Enfin, l'interleukine 1, produit par les macrophages lors d'une stimulation antigénique, induit la fièvre et le sommeil paradoxal.

Conclusion

Les nombreux faits rapportés suggèrent que le stress et les phénomènes dépressifs peuvent influencer l'équilibre immunitaire et intervenir ainsi dans certains processus d'immunosuppression ou dans certaines maladies auto-immunes. L'intégration des connaissances acquises dans l'étude des interleukines des neuropeptides et des hormones hypothalamiques à l'échelle de l'organisme entier et de ses réactions vis-à-vis de l'environnement devrait inciter les immunologistes, endocrinologistes, neurophysiologistes, pharmacologues et comportementalistes à entreprendre une réflexion commune destinée à découvrir le champ de l'immuno-psychopathologie et de ses applications thérapeutiques.

Travail du service de médecine interne
et immunologie clinique (Pr J.L. Dupond),
hôpital Jean-Minjoz, Besançon.

Références

1. Ader R, Cohen N. *Psychosom Med* 1975, 37, 333-340.
2. Alexandre WD, Harden R, Shimming, J. *Lancet* 1962, II, 196-197.
3. *Lancet* 1985, II, 133-134.
4. Bach JF. Immunologie. Paris, Flammarion Médecine-Sciences éd., 1981.
5. Baker GHB, Brewerton DA. *Br Med J* 1981, 282, 2014.
6. Baker GHB. *Psychother Psychosom* 1982, 38, 173-177.
7. Bartrop RW, Lazarus L, Luckherst E et coll. *Lancet* 1977, I, 834-836.
8. Bourne HR, Lichtenstein LM, Melmon RL et coll. *Science* 1974, 184, 19-28.

9. Buckley RH, Wray BB, Belmaker EZ. *Pediatrics* 1972, 49, 59-68.
10. Crary B, Borysenko M, Sutherland DC et coll. *J Immunol* 1983, 130, 694-697.
11. Dorian B, Garfinkel P, Brown G et coll. *Clin Exp Immunol* 1982, 50, 132-138.
12. Dupond JL, Humbert Ph, Flausse F et coll. *Sem Hop Paris* 1986, 62, 3701-3707.
13. Eskola J, Ruuskanen D, Soppi E et coll. *Clin Exp Immunol* 1978, 32, 339-345.
14. Eullen-Ziegler L, Bonhomme P, Gagnerie F et coll. *Rev Rhum* 1985, 10, 563-569.
15. Frankenhauser M. In : Levy L Ed, Emotions : their parameters and measurement. New York, McGraw-Hill ed., 1975, 209-234.
16. Garovoy MR, Reddish MA, Rocklin RE. *J Immunol* 1983, 130, 357-361.
17. Goetz EJ (ed.). *J Immunol* 1985, 135, 739 S-863 S.
18. Greer HS, Morris T. *J Psychosom Res* 1975, 19, 147-153.
19. Greer S, Morris M, Pettingale KW. *Lancet* 1979, II, 785-787.
20. Helsing KJ, Szklo M, Comstorck GW. *Am J Public Health* 1981, 71, 802-809.
21. Holmes TH, Rahe RH. *J Psychosom Res* 1967, 11, 213-218.
22. Jemmott JB, Brysenko M, Borysenko JJ et coll. *Lancet* 1983, I, 1400-1402.
23. Kasl SV, Evans AS, Neiderman JC. *Psychosom Med* 1979, 41, 445-466.
24. Kinzey SL, Ritzmann SE, Mengel CE et coll. *Acta Astronaut* 1975, 2, 141-154.
25. Lackmann PJ, Peters DR (eds). Clinical aspects of immunology. 4e éd., Oxford, Blackwell Scientific Publications, 1982.
26. Locke SE, Kravs L, Leserman J et coll. *Psychosom Med* 1984, 46, 441-453.
27. Malinow KL, Molina R, Gordon B et coll. *Ann Intern Med* 1985, 103, 344-351.
28. McClelland DC, Alexander C, Marks E. *J Abnorm Psychol* 1982, 91, 61-70.

29. Meyerowitz S, Jacox RF, Hess DU. *Arthritis Rheum* 1968, 11, 1-21.
30. Nollet D, Herreman G, Piette JC et coll. *Nouv Presse Med* 1985, 7, 401-404.
31. Palmblad J, Petrini B, Wasserman J et coll. Lymphocyte and granulocyte reactions during sleep deprivation. *Psychosom Med* 1979, 41, 273-278.
32. Parker CW (Ed.). Clinical immunology. Philadelphia, W.W. Saunders Company ed., 1980.
33. Revillard JP, Serpin P. *Lettre Immunol* 1984, 4.
34. Risenberg DE. *JAMA* 1986, 11, 1085-1086 (éd. française).
35. Schleifer SJ, Keller SE, Camerino M et coll. *JAMA* 1983, 3, 374-377.
36. Smith GR, McKenzie JM, Marmer DJ et coll. *Arch Intern Med* 1985, 145, 2110-2112.
37. Treves R, Chauvois CH, Arnaud M et coll. *Sem Hop Paris* 1985, 61, 3283-3290.
38. Vialettes B, Ozanon JP, Bernard O et coll. Communication présentée à la Société française de médecine interne, Montpellier, 11-12 décembre 1986.
39. Youinou P, Jouquan J. *Ann Med Intern* 1986, 137, 6-10 (suppl.).

TABLE DES MATIÈRES

Aubin Imprimeur
LIGUGÉ, POITIERS

Achevé d'imprimer en avril 1989
N° d'édition 31840 / N° d'impression L 31204
Dépôt légal, septembre 1988
Imprimé en France